传媒与文化书系

政媒公关

——新闻社会活动案例解析

许雄辉 著

Government & Media Public Relations

Cases Analysis on Journalistic and Social Activities

中国传媒大学出版社

图书在版编目（CIP）数据

政媒公关——新闻社会活动案例解析 / 许雄辉著 .
（传媒与文化书系）
—北京：中国传媒大学出版社，2015.6
ISBN 978-7-5657-1066-7

Ⅰ.① 政…
Ⅱ.① 许…
Ⅲ.① 国家行政机关—新闻工作—案例—中国
Ⅳ.① D630.1 ② G219.2

中国版本图书馆 CIP 数据核字（2014）第 146795 号

传媒与文化书系
政媒公关——新闻社会活动案例解析

著　　者	许雄辉
策划编辑	范明懿
责任编辑	曾婧娴
装帧设计	众为设计
责任印刷	曹　辉
出 版 人	王巧林
出版发行	中国传媒大学出版社
社　　址	北京市朝阳区定福庄东街 1 号　　邮编：100024
电　　话	86-10-65450532 或 65450528　　传真：010-65779405
网　　址	http://www.cucp.com.cn
经　　销	全国新华书店
印　　刷	北京京华虎彩印刷有限公司
开　　本	787mm × 1092mm　1/16
印　　张	9.75
字　　数	212 千字
印　　次	2015 年 6 月第 1 版　2015 年 6 月第 1 次印刷
书　　号	ISBN 978-7-5657-1066-7/G·1066
定　　价	45.00 元

《东南商报文丛》总序

树木·树人

《东南商报》是 2001 年 1 月 1 日创刊的。这些年，东南商报人怀着满腔热情，践行贴心服务的理念，积极打造报纸品牌，努力贡献价值，走进读者朋友的精神世界。日出月圆之间，《东南商报》绿意葳蕤，生机盎然。

于是，我们有了选编《东南商报文丛》的想法。

我们自然是把办好报纸摆在最为重要的位置。但是，我们还想生产更多的、生命力不止于“一天”的内容产品。在反映民情、服务民生、增进民主、引导舆论方面，我们的确需要记取教训，总结经验。我们考虑陆续选编出版有关《东南商报》和东南商报人风采各异的作品集册，当然是从荟萃报纸精华出发，希望能够更有文化看点，更具营养且传承价值。事实上，达不到这样的要求也不要紧，哪怕开卷养心怡神、翻阅有趣得益；哪怕有闲时读一段，触动怀想起曾经经历的某一件事、心湖里漾起几丝涟漪……。人，本来就应该每天有一些时间留给自己，于抚今追昔之间，有所自得，有所自省，有所自励，进而发奋自强。更何况，要不断提高我们队伍人员的能力水平，离不开生长的土壤、环境，离不开传帮带。由此看来，选编《东南商报文丛》既是树木，也是树人；既是立意，也是力行。或可谓：“行吾心之所向”，“所传者，唯是矣”。

面对多个方面的激烈竞争，东南商报社的同仁经受住了考验。我们相信来日方长，相信我们作品的质量是吸引读者、进而不断拓展市场的基础；我们相信我们竭尽全力的付出，一定能够赢得丰硕的回报。因此，我们将锲而不舍，重以修能，在尽心尽责地把报纸办好的基础上，“常行一直心”，也一年年、一册两册三册地把《东南商报文丛》选编下去。

东南商报社总编辑　王存政

新闻活动散论（代序）

活动，自古有之，自人类社会存在以来，活动就始终伴随着人类的生活。早期原始人狩猎捕鱼，收获之后，围着篝火，载歌载舞，诗曰："手之舞之，足之蹈之。"在现代文明社会，活动的概念已无限延伸，包罗万象。新闻活动是指有了新闻传播媒介之后，通过媒介传播信息，以新闻为主、活动为辅的制作、运作及传播过程所呈现的现象。中国人民大学出版社2006年出版了一套"新闻传播学文库"，其中有一本名为《新闻活动论》的专著，将人类一切与新闻有关的活动都叫作新闻活动，即把人们对新闻信息传送和收受的全部称为新闻活动，并进行了深入的研究和分析。

而我们现在业界所说的新闻活动，既非基础理论研究所指的范畴，也不与早期人类艺术活动相牵扯。它特指新闻与社会活动结合的一种新闻样式，由新闻事件引发，通过策划创意，结合社会各种活动的载体，吸引受众互动参与，实现组织策划者追求目标的一种新闻载体和方式。像传统的新闻体裁三大主项：消息、通讯、评论一样，新闻活动已经或正成为新闻体裁的第四主项。而且这个主项是一种综合体，它必须运用新闻体裁的各种样式、手段。新闻活动，准确的表述应称为新闻社会活动。这又是一种创新体，它不是简单地用某一个样式，如写一篇通讯、一则评论就能完成。在中国新闻奖评奖序列中，目前还暂无此项评奖项目，但从2005年起，地处东部改革开放前沿、走在前列的浙江省新闻工作者协会在浙江新闻奖序列中，根据业界蓬勃发展的新闻实践，率先设立了一个"社会活动奖"。凡被评上"社会活动奖"的即等同为浙江"新闻一等奖"。从这一奖项的设置中，业界族群也能体会到一种新型新闻样式的出现，这一新型新闻样式正在形成并已经发出了有力的声音，推动着媒体新的发展。

新闻社会活动真正形成影响并被业界所青睐，其实也是近十年的事。从20世纪80年代起，改革开放之后的中国报业风生水起，改革浪潮一波接一波；20世纪90年代出现的都市报浪潮，则把新闻活动演绎成为推动社会文明进步的重要力量。四川的《华西都市报》曾策划过一个大型新闻活动：府南河的改造，使成都市一条臭水河变成了一条清澈可鉴、杨柳依依的美丽风景线。它通过新闻媒体曝光社会和生活中的一些弊端，调动多种传媒手段，引起受众关注，进而引发政府介入，促进问题的解决，继而将公众议程与大型公益活动融为一体。

2006年，作为浙江省经济中心城市的宁波市，由该市新闻界发起一场资助贵州贫困孩子的大型新闻活动——"万人助学"活动，上万名市民自愿捐款出力，帮助远在贵州贫困山区的孩子完成学业，从而激发了整个宁波市空前的爱心奉献的热情。

而早在2004年，同样在宁波市，由宁波日报报业集团东南商报社发起，联合宁波市总工会、宁波市劳动和社会保障局，推出大型新闻活动，评选“十大外来务工明星”，由于参与者众多，社会关注度高，进而掀起了全社会关爱外来务工者的热潮，演变成了宁波市独有的“外来务工者节”，在中国大地上第一次出现了为外来务工者办节的盛况。此后办节一直延续至今（已有10年），成为推动宁波社会经济发展和新老宁波人和谐相处的重要力量。

2008年12月，来自中国记者协会、复旦大学新闻学院、中国记者、新闻战线、新闻实践、新华网、人民网等全国各地的传媒理论专家会聚宁波，研讨东南商报“外来务工者节”这一重大媒体行动，充分肯定了东南商报社的媒体行动策划力、动员力及推动力。与会专家一致认为，《东南商报》通过舆论引导，把社会冰点问题转变为社会普遍关注的热点，把和谐的理念践行为和谐的行动，以主流媒体的作为，通过组织行政资源，引领和推动了城市文明的进步。2012年12月14日，中国报业协会举行了首届新闻社会活动论坛暨新闻社会活动精品案例颁奖典礼，《东南商报》“外来务工者节”系列活动被评为中国新闻社会活动十大精品案例之首。

大型新闻活动作为新闻界独有的媒体行动现象，不但使媒体自身能够创造重要的影响力，产生良好的社会效益和经济效益，同时，在促进地方经济发展，推动社会文明、社会进步方面也发挥着重要的作用，成为政府与群众、报纸（媒体）与受众、记者与读者互动的大平台。业界普遍认为，大型新闻活动已成为新闻业界在经过改革开放初期兴盛发展，到进入报业市场“攻城略地”式的竞争之后，以品牌影响力竞争为特色的新一轮新闻业态竞争的主要内容和创新抓手。

本书以全国首批文化体制改革试点单位宁波日报报业集团的东南商报社为例，将笔者十多年来在《东南商报》策划组织的各类大小不下百余件新闻活动予以筛选，并以2011年主抓主创的活动为主，将各种有代表性的，包括笔者参与组织的大型社会活动案例汇聚起来，加以研究，分成公益类、节庆类、文化活动类三种典型案例，从活动的背景由来、活动的效果、新闻报道形态、创意策划的版面构图、操作展开的运作方案及细节把握的全过程予以解剖、透视，并通过与学术研讨相结合，力图阐述新闻社会活动对于社会和媒体自身发展所发挥的独特作用，从而确立一种“政媒公关”大型新闻社会活动的理论定义，推动这种具有创新意义、功能独特的新闻宣传样式的进一步发展。

目　录

第一部分　新闻社会活动之公益活动篇

第二部分　新闻社会活动之节庆活动篇

第三部分　新闻社会活动之文化活动篇

第四部分　思考与探索

第五部分 专家评论与精品案例

第一部分

新闻社会活动之公益活动篇

第一章　社会公益活动实践样本
——“外来务工者节”

第一节　关爱外来务工者活动暨“外来务工者节”

一、“外来务工者节”简介

一个读者的建议启发了《东南商报》的新闻策划行动，一个媒体的行动又引发了政府部门和社会各界的热情参与，从而提升为持续且广泛的公民行动，并由此诞生了中国第一个“外来务工者节”，衍生出许多丰富多彩、实在实惠的送温暖活动。“外来务工者节”连续举办了十年，经久不衰，并已经向周边市县扩展。这是一种独特的新闻策划，一种独特的媒体行动。

2008年12月6日，在新闻实践杂志社和宁波日报报业集团联合举办的“《东南商报》媒体行动研讨会”上，传媒专家学者以“外来务工者节”为样本，研讨媒体的和谐理念、社会责任和民生情怀，探讨媒体如何利用社会资源，策划组织覆盖整座城市的大型公益活动，并对如何广泛、深入地开展“外来务工者节”活动提出了建议。中国记者协会、复旦大学新闻学院、《新闻战线》、《中国记者》、《新闻记者》、新华网、人民网、宁波市记者协会等的专家学者参加了研讨会。

研讨会高度评价了《东南商报》承载的社会责任感，充分肯定了这一媒体行动的策划力、动员力及推动力。与会专家认为，《东南商报》通过舆论引导把社会冰点问题转变成了社会普遍关注的热点，把媒体的和谐理念变为和谐行动；以主流媒体的作为，从单纯办报的新闻报人到成功的社会活动家，通过调动和运用行政资源与社会资源，提升了都市报民生报道的品牌效应，引领和推动了城市文明的进步，是值得其他媒体借鉴的。

（一）背景和由来

关爱外来务工者是推动科学发展、构建和谐社会的重要任务，也是党中央国务院一直十分重视的一项工作。它不仅直接关系到解决“三农”问题，而且关系到工业化、城镇化的发展，关系到社会公正和谐，关系到全面建设小康社会。党的十七届三中全会再次强调要重视农民工这一新的弱势群体。《东南商报》发起策划，连续十年在宁波市开展关爱外来务工人员的“外来务工者节”活动，成为国内媒体最早关注农民工这一弱势群体的践行者。每一届活动都有不同形式的创新，如“评选十大外来务工明星”“大型劳动就业服务咨询”“送温暖、送教育”等活动，深受全市400多万外来务工人员的欢迎；同时促使如“社保套餐”等一系列关爱农民工政策的出台，为宁波市委市政府工作提供了有力抓手。在2008年全国“两会”上，26名全国政协委员集体提案，建议在全国推广以服务农民工、为他们提供社保为主要内容的“宁波模式”。

2008年5月1日，温家宝总理与宁波工人一起过“五一”，当得知宁波在全国率先为外来务工人员制定门类齐全的免费“社保套餐”，外来务工人员全部被纳入了社保体系，宁波由此步入“全民社保”时代时，温家宝对这一做法给予了高度评价。国务院农民工工作联席会议总召集人先后两次作出批示，认为宁波的创新举措值得总结。中国社会科学院社会政策研究中心秘书长唐钧也对“宁波模式”作出评价，他认为宁波的这种尝试为农民工社保异地转移接续作出了积极探索，就像欧盟各国间的社保转移一样，“工作地缴费、分段记录、退休地发放、全国结算”为中国最终解决农民工问题，消除城乡二元对立提供了新思路。

（二）活动创办由来

早在2004年，《东南商报》记者在采访中常遇到外来务工人员受歧视的问题，而正在这一年，宁波这座拥有30万家民营企业的沿海城市又遇到开春后招工不足的“民工荒”问题。这个现象让政府部门急在心上，不少新闻媒体都看在眼里，而《东南商报》编委会急政府之所急，敏锐地提出了一个建设性的新闻策划方案，联合有关部门从正面宣传入手，弘扬外来务工人员对城市作出的贡献，以消除歧视，优化用工环境。《东南商报》从2004年3月开始推出评选“十大外来务工明星”活动，接着又连续推出了为农民工改善环境献计献策活动，征集“农民工之歌”“打工宁波”系列调查报告等，在社会上产生了广泛影响。2004年年底又举行了由宁波市四套班子领导出席的“十大外来务工明星”颁奖典礼，把关爱农民工活动推向了高潮。在活动期间，《东南商报》与有关部门听取读者的建议，将12月第一周的周日确定为宁波市“外来务工者节”，并营造舆论氛围。从此，宁波市有了一个覆盖全市的外来务工者的节日，这也是中国第一个外来务工者的节日。

2007年宁波市委市政府正式确立每年12月第一周的周日为宁波市“外来务工者节”，使这个特殊节庆“法定化”。从2007年开始，市政府每年拿出800万元奖励外来务工人员的子女教育，并让首批10名“优秀外来务工人员”正式落户宁波，享受与市民同等的待遇。

二、活动创办理念及社会评价

在活动开展过程中，《东南商报》充分体现了以人为本的理念，以关爱为主导，把关爱农民工工作作为活动主线，倡导赞美劳动，尊重建设者，呼唤社会以感恩的心来关心为城市建设和发展作出了巨大贡献的外来务工人员，让他们共享改革开放、城市发展的成果，引导新老宁波人和睦相处，共建和谐宁波。在不断创新的活动策划中，大力提升了《东南商报》的品牌影响力。

据不完全统计，《东南商报》在连续十年实施关爱农民工的活动中，开辟专刊专栏刊发报道共 1 000 余篇，图片 500 多幅。在体裁上，运用了消息、通讯、特写、评论、摄影专版、征文专集以及报网互动、报台互动、群众广泛参与互动等多种手段和方式，是《东南商报》持续时间最长，采编人员参与人数最多，影响最深远的新闻活动。由于策划精心、组织有力，“外来务工者节”也成为一项可持续进行的品牌活动，被评为 2007 年度宁波十大公共关系事件之一，并于 2009 年获浙江省新闻社会活动奖，于 2012 年被评为中国报业首届新闻社会活动十大精品案例。

宁波日报报业集团党委书记、社长何伟在人民日报社工作时曾参与采访“外来务工者节”，采访后他感慨地说：“一家报纸为外来务工者办节，东南商报社是国内第一家，这显示出东南商报社有较强的责任感和使命感。城市中的农民工无疑是城市化进程中不可或缺的力量，他们的贡献有目共睹；他们的困惑、他们的困难也不可避免，这些问题仅仅依靠政府部门还不能够完全解决，从系统工程的角度看，需要政府、企业和社会团体，尤其是在现代社会中日益发挥重要作用的媒体来共同参与解决。《东南商报》作为一张有责任感的报纸，一张有人文关怀的报纸，一张有理想的报纸，在这个冬日不仅为外来务工者送去了温暖，也为媒体参与公共服务作出了榜样。”

以下以 2011 年举办的第八届“外来务工者节”活动为例，进行案例性的研究分析。2011 年 12 月，宁波市第八届“外来务工者节”又开展了一系列丰富多彩的活动，400 多万外来务工者在宁波欢乐度节。

第二节 “外来务工者节”新闻话语

一、新闻报道节选之一

第八届“外来务工者节”五大精彩活动等您参加

红娘将帮新宁波人牵红线

记者：樊卓婧　孙肖　通讯员：袁军丽

12 月 4 日，12 月的第一个周日，宁波将迎来第八届“外来务工者节”。记者昨天了解到，市政府明确提出了今年“外来务工者节”的主题是：“合心合力保增长、提升素质促转型、联手联动创和谐。”昨日，市政府外来务工人员服务与管理工作领导小组办公室、市人力资源和社会保障局、市总工会、市精神文明建设指导委员会办公室、东南商报社联合发出了《关于举办第八届“外来务工者节”系列活动的通知》，五大系列精彩活动即将拉开帷幕。

外来务工人员已经占总人口的四成多

从统计数字来看，宁波市外来人口总量已经突破430万，占到宁波市总人口的43%，已经开始接近“半边天”的格局。在有的县（市）区中，外来人口甚至已超过了户籍人口。

据数据资料显示，在宁波外来人口中，低学历的人口比重很大，非劳动年龄人口比重大，初中及以下学历的、无技能的外来务工人员比例均占到75%；而大量的外来务工人员，主要集中在食品加工、批发零售、仓储物流、建筑等中小型劳动密集型企业。提升外来务工人员的素质，增加公共服务覆盖面，已经成了当务之急。

外来务工人员将进行技能大比拼

“外来务工者节”期间，主办方将举办提升技能的系列活动。市里将举行外来务工人员技能大赛，通过比赛提高技能人才的社会地位，增强技能人才的自豪感和使命感，在全社会进一步营造崇尚技能、岗位成才的良好氛围。

其他各种形式的立功竞赛、技术比武和岗位练兵活动也将陆续展开，活动将发现和选拔一批精通本职业务的专家、岗位技术带头人，为促进我市经济的转型升级提供强大的人力资源保障。

探索建立关爱“小候鸟”工作长效机制

对在异地打拼的外来务工人员来说，孩子永远是最大的牵挂。“外来务工者节”期间，市里将就关爱“小候鸟”工作召开推进会，探索建立关爱“小候鸟”工作长效机制。

此外，“爱岗爱甬城”系列活动、“创先争优”系列活动、“送文化种文化”系列服务活动也将陆续展开，这些活动将精心打造外来务工人员志愿服务活动特色品牌，吸纳外来务工人员特别是优秀的外来务工人员进入党团组织、工会组织和社会组织。

在郑氏十七房举办相亲活动、三天免费游

第八届“外来务工者节”期间，《东南商报》将联合郑氏十七房景区为外来务工者暨新宁波人举办专场相亲活动，帮助“甬城新市民”解决婚恋交友难问题。

活动时间为12月3日—5日的8：30至16：00，单身游客或者想为自己的亲人朋友找对象的游客可在景区大舞台旁边的走廊处填写个人信息表格，还可以把个人资料挂放在相亲走廊处展示。如果来宾看上了上面的资料，可将编号（每人限三个）记下交到游客服务中心红娘处，红娘将现场以短信的形式呼叫对方。如对方在景区，红娘将提供休息室让双方互相交流；如对方没在景区，红娘将以电话的方式连线。短信互动成功者可获得小礼品一份。

活动期间，凡宁波大市范围内外来务工者凭本人暂住证（临时居住证）可免费畅游景区，并免费参加景区的“外来务工者节”系列活动。凡参加相亲活动游戏的游客，胜出者均可获得精美礼品一份。同时，景区与镇海区外来务工办为关爱外来务工人员共同推出免费健康咨询活动，届时将邀请医务人员在郑氏十七房景区现场提供服务。

免费相亲报名方式：

A. 咨询电话：0574—86507389。

B. 报名流程（两种）：①进入报名网址 http：//www.zhxww.net，点击“相亲相爱十七房”板块，下载“十七房相亲报名表”，按要求填写好报名表后，发送到邮箱：xqxa17 @ 163.com。②加十七房红娘QQ：2373169117，在线报名。

C. 截止日期：2011 年 12 月 2 日。

相关新闻

新宁波人“非诚勿扰”线下版相亲会专场下月初举行

商报讯（记者 孙肖）《东南商报》和宁波经济广播电台 FM102.9 合办的《社区红娘》栏目联合宁波凯州皇冠假日酒店推出新宁波人“非诚勿扰”线下版相亲会专场。

12 月 4 日 14：00，我们将通过报名，邀请 30 名单身新宁波人在宁波凯州皇冠假日酒店的聚龙轩举行新宁波人“非诚勿扰”线下版相亲会专场，活动将按照电视节目版《非诚勿扰》的各个环节进行，届时将通过嘉宾自荐、亲友团推荐、红娘保荐、互动爱情游戏等环节完成现场相亲全过程，牵手成功的男女嘉宾将获得当晚的宁波凯州皇冠假日酒店提供的双人自助浪漫晚餐，同时还将获得 2012 年的年度《东南商报》报卡。

本次活动报名要求：

单身女性 20 名，23 岁 ~35 岁，大专以上学历，可以是新宁波人也可以是土生土长的宁波女性；单身男性 10 名，23 岁 ~40 岁的新宁波人，大专以上学历。报名时请带上身份证、户口本（暂住证）、学历证明。本次活动咨询电话 15867886725、87682472。

二、新闻报道节选之二

400 万外来务工者欢乐过节

省农民工办公室贺信：宁波市连续八年举办“外来务工者节”，体现了对外来建设者的肯定和赞美。

记者：卢科霞　毛信意

昨天，我市 400 余万外来务工人员又迎来了自己的节日——宁波市第八届“外来务工者节”。市领导和 100 多位来自全市各地的外来务工人员代表齐聚宁波市职业技术学院礼堂，参加了第八届“外来务工者节”的启动仪式暨技能大赛开幕式。

昨日，初冬的阳光照耀甬城，显得格外温暖，全市各地以多种形式庆祝宁波市第八届“外来务工者节”。

本届“外来务工者节”系列活动由宁波外来务工人员服务与管理工作领导小组办公室、市总工会、市人力资源和社会保障局、市精神文明建设指导委员会办公室、东南商报社五家单位共同举办，主题是“合心合力保增长、提升素质促转型、联手联动创和谐”。市政府副秘书长陆宁章介绍了“外来务工者节”系列活动的主要内容：全市外来务工人员技能大赛等技能提升活动、“爱岗爱甬城”系列活动、“创先争优”系列活动、“关爱小候鸟”文明系列活动、“送文化种文化”系列服务活动等等。

《东南商报》还推出了“爱心书包送农民工子弟”活动、“新宁波人相亲会、郑氏十七房免费游”活动、“线下版‘非诚勿扰’相亲会新宁波人专场”活动，同天，全市11个县（市）区也启动了“外来务工者节”的庆祝活动。

宁波市政协副主席、市总工会主席胡建岳在致辞时说，近年来，市委、市政府围绕解决劳动就业、社会保险、子女教育等外来务工人员最关心的问题，推出了一揽子政策和举措，为外来务工人员在宁波创业、就业创造了良好的环境，形成了富有宁波特色的服务管理模式。

来自河北张家口的外来务工人员代表、宁波市首席工人、宁波港北仑第二集装箱码头分公司的杜春文说：“宁波是座充满大爱和包容的港城，外来务工者得到了社会各界的关心和爱护，每过一个我们自己的节日，都会让我们感受到得到充分认可和尊重后的满足与幸福。”杜春文向全市外来务工人员发出了“崇尚科学，勤奋学习，提高技能，勇于创新，遵守公德，促进和谐”的倡议。

省农民工办公室高度重视我市第八届“外来务工者节”并发来贺信。开幕式上，市委组织部副部长、市人力资源和社会保障局局长宣读了贺信：“宁波市连续八年举办‘外来务工者节’，体现了对外来建设者的肯定和赞美。”

声　音

- **让外来务工人员留得住，安下心**

宁波市政协副主席、宁波市总工会主席胡建岳：外来务工人员是我市产业大军的重要组成部分，希望全市各级工会、人力资源和社会保障局、外来务工人员服务与管理组织等有关部门和社会各界，要以培养现代产业工人、现代城市主人、现代社会公民为目标，加强对外来务工人员的社会主义核心价值观教育，统筹运用各种政策，切实解决外来务工人员最现实、最紧迫，同时有条件和能力解决的问题，使外来务工人员工作顺心、生活舒心，使高技能、高素质的外来务工人员留得住、安下心，努力为外来务工人员营造奉献他们聪明才智的良好社会环境。

- **文明创建，外来务工人员也唱主角**

宁波市精神文明建设指导委员会办公室副主任刘永成：在争创文明城市三连冠的过程中，

我市广大的外来务工人员积极关心、参与，发挥了重要的作用，并涌现出一批典型人物及外来务工人员组成的志愿者队伍。举办“外来务工者节”，调动了外来务工人员参与文明城市创建的积极性与热情，使一批外来务工人员从文明城市的看客、过客变成了主角。

- **激发外来务工人员的智慧和力量**

宁波市人力资源和社会保障局副局长陈文伟：通过举办宁波市“外来务工者节”，社会各界更加关注外来务工者群体，给予他们更多的关爱。本届“外来务工者节”通过技能大赛等系列活动的举行，进一步激发了外来务工人员的智慧和力量，使服务转型升级，促进社会和谐。

- **努力做好服务和管理工作**

宁波市外来务工人员服务管理工作领导小组办公室副主任薛晓伟：宁波市“外来务工者节”至今已经连续举办了八届，通过举办宁波市“外来务工者节”，社会各界更加关注外来务工者群体，给予他们更多的关爱。作为外来务工人员的服务和管理部门，今后要进一步贯彻和落实宁波市市委市政府关爱外来务工人员的有关方针和政策，为外来务工人员做好服务工作，保障他们的就业，维护他们的合法权益，提升他们的技能水平。

- **更加关注外来务工人员子女成长**

宁波市教育局副局长陈文辉：来自全国各地的 400 多万新宁波人已成为宁波经济社会发展的生力军。关爱外来务工人员，就要关爱他们的孩子，解除他们的后顾之忧。因此，近年来，宁波市在关心外来务工者子女上学的问题上，作出了很大的努力。我们今后还会继续关注外来务工者对子女教育问题的诉求，努力让符合条件的外来务工者子女有书读，教育质量有保障，安全有保障。

- **进一步营造良好的舆论环境**

宁波日报报业集团副社长季江：关爱外来务工者，为外来务工者营造良好的舆论环境，让他们更好地融入宁波，这是媒体理应承担的一种社会责任。媒体要以服务大局的责任意识来关注他们，为外来务工者在宁波的工作、生活和发展，积极地鼓与呼。不断弘扬先进，促进新老宁波人和睦共处，共建宁波美好未来。

三、新闻报道节选之三

全市各地庆祝“外来务工者节”

记　者：张贻富　江　涛　程　鑫
通讯员：施海霞　陈　伟　丁咖丹

余姚：新老居民欢聚一堂大联欢

12 月 4 日下午，余姚市庆祝第八届“外来务工者节”暨“互融共建”文化联谊会联欢活动在河姆渡宾馆举行，来自全市各行各业的近百名新老余姚人欢聚一堂，共同庆祝宁波市第八届“外来务工者节”。

据悉，目前，登记在册的新余姚人有53万人，遍布全市各行各业，为余姚的经济、政治、文化、社会建设作出了重大贡献。近年来，余姚市委、市政府把加强外来务工人员服务与管理工作作为推进社会管理创新、构建和谐宜居城市的重要内容，强化组织网络建设，优化劳动保障、医疗卫生、子女教育、文化共享等公共服务，并不断创新工作载体，初步走出了一条具有余姚特色的新居民服务管理新路子。尤其是在文化共享方面，以“互融共建”主题活动为载体，相继开展了优秀外来务工人员评选表彰、“姚江明月情”晚会、新余姚人运动会等活动，设立新余姚人人文课堂，招募文化志愿者48名，开课35期，为3 200余名外来务工人员讲解余姚文化。

在联欢活动中，市领导向部分优秀外来务工人员代表赠送了节日慰问品，“互融共建”文化联谊会的成员表演了新疆舞蹈、葫芦丝演奏等内容丰富的文艺节目。

宁海：志愿者和外来务工者联欢

近日，为庆祝“一二·五”国际志愿者日和第八届“外来务工者节”，进一步推进宁海县外来务工人员志愿服务行动，宁海县团委、县志愿者协会、县外来务工办和县总工会联合举办“共建和谐，共享美好”联谊活动，为志愿者和新宁海人提供一次沟通交流、联谊欢庆的机会。

参加活动的有社区志愿者服务组织、网络青年志愿者组织、献血志愿者组织和四家企业的近200名志愿者代表、青年外来务工人员代表。在联谊会上，志愿者和新宁海人代表争相上台献才献艺，表演的节目也各具特色，不仅充分展示了新宁海人良好的精神风貌和多才多艺的人格魅力，同时也展现出了新宁海人在第二故乡安居乐业、幸福生活的场景。

奉化：外来务工者放歌大合唱

11月23日，奉化市总工会在岳林广场举办第八届“外来务工者节”暨奉化市第二届职工大合唱比赛，展现新时期我市职工全面发展、勇于创新、锐意进取的精神风貌和时代风采，激励职工在经济建设中再创新业绩。来自全市各企业的12支参赛队伍和1支助兴表演队伍参加了比赛，到场观看者1 500多名。

比赛在奉化太平洋购物广场代表队的一曲《太平洋员工之歌》中拉开序幕，整齐的服饰、嘹亮的歌声充分展示了太平洋员工朝气蓬勃的一面。随后，奉化威信电器制造有限公司、宁波龙腾五金制造有限公司等代表队在嘹亮的歌声中唱响了自己的企业精神。整场比赛高潮迭起，激情飞扬。

最后，经过紧张的角逐，奉化市公共交通有限公司、宁波兴明液压器材有限公司等八家单位代表队获得金奖，宁波中迪鞋业有限公司、宁波波导股份有限公司等四家单位代表队获得银奖，宁波市沃特玛洁具有限公司代表队获得表演奖。

第三节 “外来务工者节”新闻活动策划幕后解读

一、新闻背景解读

专家解读政府部门与媒体合作举办活动

李建成（宁波市总工会宣教部部长）：宁波市总工会为什么会与东南商报社合作举办“外来务工者节”？作为宁波最大的社团工会组织，我在工会组织里既是新闻官又是活动的承办者，我们工会为什么和媒体之间会有紧密的关系，其实就宁波总工会来讲，我们的内心曾经经历了一个痛苦期，如宁波第一次政府社会民主评议时，我们感觉非常委屈，为什么委屈呢？因为从总工会的角度来讲，我们为职工的维权在各个层面做了很多的事情，但是为什么在社会民主评议过程中我们是倒数第三？从评议当中我们分析出，恰恰是政府机关、党员代表、人大代表、政协委员对我们工会的投票非常低，原因在什么地方？我们带着这样一种心情去寻找原因，我们发现社会不了解我们做的工作，我们需要媒体支持，正是在这个时候，我们和东南商报社相遇了。我们总工会真诚地感谢东南商报社多年来对我们宁波工会事业、职工的维权、关爱外来务工者工作的支持，尤其是感谢许总从中的“穿针引线”和精心的策划，使我们总工会与东南商报社结成常年的合作伙伴。我觉得许雄辉同志无愧是宁波新闻界中全心全意为社会公益策划的一个代表，我们总工会也正是为了寻求公众的理解，从这个角度来加强与媒体的合作。这是第一。

第二是借助媒体的平台扩大总工会组织及事业的影响。第三是依靠新闻的策划来放大我们的主题活动。第四是从互惠互利走向互惠协作，在合作中我们可以发挥各自的作用。《东南商报》是具有开放性、扩散性、多角度性的媒体；而总工会有庞大的组织机构，有一个庞大的网络，还有一个基本的财力支持，再有一帮热心于社会事业、公益事业的专职干部。总工会和东南商报社的关系，从 2004 年发起关爱外来务工者活动开始，就体现出承担一份社会责任、奉献一份社会关爱、倡导一份社会包容（当时社会对开展帮助外来务工者的行动还不理解）、弘扬一种创新文化的精神。比如总工会、劳动局、东南商报社三个组织紧密地聚集在一起，2004 年举办第一届宁波市“十大外来务工明星”评选活动，当时说真的，第一次评选“十大外来务工明星”的活动，大家心里都没有底，我们讨论了好几次，通过自下而上的评选方式最终产生了“十大外来务工明星”，并在宁波大剧院举办了颁奖会。但我们主办方心里还是不踏实，颁奖会那一天我们请到了市领导，市委常委、宣传部部长，他们就坐在我旁边，我就向他们汇报了这个事情，我问他们，我们三家出面能够冠名宁波市首届“十大外来务工明星”吗？市领导的一句话就说明白了：市政府、各个局的领导都到场了，今天领导的到场就是一种认可。他这一说，我心中的一块石头终于落了地。办了第一届以后我们的胆子就大了，然后就向社会公开讨论要设立一个宁波市“外来务工者节”。后来这个讨论很热烈，通过征文，最后大家一致的意见是宁波作为开放性的城市，要建立一个“外来务工者节”。我们就把每年 12 月的第一个周日定为“外来务工者节”，经过几年运作以后通过人大进行提案把这个节日确定下来。现在人大代表都提了，大家说已经是事实了嘛，就不用立法了。“十大外来务工明星”两年评选一次，能够成功举办这个评选活动，东南商报社是功不可没的。宁波被评为全国首届幸福城市，当时上台领奖的是毛光烈市长和徐辉，徐辉就是“扫地也扫出了一个样子”的宁波市第一届“外来务工明星”，徐辉跟市长一起领了“幸福城市”的大奖。对整个宁波来讲，通过“外来务工者节”活动的举办、“十大外来务工明星”的评选，以及许雄辉同志任执行主编的《温暖在第二故乡——关爱外来务工者之宁波纪事》一书的出版，宁波市外来务工者的地位就定下来了。2011 年，新华社邀请十个城市的新闻宣传部部长参加的研讨会主题就是如何关爱外来务工者。这个研讨会的主题是中央领导定的，会上讨论到底是称“外来务工者”还是“农民工”？在座谈会上我就把宁波的情况做了一个介绍，介绍完以后，深圳、温州、苏州、北京、青岛、大连等九个城市的宣传部部长都对宁波的关爱外来务工者工作给予了肯定，大家都觉得宁波的基础比较扎实，他们很羡慕，但他们都没有结合得这么好，我们却结合得非常好。政府、社团、媒体共同参与组织活动，推动了宁波市关爱外来务工者工作的深入开展。当然，我们总工会也在开展这些活动中受益良多。我们在与媒体合作的过程中，扩大了总工会的社会影响力。这几年我们在社会民主评议中大踏步向前，同时我们宁波市总工会被授予集体三等功，这在机关中也是很少见的。

摘自 2012 年 6 月 30 日李建成在政务公关与媒体活动学术论坛上的发言

二、版面图构

每次对新闻活动的宣传，在节日或活动进入高潮时，《东南商报》在报纸版面上都会对报道形式和版面编排进行精心策划，或浓墨重彩，或图文并茂，突出主题、突出重点、聚焦亮点，配以醒目的报眉图案，多视角、全方位予以报道，使活动的宣传和传播效应倍增，紧紧地抓住了读者的眼球，给读者留下了深刻的印象。

第八届外来务工者节 特别报道 东南商报 A叠04

2011年12月5日 星期一 编辑：杨继学 组版：陈鸿燕 校对：俞志立

400万外来务工者欢乐过节

省农民工办公室贺信：宁波市连续八年举办外来务工者节，体现了对外来建设者的肯定和赞美

昨天，我市400余万外来务工人员又迎来自己的节日——宁波市第八届外来务工者节。市领导和100多位来自全市各地的外来务工人员代表等齐聚市职业技师学院礼堂，参加了第八届外来务工者节启动仪式暨技能大赛开幕式。

记者 卢科霖 毛信意

第八届外来务工者节启动仪式现场。 记者 刘波 摄

昨日，初冬的阳光照耀甬城，显得格外温暖，全市各地以多种形式庆祝宁波市第八届外来务工者节。

本届外来务工者节系列活动由宁波外来务工人员服务与管理工作领导小组办公室、市总工会、市人力资源和社会保障局、市精神文明建设指导委员会办公室、东南商报社等5家单位共同举办，主题是“合心合力保增长、提升素质促转型、联手联动创和谐”。市政府副秘书长陆宁豪介绍了外来务工者节系列活动主要内容：全市外来务工人员技能大赛等技能提升活动、爱岗爱甬城活动、创先争优活动、关爱“小候鸟”文明系列活动、“送文化、种文化”活动等等。

同时，东南商报推出了“爱心书包送农民工子弟”、“新宁波人相亲会、郑氏十七房免费游”、“线下版‘非诚勿扰’相亲会新宁波人专场”，同天，全市11个县（市）区也启动了外来务工者节的庆祝活动。

宁波市政协副主席、市总工会主席胡建岳在致辞时说，近年来，市委、市政府围绕解决劳动就业、社会保险、子女教育等外来务工人员最关心的问题，推出了一揽子政策和举措，为外来务工人员在宁波创业就业创造了良好环境，形成了富有宁波特色的服务管理模式。

来自河北张家口的外来务工者代表、宁波市首席工人、宁波港北仑第二集装箱码头分公司杜春文说：“宁波是座充满大爱和包容的港城，外来务工者得到了社会各界的关心和爱护，每过一个我们自己的节日，都会让我们感受到得到充分认可和尊重后的满足与幸福。”杜春文向全市外来务工人员发出了“崇尚科学，勤奋学习，提高技能，勇于创新，遵守公德，促进和谐”的倡议。

省农民工办公室高度重视我市第八届外来务工者节并发来贺信。开幕式上，市委组织部副部长、市人力资源和社会保障局局长俞俊杰宣读了贺信：“宁波连续八年在每年的12月份举办‘外来务工者节’，体现了对劳动价值的尊重，对外来建设者的肯定和赞美。”

声音

●让外来务工人员留得住，安下心

宁波市政协副主席、宁波市总工会主席 **胡建岳**：外来务工人员是我市产业大军的重要组成部分，希望全市各级工会、人力资源和社会保障局、外来务工人员服务与管理组织等有关部门和社会各界，要以培养现代产业工人、现代城市主人、现代社会公民为目标，加强对外来务工人员社会主义核心价值观教育，统筹运用各种政策，切实解决外来务工人员最现实、最紧迫，同时有条件和能力解决的问题，使外来务工人员工作顺心、生活舒心，使高技能、高素质外来务工人员留得住、安下心，努力营造外来务工人员奉献聪明才智的良好社会环境。

●文明创建，外来务工人员也唱主角

宁波市精神文明建设指导委员会办公室副主任 **刘永成**：在争创文明城市三连冠过程中，我市广大的外来务工人员积极关心、参与，发挥了重要的作用，并涌现出了一批典型人物及外来务工人员组成的志愿者队伍。通过举办外来务工者节活动，调动了外来务工人员参与文明城市创建的积极性与热情，使一批外来务工人员从文明城市的看客、过客，变成了主人和主角。

●激发外来务工人员的智慧和力量

宁波市劳动和社会保障局副局长 **陈文伟**：通过举办宁波市外来务工者节，社会各界更加关注外来务工者群体，给予他们更多的关爱。本届外来务工者节通过技能大赛等系列活动的举行，将进一步激发外来务工人员的智慧和力量，服务转型升级，促进社会和谐。

●努力做好服务和管理工作

宁波市外来务工人员服务管理工作领导小组办公室副主任 **薛晓伟**：宁波市外来务工者节至今已经连续举办了八届，通过举办宁波市外来务工者节，社会各界更加关注外来务工者群体，给予他们更多的关爱。作为外来务工人员的服务和管理部门，今后就是要进一步贯彻和落实宁波市委市政府关爱外来务工人员的有关政策和方针，为外来务工人员做好服务工作，保障他们的就业，维护他们的合法权益，提升他们的技能水平。

●更加关注外来人员子女成长

宁波市教育局副局长 **陈文辉**：来自全国各地的400多万新宁波人已成为宁波经济社会发展的生力军。关爱外来务工人员，就要关爱他们的孩子，解除他们的后顾之忧。因此，近年来，宁波市在关心外来务工者子女上学的问题上，作出了很大的努力。我们今后还会继续关注外来务工者对子女教育问题的诉求，努力让符合条件的外来务工者子女有书读，教育质量有保障，安全有保障。

●进一步营造良好的舆论环境

宁波日报报业集团副社长 **季江**：关爱外来务工者，为外来务工者营造良好的舆论环境，让他们更好地融入宁波，这是媒体理应承担的一种社会责任。媒体要以服务大局的责任意识来关注他们，为外来务工者在宁波的工作、生活和发展，积极地鼓与呼。不断弘扬先进，促进新老宁波人和睦共处，共建宁波美好未来。

记者 卢科霖 毛信意

图1-1 “外来务工者节”特别报道报纸版面1

第八届外来务工者节　特别报道　东南商报　A叠 05

2011年12月5日　星期一　编辑：杨继学　组版：陈鸿燕　校对：朱　君

百余外来工持绝活同场竞技

烹调师花样百出 服务员巧思无限

“比一比，谁的技能更高！比一比，谁的手艺更精！”昨日，宁波技师学院的实验室，俨然成了技术大比武的赛场，作为第八届外来务工者节的主打活动，外来务工人员技能大赛在这里进行。来自全市各地的13支代表队共120多名选手，参加了中式烹调师、餐厅服务员、焊工、车工等4个项目的比赛，也成为了技能高手的“PK”场。

记者 毛信意 卢科霞

前三名直接晋级高级工

“能在外来务工者节上参加技能比赛特别有意义。”一位选手对记者说，近段时间一直在强化训练，争取今天拿到好成绩。在这次技术大比武中，选手们必须参加应知、应会两项考核，其中应知考核（即理论考试）已在前一天进行，应会考核（即实践考核）则在昨日举行。

现场比赛非常激烈。120多名选手都是当地选拔出来的拔尖人才，技能上已具备参赛项目相应工种的中级工标准。这次比赛中，如果应知、应会两门考核的总分能进入参赛项目的前三名，选手即可直接晋升为高级工。有了这一动力，选手们的参赛积极性都很高。

现场比拼刀功

在中式烹调师比赛现场，比赛的项目分为冷菜和热炒两部分。冷盆为四味围碟，热炒分为鱼香肉丝、锅塌豆腐、生爆菊花肫、高丽夹沙等4个，比赛时间为两小时。比赛开始后，选手们先做冷盆。随着一阵阵嚓嚓声，转眼间一盆盆卖相好看的青瓜丝、土豆丝等呈现在现场观众的面前。

现场监考的一位教师告诉记者：冷盆比拼的是选手们的刀功和拼盘手法，热炒比拼的除了刀功外，还有火候的掌握程度。余姚九龙湾大酒店青年员工迟成，2008年从云南老家来到余姚工作，他没有接受过正规的厨师培训，凭着自己对餐饮业的喜欢，一边做一边学，掌握了这门技术。他说：“我这次来参加比赛，是抱着学习的态度来的。希望自己今后在这一行里有更好的发展。”

服务员摆台比“巧思”

“比赛开始！”在餐厅服务员比赛现场，随着考务人员的一声指令，3位选手进入比赛现场。此时，现场放了三张大圆台桌，选手们每人一桌。她们先铺上大红桌布，放上体现主题的插花，排好椅子，再放上小碟、筷子、碗……紧张忙碌而又有条不紊。

陶玲是来自九龙湖开元度假村酒店的选手，她设计的主题是“希望”，在她的精心制作下，几枝怒放的向日葵花突出了积极向上的氛围。“我已得到了中级服务证，如果这次能获得高级服务证，那么，我就能得到更多的岗位津贴！”陶玲一边笑着回答记者的提问，一边继续做着她的准备工作。来自安徽的陈晴晴设计的主题“书香门第”，她选择了一本《诗经》来表现，别具一格。

餐厅服务员、安徽姑娘陆晴晴摆出一个“书香门第”的餐桌，让人耳目一新。　记者 [illegible]波 摄

比赛场上学本领

记者在焊工比赛现场发现有趣的一幕：其他选手还在埋着头，握着焊枪在苦干，来自河南濮阳的24岁小伙子杜振超在第一个完成比赛后走出了场地，出人意料地拿出了相机，对着选手们已完成的“作品”不停地拍摄。

“这次比赛不难，但是要做好做精有点难。”杜振超在浙江船厂做中级焊工，月薪有5000元，他渴望成为高级焊工，并梦想在宁波安个家。为什么对着那些“作品”拍？他说：“每个选手的手法都不太一样，我都拍回去，给我们领导看看，让大家一起学学，精品是怎么出来的。”

全市各地庆祝外来务工者节

余姚：新老居民欢聚一堂大联欢

昨天下午，余姚市庆祝第八届外来务工者节暨“互融共建”文化联谊会联欢活动在河姆渡宾馆举行，来自全市各行各业的近百名新老余姚人欢聚一堂，共同庆祝宁波市第八届外来务工者节。

据悉，目前，登记在册的新余姚人有53万人，遍布全市各行各业，为余姚的经济、政治、文化、社会建设做出了重大贡献。近年来，余姚市委、市政府把加强外来务工人员服务与管理工作作为推进社会管理创新、构建和谐宜居城市的重要内容来抓，强化组织网络建设，优化劳动保障、医疗卫生、子女教育、文化共享等公共服务，并不断创新工作载体，初步走出了一条具有余姚特色的新居民服务管理新路子。尤其是在文化共享方面，以“互融共建”主题活动为载体，相继开展了优秀外来务工人员评选表彰、姚江明月情晚会、新余姚人运动会等活动。设立新余姚人人文课堂，招募文化志愿者48名，开课35期，为3200余名外来务工人员讲解余姚文化。

在联欢活动中，市领导向部分优秀外来务工人员代表赠送了节日慰问品，“互融共建”文化联谊会的成员表演了新疆舞蹈、葫芦丝演奏等内容丰富的文艺节目。

宁海：志愿者和外来务工者联欢

近日，为庆祝“12·5”国际志愿者日和第8个外来务工者节，进一步推进宁海县外来务工人员志愿服务行动，宁海团县委、县志愿者协会、县外来务工办和县总工会联合举办“共建和谐，共享美好”联谊活动，为志愿者和新宁海人提供一次沟通交流、联谊欢庆的机会。

活动有社区志愿者服务组织、网络青年志愿者组织、献血志愿者组织和四家企业的近200名志愿者代表、青年外来务工人员代表参加。在联谊会上，志愿者和新宁海人代表争相上台献才献艺，表演的节目也各具特色，不仅充分展示了新宁海人良好的精神风貌和多才多艺的人格魅力，同时也展现出了新宁海人在第二故乡安居乐业，和谐幸福生活的场景。

奉化：外来务工者放歌大合唱

11月23日，奉化市总工会在岳林广场举办第八个外来务工者节暨奉化市第二届职工大合唱比赛，展现新时期我市职工全面发展、勇于创新、锐意进取的精神风貌和时代风采，激励职工在经济建设中再创新业绩，来自全市各企业的12支参赛队伍和1支助兴表演队伍参加了比赛，到场观看者近1500多名。

比赛在奉化太平洋购物广场代表队的一曲《太平洋员工之歌》中拉开序幕，整齐的服饰、嘹亮的歌声充分展示了太平洋员工的欣欣向荣的一面。随后，奉化诚信电器制造有限公司、宁波龙腾五金制造有限公司等代表队在嘹亮的歌声中唱响自己的企业精神。整场比赛高潮迭起，激情飞扬。

最后经过紧张的角逐，奉化市公共交通有限公司、宁波兴明液压器材有限公司等八家单位代表队获得金奖，宁波中迪鞋业有限公司、宁波波导股份有限公司等四家单位代表队获银奖，宁波市沃特玛洁具有限公司代表获表演奖。

记者 张贻富 江涛 程鑫
通讯员 施海霞 陈伟 丁咖丹

“今天我们有新书包啦！”

“爱心书包”送外来务工子弟

商报讯（见习记者 杨江 实习生 陈燕 通讯员 倪聘）“感谢东南商报社和爱心企业的叔叔阿姨，明年我们终于能背上新书包了！”

12月2日，阳光明媚。这一天，鄞州区姜山朝阳学校的师生们迎来了送“爱心书包”的代表。见到200只包装精良的“爱心书包”，师生们开心得不得了。“接受爱心书包的同学请到操场集合。”上午10时许，随着学校广播的召集令，200位外来务工子弟齐刷刷地站到操场上，接受爱心人士的捐赠。

连日来，本报11月28日关于留守儿童需要关爱的报道，以及举办外来务工者节的相关新闻，引起了鄞州区中河街道团委、妇联、东城社区、宁波精成车业有限公司的关注，他们被孩子们聪明好学、吃苦耐劳、为家中分忧的精神所感动，决定奉献一点爱心，并决定首批送给外来务工者子弟。为了能让书包更好看，东城社区工作人员连夜对文具与书包进行包装，东城社区主任张倍娥对记者说：“包装得好看一点，会让孩子们看起来暖暖的。”

“老师，我有新书包啦！你看好看吗？”一拿到新书包，来自贵州德江的肖娇娇就迫不及待地背上，班主任陈老师用手细心地抚摸着她的新书包高兴地说：“好看！好看！”

现场声音

东城社区主任　张倍娥

“外来务工子弟的父母们不在身边，或无暇顾及他们，他们的喜怒哀愁无法及时传递给父母，这对孩子们的身心造成了一定影响。给孩子送‘爱心书包’的活动，让孩子们感受到了来自社会各界的关爱，也在他们幼小的心灵埋下了感恩的种子。”

姜山朝阳学校校长　忻龙鸣

“留守儿童是个特殊的群体，你们给他们送来的不仅仅是物质上的关怀，更是精神上的慰藉，让他们感受到了社会大家庭的温暖，更给予了我们教育工作新的启示。未来，我们在原有的基础上，将加大关爱力度，让他们时时刻刻感受到，身边都有人在关爱他们。”

心里话

考到第一名时再背

小琴（化名）小朋友年仅8岁，在朝阳学校上小学二年级，她在家里排行老大，家里还有一个妹妹和弟弟。可能是年龄小的关系，小琴显得有些害羞和紧张，一直用手拽着衣角，眼睛也一直看向地面。当记者问小琴喜不喜欢新书包时，小琴用手将书包握紧了一些，轻轻地说了句“喜欢”。而当记者追问小琴什么时候用这个书包的时候，她腼腆地笑了一下，“我想等我考到第一名的时候背。”

做个军人，在边关保家卫国

上初二的军军（化名），初见记者并不腼腆，与其他外来务工子弟不同的是，他并没有背上新书包。“我要把新书包寄给在贵州的妹妹，我已经有三年没见妹妹了。”军军家里有一个弟弟和一个妹妹，妹妹跟随母亲在贵州生活，他把对妹妹的思念埋在心里，他说将来他要做一名军人，能够保护妹妹，保护国家。

▲记者 王鹏 摄

图 1-2　“外来务工者节”特别报道报纸版面 2

第八届外来务工者节 特别报道 東南商報 A叠06

2011年12月5日 星期一 编辑：杨继学 组版：张 婧 校对：朱 君

新宁波人相亲会活动精彩纷呈

“非诚勿扰”线下版挤爆“凯洲” 6对单身男女嘉宾昨成功牵手

12位女嘉宾在舞台上一字排开，男嘉宾伴随着熟悉的音乐帅气走来，台下的观众不断地拍手以示鼓励，看到这一场景，很多人会误以为来到了电视节目《非诚勿扰》的现场，但其实这是宁波市第8届外来务工者节系列活动之“新宁波人相亲会”的现场。

昨天下午2点，东南商报联手宁波经济广播电台FM102.9“社区红娘”栏目、宁波凯洲皇冠假日酒店和叶子婚庆礼仪公司，共同邀请了38名单身新宁波人参加“非诚勿扰”线下版相亲会专场。

记者 孙肖 张落雁
实习生 王思思 邱亦菲

▶新宁波人相亲会现场。
记者 王增芳 摄

男女嘉宾都是成功的新宁波人

新宁波人相亲会昨日在凯洲皇冠假日酒店聚龙轩厅举行，下午2点未到，大厅里已经被男女嘉宾和亲友团们挤得满满的，工作人员不断加座位还是不够用，许多亲友们干脆站在门口观摩。

活动现场全部按照电视版“非诚勿扰”的各个环节进行，通过嘉宾自荐、亲友团推荐、红娘保荐、互动爱情游戏等环节完成现场相亲全过程，牵手男女嘉宾获得当晚宁波凯洲皇冠假日酒店的双人自助浪漫晚餐，同时还将获得2012年度《东南商报》报卡。

记者了解到，本次前来参加活动的女嘉宾年龄在24~28岁之间，男嘉宾在24~33岁之间。他们都是来自全国各地的新宁波人，大部分在宁波已经生活了几年时间。男女嘉宾全部是大专以上学历，6位男生还是硕士学历。男嘉宾中有中科院的研究人员、医院外科医生、证券公司期货操盘手、部队军官、公司总经理助理，女嘉宾中有老师、外贸公司主管、IT行业负责人等，都是通过自己努力在工作岗位中崭露头角的新宁波人。

虽然在电视上经常观看《非诚勿扰》节目，但很多女嘉宾都表示这是她们第一次参加类似线下版的节目。随着时间推移，女嘉宾们也一改之前的沉默姿态，变得愈来愈主动，经过近4个小时的现场活动，6对男女嘉宾牵手成功，一同享受了当晚在宁波凯洲皇冠假日酒店的双人自助浪漫晚餐。

第一对牵手成功只用8分钟

“人的一生就是一个选择的过程，今天我站在这里也是一种选择，希望这个选择能够为自己带来幸福。”4号男嘉宾来自北仑，是湖南人，虽然他的上场发言很平实，没有太多的华丽铺设，只是简单地介绍自己，但给人一种成熟稳重的感觉。也正是因为这一份稳重，吸引了场上文静的2号女孩。这是一个看上去很清秀、安静的女孩子，在遇到合适的男嘉宾的时候，虽然脸颊早已涨得通红，却还是勇敢地站了出来选择男孩，也给自己一个机会能够继续了解彼此。

两人都是第一次参加这样的相亲活动，8分钟左右就牵手成功，他们自己也是十分意外和惊喜。男孩说，找对象看的是相貌、学历、才华的综合体现，他觉得女孩子能够达到80分就十分优秀了。问及可以给2号女嘉宾打几分，男孩笑着表示，女孩在他的心目中已经达到了90分。

后援团热力推荐

16号女嘉宾小铃的后援团全部穿着统一的蓝色服饰，可谓是“有备而来”。她的后援团好友小飞告诉记者：“我们小铃在团队里对工作很负责、很积极但也很低调。她的脾气超级好，我基本上没有看到她发火。”她的好姐妹岑岑、大红、小谢也一直夸小铃贤惠，一起外出聚餐，小铃总会默默地帮大家清洗餐具并摆放好。岑岑说：“我们希望她能找到一个有责任心、有孝心，还有一点小浪漫的男生。”姐妹口中提到的男生符合小铃自己的择偶条件吗？小铃听后也笑言：“是的。姐妹还是了解我的。”

“我来推荐她！”相比于16号女嘉宾后援团的淡定，11号女嘉宾小凡的后援团就是给力十足了。她的后援团代表杨先生直接拿着话筒就在台边直视台上的男嘉宾说：“她很优秀。优秀在我眼里是最好的赞美词……她一直很受公司老总器重，所以这次老板给我们集体放假来帮她助威。我们的后援团就有25个人。”可爱的杨先生为了卖力地推荐小凡，都忘了星期天所有公司都放假的事实。不过，他逗乐的言语还是帮助大家进一步了解了小凡。

临时报名牵得美人归

场上气氛热闹，场下的参与者也不甘寂寞。一位1976年出生的大学英语老师对记者坦言：“本来我到这里纯粹是来‘打酱油’的，可是看到这个活动的内容形式都很不错，场上又有那么多优秀漂亮的女孩子，既然来了，我也应该上场表现一下自己！”心动不如行动，他积极地来到红娘那里主动要求上场，成了原本没有的“18号男嘉宾”。他的积极主动果然有了很不错的收获，经过他幽默的自我介绍和风采展示，与几位女嘉宾的积极互动之后，最终，他成功牵得美人归。

嘉宾感言

宁波蓝泓心理健康咨询中心主任**周敏丽**：这场相亲活动还是比较成功的，现场18对男女嘉宾，6对男女牵手成功，成功率达到了三分之一，可见主办方和红娘之前做了很多的准备工作。但作为参与活动的男女嘉宾还有很多地方需要改进。刚开始的时候女嘉宾在向男嘉宾提问时并不充分，显得有些害羞和盲目，相亲会的本质在于互动交流，男女双方在问答过程中相互了解，从而确定对方是不是自己想找的人。另外，男女嘉宾应该通过相亲学会爱的能力，包括礼貌待人、把握机会、理解拒绝等。最重要的是要自信地展示自己，以便让对方正确地认识自己。

社区红娘代表 **王玉祥**：现在的年轻人都比较忙，他们和我们这一代人是有区别的，他们都是知识型、事业型的，很少有时间去找对象，所以我觉得像我们这种相亲活动是一个很好的平台，可以在较短的时间里帮助他们解决个人问题。像之前牵手成功的几对嘉宾，我看过他们的资料，觉得确实比较合适，我们平时也会根据大家填写的个人资料、择偶标准，选择合适的去进行配对。每一次看到有人牵手成功我们红娘也会有一种幸福感。

我还有一个建议给以后相亲的姑娘们，除了要勇敢、大方，还要注意要经常微笑，用微笑的眼睛去表达自己真诚的心。

宁波凯洲皇冠假日酒店副总经理**朱红叶**：几十位新宁波人大多年轻有为，都是各行业的精英。他们在宁波打拼多年，靠自己的能力和努力获得了今天的成就，也为宁波这座美丽的城市贡献了自己的一份力量。但由于忙工作，把更多的时间放在了事业上，也因为生活圈子的局限性，所以才会单身。

今天的相亲会是个很好的机会，我们酒店又具备举办活动的场地，自然要大力支持。如果这其中，能成就几对美好姻缘，那也是我们酒店的荣幸。有了好的对象，大家就会考虑“执子之手，与子偕老”。在这里我也想为即将跨入婚姻殿堂的新宁波人支一招：婚礼举办不一定花重金才能达到效果，其实新人追求的不是形式而是意义。

新宁波人免费畅游郑氏十七房

商报讯（陈爱红 程鑫）狮舞欢迎四方宾，绣球抛给意中人。12月3日上午，第八届外来务工者节“新宁波人”专场相亲会暨镇海区关爱外来务工者系列活动启动仪式在镇海郑氏十七房景区举行，300多名外来务工人员在郑氏十七房进行了免费参观游览。

四大免费项目惠及新宁波人

简短的启动仪式过后，景区为前来参加相亲和游玩的外来务工者准备了一台歌舞节目，劲爆的街舞《青春节拍》引得观众阵阵掌声。四个跳街舞的小伙子都是来自湖南的外来务工者，队长王平是镇海石浦大酒店的保安，24岁的他来宁波一年多了，很喜欢镇海的环境，平时除了上班就是练舞，王平说能够在外来务工者节上为大家表演他感到很荣幸。

当天，虽然天气很冷，但还是有300多名外来务工人员前来郑氏十七房参观游览。来自湖北的小伙子张权峰告诉记者，平时经常加班，偶尔休息一天也不知道该干点什么好，一个人身处异乡，朋友不多。两天前，他就从报纸上看到外来务工者节这个消息，一早就赶过来了。平时，这个景区需要几十元的门票费，这两天不仅能免费参观，还有这么多文娱活动，实在是太好了。

郑氏十七房景区的工作人员袁军丽告诉记者，这次由东南商报、郑氏十七房景区和镇海区外来务工办等单位联合主办的外来务工者节系列活动是纯公益性的，节日期间，来郑氏十七房参观的外来务工者可以享受四大免费服务：免费游郑氏十七房、免费看大戏、免费健康咨询和免费相亲。

相亲会上争抢红绣球

红绣球抛起来，郑氏十七房举行的“新宁波人”专场相亲会，吸引了数十名俊男靓女前来寻找意中人。

现场最热闹的是莫过于抛绣球了。几名年轻姑娘站在台上，有意向的小伙子们挤在台下，伸上双臂，迫不及待地等着绣球砸下来。随着姑娘们把绣球高高抛起，小伙子们似跳高运动员般高高跃起，抢占“制空权”，把绣球牢牢地抱在怀中。

挂在相亲会现场的相亲资料也吸引了众人的目光。安徽来镇海务工的周女士在镇海工作不到一年，她希望从相亲会上找到合适的意中人，陪同她一起来的同伴和她一起在相亲资料前驻足了许久，一张一张看过资料，小声地议论着，同伴李女士突然惊呼：“这里还有年薪30万的人呢！”周女士仔细地看了资料后笑着说：“你看看年龄了，40多岁了，不合适的！”

周女士说她相信相亲资料的真实性：“很多人都注明了没房没车，这一点让我觉得他们是诚实的，毕竟像我这样年纪的外来务工者在宁波拥有一套房子的人不多。结婚当然希望拥有自己的房子，但是结婚了两个人一起挣钱买房才是最现实的拥有自己房子的办法。”

现场的一些外来务工者大多数赞同这种观点，中科绿色电力有限公司的团委书记李虎也是一名外来务工者，他对自己的前途很有信心，他认为凭他的工作能力和在宁波目前的工作环境，他肯定能赢得意中人的青睐。

参加相亲会的男女青年在玩抛抢绣球的游戏。
记者 王增芳 摄

图 1-3 “外来务工者节”特别报道报纸版面 3

三、案例分析与小结

灿烂的精神创意之花结出了绚丽的城市文明之果

宁波“外来务工者节”的策划和举办无疑是《东南商报》办报以来最成功的，也是最有影响力的大型主题新闻活动，荣获浙江省新闻最高奖——社会活动奖，并入选中国报业首届新闻社会活动十大精品案例之首。它不但为《东南商报》带来了声誉，更实实在在地通过媒体人的行动推动了社会进步和城市文明的进程，这也让东南商报人倍感欣慰。

策划和组织这样的活动需要具备多方面的条件：一是社会发展的需要。当时由于出现“民工荒”，需要各界为农民工呼吁改善环境。二是政府所急所思。在这样的社会背景下，因势利导才有可能去策划这么宏大的活动。但仅此还不够，在社会急速变革的新时期，这种前提条件在许多方面都存在。所以接下来最重要的还是媒体要主动，要有所作为，特别是媒体人要有前瞻性，与时代同步、与人民同心的社会责任意识要非常强烈，还要具备为社会进步而奋斗的使命感。这不是大道理，而是媒体人要有内化于心的情感。只有具备了这些外因和内因，才有可能策划出产生良好社会效益的大事件式的活动。

当然，在接下来具体的操作层面会有许多事情要做，也会有许多麻烦、困难和困惑，所以在这个时候策划和实施就显得格外重要。比如，当我们在组织首届“外来务工者节”时，并没有把它当成“节”来办，而只是推出一批农民工先进典型，以树立他们在社会上的正面形象。如果要深入报道下去，就会出现不同的声音（如：是不是报道农民工了，本地工就不重要了呢？）。后来，大家有了共识，我们又想把这件事（评选“十大外来务工明星”）做得更好，让他们像真正的“明星”一样闪亮。但是我们又碰到经费不足的问题，于是到处筹款。《东南商报》提出办“外来务工者节”也经过了一系列的活动策划，然后在市总工会、市人力资源和社会保障局等政府部门的共同努力下，我们提出系统方案并循序渐进地实施。

办这样一项大型活动，最难之处还在于坚持和创新。东南商报人难能可贵之处在于遇到困难的时候不气馁、不懈怠。十七大的召开，将农民工等“三农”问题作为党的工作的重要内容。现在回过头来看，当年《东南商报》联合市总工会、市人力资源和社会保障局共同举办的“外来务工者节”确实做对了，做好了，最终也成了宁波市市委、市政府批准的正式的全市性节庆活动，灿烂的精神创意之花结出了绚丽的城市文明之果。

第二章 一个教科书式的典范——“环保·故乡·山江海”活动

第一节 媒体行动引领绿色“旋风”

一、“环保·故乡·山江海”活动简介

（一）媒体尽责 彰显价值

2006年3月6日，《东南商报》的一篇报道《我们一道去探访宁波十大山峰》拉开了第一届“环保·故乡·山江海”活动的序幕。

这个活动从征集志愿者探访宁波十大山峰开始，开展探访三江之源、宁波之海等一系列活动，到2006年6月5日的“世界环境日”告一段落，前后持续了三个月的时间，有1 500名志愿者通过各种形式参与活动，义务宣传环保，有十多万读者参与投票，评选绿色环保人物，成为当年宁波市最具影响力的环保公益活动。这项活动也因此被评为宁波日报报业集团创新策划一等奖和集团年度十件新事之一，并入选宁波市十大公共关系事件，在全市引起了热烈的反响，至今已连续举办九届。2012年，“环保·故乡·山江海”活动又成为浙江省新闻社会活动奖和宁波市创模十年生态建设十大亮点之一。

2010年12月20日，浙江省记者协会、宁波市记者协会联合举办的“环保·故乡·山江海”活动研讨会在宁波举行。

来自全国各地的传媒专家学者济济一堂，以《东南商报》的“环保·故乡·山江海”新闻采风系列活动为主要实践样本，对媒体的重大主题报道如何扩大影响，媒体行动与受众需求如何无缝对接，都市类媒体如何在大型社会活动中打造新闻精品等议题进行深入研讨。

研讨会高度评价了《东南商报》的社会责任感，再次充分肯定了《东南商报》的媒体行动策划力、动员力及推动力。与会专家一致认为，“环保·故乡·山江海”新闻采风系列活动把“绿色、低碳”的重大主题贯穿于丰富多彩的活动当中，体现了个性特色；媒体行动与受众的需求紧密结合，彰显特有的价值；不断赋予新的内容，常办常新，扩

大了社会影响。

复旦大学李良荣教授说：“连续五年策划‘环保·故乡·山江海’新闻采风系列活动，抓住了时代所需，急政府所急，思百姓所思，有可持续发展的内动力。‘山江海’系列活动和‘外来务工者节’一样，是一个很好的教科书式的典范。”

（二）创新宣传 树立品牌

第一届活动的圆满成功，使《东南商报》更加坚定了从深度和广度上推进这一活动的决心。

在深度上，《东南商报》坚持围绕“环保·故乡·山江海”这个主题，每年策划开展一系列活动。2006和2007年，经过精心策划推出的两届“环保·故乡·山江海”活动，由“探山、探江、探海”，探访宁波绿色文化新景观村、绿色景观小区，评选十大绿色环保人物及绿色文化形象大使，“少开一天车，我为绿色作贡献”等多项内容组成，《东南商报》的30多名记者和千名志愿者行程千余里，深入宁波的偏远乡村及城市社区，宣传环保，探访原生态，发现社会主义新农村的新人、新事、新风，采写了一大批有影响力的见闻式报道，先后共发稿500余篇，形成了强大的环保宣传声势。

2009年第四届“环保·故乡·山江海”活动还首次走出了宁波，与绍兴、舟山、嘉兴等地的媒体联合举办了“长三角南翼环杭州湾生态行”活动。

2010和2011年第五届、第六届“环保·故乡·山江海”活动又与温州、台州等地的媒体联手举办了“甬台温生态文明建设行”活动，由三地分别承办的“迎绿色世博倡低碳生活、低碳经济优秀创意方案大赛”“我的低碳生活征文大赛”“甬台温生态文明建设摄影大赛”等活动吸引了三市十多万名读者的参与。

《东南商报》连续举办的“环保·故乡·山江海”活动，得到了各界专家学者的广泛好评。国家新闻出版广电总局新闻报刊司新闻业务处处长农涛说：“我感觉《东南商报》组织这么一项活动是给社会和国家献上了一份沉甸甸的厚礼，这份厚礼有深厚的历史价值。组织这样一种大型的活动推动市民提高某个领域的意识，这是它的职责所在，但把活动搞得这么大，持续这么长时间，难度是非常大的。”

宁波市委宣传部副部长张松才先后三次参加了《东南商报》的“环保·故乡·山江海”活动。对于这一活动他评价道：“《东南商报》办报以来一直以亲民的风格出现，在广大读者中树立了良好的形象和口碑，而且通过丰富的、有创意的策划活动，为推动社会发展及和谐稳定发挥了十分积极的作用。可以说，运作大型新闻活动是《东南商报》的一大特色。”

第二节 “环保·故乡·山江海”新闻话语

新闻传播形成舆论场

每一届的“环保·故乡·山江海”活动，既有大量读者参与的互动性活动，又有新闻报道的紧密配合，新闻传播效应非常显著。2011年第六届“环保·故乡·山江海”活动共刊发连续报道20余次，将动态新闻、互动信息、深度报道、现场新闻、报网互动、报台（电视、广播）互动融为一体，形成了强大的绿色、环保新闻活动舆论场。

一、新闻报道节选之一

“蓝色海岸生态行”带你看大海

记者：林伟

又是一年春来到，很多读者可能都已经在期待一年一次的“环保·故乡·山江海”活动了。记者3月13日从活动组委会获悉，在去年探访活动的基础上，由市生态办和本报联合举办的第六届“环保·故乡·山江海”活动将以“东海我的故乡·蓝色海岸生态行”为主题，甬台温三地继续联动，沿着绵延千里的东海海岸线，探访三地的海洋经济发展、生态环境保护和海洋生态文明，带你一起看大海。

探访三座城市海岸线

不久前，国务院正式批复《浙江海洋经济发展示范区规划》，把浙江海洋经济发展上升为国家战略。那浙江海洋经济和海洋生态文明的现状如何呢？为此，作为浙江最为重要的三个沿海城市，宁波、台州和温州三地的市委宣传部、市生态办将联合举办“蓝色海岸生态行”活动，探访各地的海洋经济和海洋生态文明，这将毫无疑问地成为今年“环保·故乡·山江海”活动的最大亮点。

根据安排，此次活动将由市生态办与本报一同组织“生态之友”环保志愿者去探访三地海岸线，看看那里的企业污染治理、沿海工业园区环保现状、沿海农村环境综合整治、绿色养殖、海洋生态旅游、海洋环保志愿服务活动等，弘扬海洋环境保护理念，揭露污染海洋、破坏海洋生态环境的不良行为。

“蓝色海岸生态行”活动启动仪式将在台州举行，组委会相关负责人表示，从3月起，本报将组织志愿者先探访宁波的海岸线。

请你推荐最美丽海岸

值得期待的是，今年我市将举办“最美丽沙滩”“最美丽岛屿”“最美丽渔家乐”的评选。宁波评选出的三个“最美”，还将参加三地最后的总评选，角逐甬台温“最美丽沙滩、岛屿和渔家乐”。

从今天起，市生态办和本报将联合向市民征集“蓝色海岸生态行”活动的宁波探访地。探访地可以是沿海工业企业，可以是沿海农村，也可以是水产养殖基地、海洋生态旅游点、自然海岸景区等。如果你推荐的“蓝色海岸生态行”探访地被采纳，你就可以优先报名参加今年的探访活动。同时，你也可以把你认为最美丽的沙滩、最美丽的岛屿和最美丽的渔家乐的名称、地点推荐给我们，最后根据专家评估，我们将确定探访和参评名单。

推荐名单请通过电子邮件发至：sh@cnnb.com.cn

联系人：施先生

电　话：87682576

活动期间，市生态办和本报还将联合开展“环保科普图板进社区”“环保宣传图板进饮用水源一级保护区乡村”“环保电影进农村”等主题活动，并专门制作一套适合农村的环保科普幻灯片，在电影放映前播放。

此外，我们将在6月5日那天倡导“少开一天车、少开一盏灯”的低碳生活方式。

今年也将继续评选第五届“十大绿色景观小区”。

二、新闻报道节选之二

生态文明花开甬台温　蓝色海岸千里绘新图

踏海滩、登海岛、探渔村，探访团四天行程千余公里

记者：许雄辉　林伟　蒋继斌　见习记者：杨江

在浙江省的版图上，宁波、温州、台州就像一条金色的巨龙，沿着大陆东海岸一线相连，侧卧于东海大陆架上。这是一片神奇的土地，无论是宁波、温州还是台州，都在中国经济发展的大潮中，创造出了自己的独特优势和无愧于这片沃土的巨大财富。今天，在生态文明建设的征途中，三地人民又心心相印，互为借鉴，迈出了可喜的新步伐。

2011年4月19至22日，甬台温生态文明建设“蓝色海岸生态行”新闻采访团记者与环保志愿者一道，沿着东海岸千里海岸线，踏海滩、登海岛、探渔村。大家欣喜地看到甬台温三市人民用自己勤劳的双手和智慧打造出来的一个个生态建设的亮点，描绘出一幅幅崭新的生态文明蓝图。

温　州

宁波能养殖羊栖菜吗?

在温州洞头县，有个村庄的名字比县名还要响亮。它叫海霞村，就是当年电影《海霞》的故事原型发生地，当年闻名全国的海岛女民兵就诞生在这里。前不久，这里刚举行过女民兵连成立50周年纪念大会，中央军委的首长也来视察指导。现在，海霞村还建了一个军事公园呢。不过，对于海霞村，探访志愿者的第一个印象却是怎么有股淡淡的海腥味?

志愿者纷纷朝散发气味的方向望去，那里有几间民房，门口晒着不少黑黑的东西，远远看去，有点像是宁波人经常吃的紫菜。"这就是羊栖菜，" 洞头县北岙镇副镇长陈赛玉说，"这是一种非常好吃，也有食疗作用的海洋蔬菜，我们洞头也被称为羊栖菜之乡。"

她还指着山脚下的大海说，那是垦石礁，是他们的羊栖菜养殖基地。志愿者一眼望去，天然形成的海湾映入眼帘，海面上一张张大网几乎覆盖了整个海湾的三分之一。"就在这里，海霞村养殖了1 000亩的羊栖菜"，陈赛玉说。像这样的羊栖菜养殖基地，整个洞头县有6 000亩，产品主要出口日本和韩国，年产值达2亿元。

那羊栖菜是如何养殖的呢? 陈赛玉介绍说，村民将杆子插在海湾中，将绳子的两端系在竹竿上，各绳子相互交叉形成网状，羊栖菜就生长在这些网上。

让志愿者惊奇的是，垦石礁海域的海水看上去很清澈，与其他海域形成了鲜明的对比。这是怎么回事呢? 陈赛玉说，这其实是羊栖菜的功劳。"羊栖菜能吸附海底的污泥，能将海水中的氮和氨吸收消化，这就解决了海水浑浊的现象，同时它还遏制海水的富营养化，与其他养殖生物形成互补。" 另外，据说羊栖菜还有食疗作用，吃了以后能降低血脂血糖，对中老年人的健康有很大的好处。

"这么好的东西我们好像从来没听说过啊。" 宁波志愿者王跃进问陈赛玉，宁波海域能不能养殖羊栖菜呢? "应该没有问题，毕竟洞头和宁波都属于东海海域。" 这个回答也让王跃进非常兴奋:"我准备让几个搞水产养殖的朋友去试试。"

另一名宁波志愿者赵建峰则表示，他在宁波也吃到过羊栖菜。"但据我所知，羊栖菜在宁波的养殖面积很少，也没有经过什么推广。" 赵建峰说，如果宣传能跟上的话，羊栖菜养殖在宁波大有可为。

当天中午，陈赛玉还在当地的一个景区请志愿者们吃了一顿非常具有渔家特色的午饭，最后一道菜就是凉拌羊栖菜。听说是羊栖菜后，这盘菜就一下子被志愿者们一抢而空了，"口感不错，" 志愿者小胡说。

在临走前，多名志愿者还特意跑到了当地的一个市场，每人都买了一箱羊栖菜回家。"回去让家人、朋友也尝尝"，一名志愿者提着四箱羊栖菜说。

镇 海

远程监控让污染无处遁形

4月22日，甬台温生态建设志愿者探访了本次活动的最后一站——宁波，从镇海环保监测中心到台塑企业，高科技含量的设施对环境保护的促进作用让温州和台州两地的志愿者感触良多，而宁波志愿者则显得非常自豪。当天上午，宁波的天空下起了小雨，不过这丝毫没有影响到志愿者的兴致。志愿者一行来到镇海区环境监控中心，进入监控大厅，一个宽大的屏幕展现在大家眼前，镇海区各地的监测画面不断在屏幕中跳动。

“整个镇海区的环保信息都会在这个屏幕上显示”，镇海区环保局副局长曹慧云向大家介绍，监控大厅是整个监控中心的核心所在，它会实时反映镇海区主要区域的监控画面，若出现突发情况，镇海区的相关领导在监控大厅就能远程指挥现场。

为了一探实地监控状况，记者和志愿者一同前往镇海围垦局，观察大气特殊污染因子在线监控系统。在围垦局，志愿者发现在一幢房子的屋顶上，有一个类似于气象监测仪的设备。曹慧云介绍，这是大气特殊污染因子在线监控系统的一部分，能对大气中的有机物进行实时监控。“空气中的有机物达到一定浓度后，对人体是有害处的，所以我们对大气中的有机物进行实时监控。一旦出现问题，马上就可以发现和处置。”

这样的高科技设备让台州和温州两地的志愿者非常羡慕。“有了这个设备，很多环境污染事件就能及时处置，老百姓也就不会受到影响了，”台州的一名志愿者说，他希望台州也能投入资金，建设类似的监控设施。

港 口

运煤码头竟然不见一点黑渣

志愿者继续前往台塑企业，到达台塑的一个码头前，志愿者李勤还以为这里是台塑产品的运输码头。“这里是我们的运煤码头，台塑企业所需煤炭几乎都靠泊这里，”台塑热电厂副厂长叶金木说。这让大家都非常惊讶：这是运煤码头吗？怎么完全看不到一般煤炭运输所有的黑渣和粉尘，难道走错地方了？

叶金木笑着指向码头上一个类似于起重机的装置说：“全靠这个大家伙。”原来，这个装置还有玄机，它叫螺旋式卸煤机，在卸煤和输送煤的过程中，螺旋式卸煤机都是全封闭的，这样就解决了粉尘漫天的问题。

“不出来真的不知道还有这么好的环保设备啊，”温州志愿者金春芬听得很仔细，“我要向我们温州环保部门建议，这样的设备应该多引进。”

物流甬台温

宁波、台州、温州由于地缘相近，长期以来联系十分密切。甬台温生态建设“蓝色海岸生态行”的志愿者在探访活动中，同样感受到三地的人缘相亲、文脉相通、经济相融。

随着交通的发展，甬台温三地的物流也越来越畅通。在四天的探访中，志愿者们行程上千公里，亲身感受到了甬台温三地物流的便捷与快速。从宁波到台州再到温州，最后返回宁波，志愿者们一路沿着甬台温高速公路探访，这条“经济血管”的便捷让大家印象深刻。

志愿者戴成蓝告诉记者，1993 年他有一次跟着一辆货车到台州，“那时候还没有高速，一路都是山路，而且路不宽，车子走走停停，用了差不多一天的时间。现在上高速，几个小时就到了，所以说世界越来越小。”一路行来，甬台温高速繁忙的交通状况，让志愿者同样感触颇多。“建设沿海高速绝对是当务之急，”志愿者郭兴说。据了解，这个项目国家已经立项，起于宁波象山，途经三门、临海、椒江、路桥、温岭、玉环等 6 县（市）区 23 个乡（镇）街道，至温州乐清南塘与甬台温高速公路相接。建成之后，不仅能完善国家和省高速公路网的结构布局，有效分流甬台温高速公路日益增长的交通流量，还可以对甬台温下一步的发展带来显著的社会效益和经济效益。

铁路的建成，同样提高了甬台温物流的便捷。甬台温铁路作为中国铁路沿海通道的重要组成部分，是连接中国最具经济活力的长三角地区、珠三角地区的重要纽带。对于甬台温三地来说，宁波、温州两市由铁路末端成为铁路枢纽，台州市则结束了无铁路的历史。从温州回宁波，路上花了四个小时，以至于志愿者王洪强打趣地说：“我们索性把车留在这里，坐动车走吧，一个多小时就到了。”

经济甬台温

面向大海，将海洋经济作为经济转型升级的突破口，“十二五”期间，发掘“蓝色国土”的海洋生产力成为我省的战略重心。甬台温生态建设“蓝色海岸生态行”活动，让志愿者近距离感受到了三地海洋经济发展的脉搏。

宁波无疑是浙江海洋经济发展的排头兵。志愿者朱先生是北仑区的一名人大代表，“在宁波的‘六个加快’行动中，就有加快打造国际强港这一项，”朱先生说，“宁波港是个大港，但长期以来，一船船、一车车的货物仅仅是从宁波港过一下手而已。用我们区长的话说，就是宁波港得到的只是一颗汗珠子摔八瓣的装卸费。”为此，宁波将加快打造国际强港，由世界大港向国际强港转变。

与国际强港相比，宁波港真正的差距在于配套服务业发展水平以及增值服务的提供能力。“按照规划，我市要建设大宗商品交易平台，创新大宗商品交易模式，开发高附加值商品交易市场，”朱先生说，“这样到 2015 年，我市大宗商品交易平台市场交易额将超过 4 000 亿元，而目前，这一交易额还达不到 1 500 亿元。”

温州则在岛屿的开发和利用上动起了脑筋。以洞头县为例，洞头县作为全省旅游综合改革试点县和省一级海岛开发开放综合改革试验区，将为浙江发展旅游经济探索海岛样板。在洞头的规划蓝图上，其目标是建设成一个国际性的旅游休闲岛。他们已规划在环海西湖 11 平方公里的范围内打造联合国生态人居实验园区，这里将建成“岛岛有主题、一岛一特色”，融行政商务、文化康体、休闲度假等功能为一体的符合海岛型生态的人居实验区，吸引永久性论坛会址落户，使洞头县成为“近者悦远者来”的休闲度假胜地。

生态甬台温

在四天的探访中，志愿者最欣赏的莫过于三地对新能源的开发和利用。

在台州，志愿者们见到了以前几乎没有听说过的潮汐发电站。让大家感兴趣的是，潮汐能源是一种可再生的洁净能源，没有污染。“作为海洋资源大省，浙江拥有 6 696 公里的曲折海岸线，港湾众多，潮汐能源丰富，”台州江厦潮汐试验发电站安全生产部主任蔡云峰自豪地说。江厦潮汐试验发电站作为中国第一、世界第三大潮汐发电站，在建设生产中完成了许多科学试验课题，并在该领域内起了引领作用。“为此，目前，三门湾潮汐发电项目已被列入浙江省的‘十二五’规划，将在 2015 年建成。”

温州则兴建了多个风力发电站。在位于福建与浙江交界地带的苍南县海拔 700 多米的鹤顶山上，志愿者们看到了 28 个高大的白色塔基，每个塔基上面都有三片巨大的风叶匀速转动。“源源不断的清洁电能就从这里产生，”风电场安全专职员孟峰说，“这里的年发电量达到了 3 000 万千瓦时。”

探访队伍在温州的洞头和苍南霞关还各发现一个风力发电场，其年发电量分别为 1 705 万千瓦时和 2 630 万千瓦时。“温州风能资源相对比较丰富，发展风能资源比较有潜力，因此，现在有不少地方也有建设风力发电的意向。”孟峰说。

宁波同样也在利用风能发电。“按照原来的计划，此次甬台温探访的最后一站就是要去慈溪的徐家浦风电场，但后来因为时间原因没有去成。”市环保局的一名工作人员介绍说，“2008 年 9 月的徐家浦风电场首期 33 台风能发电机组全部并网发电，总装机容量 4.95 万千瓦。年发电量约 1 亿千瓦时，理想状况下可供 2 万至 3 万户居民家庭用电。”

而清洁的风不仅带来了电，还带来了大把的外币。“凭着风电无污染、无温室气体排放的优势，慈溪的徐家浦风电场一年能‘腾’出 9 万吨二氧化碳减排指标，”工作人员说，“按国际市场上每吨二氧化碳减排指标约 10 美元来计算，慈溪的徐家浦风电场每年的碳减排指标可以换来 90 多万美元，约 600 多万元人民币。”

这对于能源紧缺的甬台温乃至浙江省来说，都是一个好消息。“宁波等浙江沿海城市发展海洋风电、潮汐电，可以很好地弥补现有的能源不足，”蔡云峰说，“浙江省可开发的潮汐能装机容量为 880 万千瓦，约占全国总量的 40%，年发电量 263 亿度，相当于 12 个新安江水电站的年发电量。如能全部加以开发利用，等于每年提供标准煤 1 000 万吨。”这样算来，宁波市可以有 3 个月不用从外地运煤。

4 月 21 日，“蓝色海岸生态行”探访队从温州市区出发，驱车穿越了一条 14.5 公里长的海堤，来到了被誉为“海上仙子国”的洞头县。越过这条十多公里长的海堤，不禁让人联想到宁波的杭州湾跨海大桥，那横卧无边大海之中的混凝土长堤气势如虹，一点都不亚于一座跨海大桥。

海堤是 2006 年动工的浙江省十大百亿工程之一，它的修建把耸立于大海之中的岛屿——洞头岛与大陆连成了半岛。洞头县是温州生态文明建设的特色县，岛上居民原来以做鱼粉为业，如今，海岛人民把洞头县开发建设得像花园一般。该县副县长杨德听向大家介绍，洞头县有大小岛屿 168 个，最大的优势在海洋。“我们把保护海洋生态、发展海洋经济、建设特色渔村结合起来，正在走出一条良性循环、创建国家级生态县的新路子。”

听了杨副县长的介绍后，大家去探访了一个海边的小渔村——北岙镇白迭村。让探访志愿者意外的是，这个小渔村没有那种海腥味。整齐的房屋、成排的绿树、宽敞的道路，都让大家误以为到了某个景区。在村子里，一间小房子吸引了志愿者的目光，因为房子旁边有一根柱子，柱子上安置着太阳能板。“这是什么啊，看样子也不是路灯啊？”志愿者小胡提出了疑问。白迭村村支书林宝民给出了答案：“这是太阳能垃圾站，我们主要是利用太阳能给垃圾除臭。”

林宝民告诉大家，由于白迭村是个老村，许多居民都把生活和生产垃圾随处堆放，平时经过白迭村都臭气熏天。为了将白迭村建成田园渔村，去年，县里修建了这座太阳能垃圾站，将村里的垃圾统一收集到垃圾站内，经过太阳能除臭后，运送到镇里统一处理。

垃圾不仅得到了很好地处理，房前屋后还有高低杠、踏踏车等一应俱全的健身器材，与坚固麻石垒砌的海岛民居相映生辉。林宝民介绍说：“县里鼓励我们搞生态建设，如成为生态村奖励 100 万元。我们已成功拿到了 80 万元的奖励了。”

记者手记

是的，无论在温州的洞头，还是在台州的桃渚和宁波的镇海，我们都看到了当地人民参与生态建设的热情和激情，感受到了三地人民利用海洋、保护海洋、发展海洋经济的智慧。如今，三地都制定了五年甚至更长时间的生态文明建设蓝图和开发与保护并重的海洋经济建设规划。甬台温的未来，一定会伴随着国家和浙江省前进的步伐，在生态文明建设和海洋经济发展中不断创造新业绩，铸就新辉煌。天更蓝、山更青、水更秀、海更碧，人民生活会更加幸福美好。

志愿者、媒体记者感言：每个地方都是一个念想

四天的行程弹指而过，来自甬台温三地的志愿者和包括《东南商报》、《宁波日报》、宁波电视台、《宁波晚报》、《台州商报》、《温州商报》等在内的十多家媒体记者们虽然奔波千里，有些疲惫，但对于这次的探访活动都有收获颇丰的感觉。

台州志愿者丁立波：“大力发展清洁能源，对于改善能源结构、保护生态环境、保障能源安全和实现经济的可持续发展等方面有着深远的现实意义。通过考察温岭江厦潮汐试验电站、苍南鹤顶山风电场，我们倍感鼓舞，看到了清洁能源广泛利用和推广的美好前景。”

温州志愿者金春芬：“镇海区建立环境质量信息发布制度，建立‘网民跟随环保监测活动’制度，开展‘环境质量民情日记’活动，使公众有了参与环境监测的平台，拓宽了环境监测渠道，同时也使市民充分享有知情权并达到了有效监督的目的，这些经验值得我们学习。”

《台州商报》胡剑：“通过三天的实地走访和调研，从温岭江厦潮汐实验电站到苍南鹤顶山风电场，从白岙沙滩到临海市桃绪镇南门坑海滨公园，所到之处都是蓝天、白云，空

气清新，特别是海岛洞头县的碧蓝海水给人留下了难忘的回忆。”

《温州都市报》倪曲：“三天两夜，沿着浙江的海岸线一路走来，让我们感受到浙江不仅经济发达，而且生态环境好。特别是最后一站镇海的环保建设，让我们耳目一新。虽然这里是工业重镇，但看不到一丝污染气息，这是生态与经济结合的典型。”

生态摄影比赛 3 000 元大奖等你提供佳作

3 月 28 日，本报发出了“加快推进宁波生态文明建设摄影比赛”的消息后，不少摄影爱好者纷纷发来了自己的作品。为了提高活动的参与度，组织者将继续征集参赛作品。

此次比赛以“生态甬城、绿色瞬间”为主题，要求作品内容为展示具有宁波特色的城市风光和生态环境风貌，反映我市生态文明建设取得的成果，揭露破坏生态环境的不良行为等。参赛作品单张冲印成 7 英寸以上，组照每组不超过 3 张，每张都要在背面注明题目、拍摄地点和 100 字以内的文字说明以及作者姓名、联系电话等信息。

作品必须原创，不得用反转片或用数码技术改变作品原貌；每位作者投稿数量不得多于 10 幅，来稿不退。作品版权责任由作者自负，获奖后主办者可以向作者调用作品版权，并有权无偿使用。需要特别指出的是，获奖摄影作品需提交原始数码文件，不提供者被视为放弃获奖资格。

作品投稿至宁波市环保宣传教育信息中心，地址：柳汀街 545 号，邮编 315012，电话：87130016，联系人：袁思刚。信封上注明“生态甬城、绿色瞬间摄影比赛稿”，投稿截止日期为 5 月 20 日（以邮戳为准）。

本次比赛设一等奖 1 名、二等奖 2 名和三等奖 3 名，奖励奖金分别为 3 000 元、1 000 元和 600 元。

三、新闻报道节选之三

汇聚公众力量　参与环境保护

“迈向生态文明”大型公益宣传活动启动仪式暨第六届“环保·故乡·山江海”活动颁奖典礼昨天在宁波书城举行。

记　　者：林　伟　樊卓婧
见习记者：杨　江
通 讯 员：王　璐　赵鸣婵

6 月 8 日，由市政府主办的“迈向生态文明”大型公益宣传活动启动仪式在宁波书城举行，第六届“环保·故乡·山江海”活动颁奖典礼同时举行。活动颁奖典礼揭晓了“宁波市生态文明教育基地”、第五届“绿色景观小区”和 2010 年度“环保模范（绿色）单位”等多个奖项的获奖名单。

市政府副秘书长倪炜、市环保局局长徐畅成以及市人大城建农业环资委、市政协城建环资委、市住建委、市经信委、市文明办、市卫生局、市教育局、市贸易局、市旅游局、宁波日报报业集团相关负责人参加了颁奖典礼。

现 场

“迈向生态文明”宣传活动启动

6月8日，由市政府主办的“迈向生态文明”大型公益宣传活动正式启动。据介绍，这一活动涵盖了生态文明建设宣传的五大行动，即生态文明建设“进社区”“进农村”“进机关”“进学校”“进企业”宣传行动，生态文明建设新闻宣传行动，生态文明建设公益宣传行动，生态文明建设志愿服务行动，生态文明教育基地创建行动。

活动期间，市生态办和《东南商报》还将联合开展“环保科普图板进社区”“环保宣传图板进饮用水源一级保护区乡村”“环保电影进农村”等主题活动，并专门制作一套适合农村的环保科普幻灯片，在电影放映前播放。

明年温州将接棒举办“环保行”

在颁奖典礼上，“宁波市生态文明教育基地”、第五届“绿色景观小区”和2010年度“环保模范（绿色）单位”等多个奖项的获奖名单一一揭晓。其中，宁波市第六医院、宁波市牛奶集团有限公司等111家单位荣获宁波市2010年度“环保模范（绿色）单位”称号；滕头村等8家单位获得“宁波市生态文明教育基地”称号；荣安府、IN蓝庭等10个小区成为宁波市第五届“十大绿色景观小区”。

和去年一样，今年的“环保·家乡·山江海”活动是甬台温三地联动举办的。根据甬台温三地达成的协议，宁波、台州、温州联合举办的“甬台温生态文明建设行”活动将连续开展三年，每年分别由甬台温其中一市承办。明年，温州将继宁波、台州之后成为承办城市。

专 访

市环保局局长徐畅成：营造生态文明建设良好氛围

“这次举办‘迈向生态文明’大型公益宣传活动，旨在营造生态文明建设的良好氛围，以加快推进环境友好型和资源节约型社会的建设，”市环保局局长徐畅成在接受本报记者采访时说。

生态文明建设的核心是人与自然的和谐。“开展生态文明宣传教育，建立健全的生态文明宣传机制有助于树立生态文明的理念，汇聚公众参与环境保护的力量，”徐畅成说。

他还回顾了近年来我市公众参与生态文明活动：“宁波的生态文明建设公众参与机制日益完善、内容日益丰富。”“环保·故乡·山江海”活动、“甬台温生态文明建设行”活动、“生活让城市更美好”大学生暑期环保志愿活动、“护绿使者”活动、“地球一小时”活动等，在普及生态理念、引导生态行为、培育生态文化中发挥了积极作用。

“‘十二五’期间，我们还要将生态文明宣传教育工作推进到一个新的水平，”徐畅成说。

回　顾

见证蓝色海洋生态文明

2011 年 3 月 30 日，一年一度的“环保·故乡·山江海”活动再度出征！这已经是该活动举办的第六个年头了。这次的主题是“蓝色海岸生态行”，主办单位除了市生态办和东南商报社外，还首次加入了两支生力军——宁波电视台和中国宁波网。在三个月的时间里，来自甬台温三地的环保志愿者沿着绵延千里的东海海岸线，探访了三地的海洋经济发展、生态环境保护和海洋生态文明。

参观温台两地海洋发电

和去年相同的是，今年的“环保·故乡·山江海”活动仍是甬台温三地联动。4 月 19 日，由宁波、台州、温州三地市委宣传部、市生态办主办，东南商报社等媒体协办的甬台温生态文明建设“蓝色海岸生态行”活动，在台州临海桃渚龙湾海滨公园启动。

在这次探访中，最让宁波志愿者感叹的是，台州和温州两地都在研究和开发运用海洋来发电，包括利用潮汐和海风这两种清洁能源。

在台州，随着潮起潮落，台州温岭市的江厦潮汐试验电站已默默地运转了 25 年。潮汐发电，就是利用潮汐形成的落差来推动水轮机，再由水轮机带动发电机发电。现在，江厦潮汐试验电站每年的发电量可供 3 000 户居民用电。“潮汐发电不仅是零碳排放，对居住环境无污染，并且是可持续的，希望宁波也能积极研究探索”，宁波志愿者吴跃进说。

在温州的鹤顶山上和洞头岛上，风力发电随处可见。鹤顶山风电场安全专职员介绍：“我们这里一年的发电量是 3 000 万千瓦时，一年可以减排 1.8 万吨的二氧化碳，大力发展风能已是世界的共识。”

浙江省风能资源相对比较丰富，发展风能资源比较有潜力，因此，现在有不少地方有建设风力发电的意向。“我们宁波慈溪的徐家浦发电场，同样也有几千万千瓦时的年发电能力呢，”宁波志愿者自豪地说。

探访象山余姚生态环境

在宁波本地的探访同样让志愿者感受到了宁波海洋经济的迅猛发展、海洋生态文明的博大和市政府对海洋生态保护的坚决态度。

在象山的探访恰逢农历三月初三，石浦“三月三”民俗文化周活动正在石浦皇城沙滩热闹举行。“三月三，踏沙滩，辣螺爬上滩”是石浦一带流传千年的民谣，也是石浦人沿袭千年的民间风俗活动，表达出渔民对大海的敬仰以及对美好未来的憧憬。

象山依托独特的海洋资源优势，打响了大海品牌。2010 年，当地旅游经济总量持续增长，全年接待游客 735 万人次，旅游经济总收入 76 亿元，同比分别增长 13% 和 20%。

志愿者探访余姚江水水质的时候，发现余姚江水的 PH 值为 7.23。“千岛湖一级水源的 PH 值只达到 7.4”，一名去过千岛湖的志愿者惊叹道。而他不知道的是，这条“母亲河”曾受到大量工业和生活污水的肆虐，在经过十年的治理后，这里才恢复了一片清澈碧绿。

宁波市生态文明教育基地评选

获奖名单

奉化市滕头村

北仑岩东排水有限公司

浙江国华浙能发电有限公司

镇海环境监控中心

鄞州绿洲能源利用有限公司

宁波科环新型建材股份有限公司

高塘小学

杭州湾湿地公园

专　访

如何才能让孩子从小有环保意识？昨天，刚被评为宁波市生态文明教育基地的高塘小学校长周汉斌向记者抛出了这个问题。她认为，环保意识应该从娃娃抓起。

周汉斌介绍，孩子的学习能力非常强，从小给孩子灌输环保意识，能起到事半功倍的效果。高塘小学自 1998 年以来一直在从事环保教育工作，目前已经有了很好的效果。

“除了日常的教育外，还应该为孩子创造优良的环保教育环境，”周汉斌说，“作为全国绿色学校，高塘小学已经形成了环境教育实践基地，宁波环境教育、高塘小学环境教育等基地，为学生创造了良好的教育环境。”

环保不仅需要宣传，还需要实践。高塘小学通过参观环保教育基地、环保绘画、环保科技制作，让学生在实践中认识环保。

“加快推进宁波生态文明建设”摄影比赛

获奖名单

一等奖：《拥你入怀》（盛晔）

二等奖：《生态好月湖小精灵生长好》（张立勇）　《乐活》（韩良根）

三等奖：《载歌载舞》（管光金）　《桃花笑春风》（竺仕宝）　《月湖诗意》（易国庆）　《风从海上来》（黄琼）　《休闲好去处》（孙长健）

专　访

作为“环保·故乡·山江海”的系列活动之一，“加快推进宁波生态文明建设”摄影比赛获奖名单也在昨天揭晓。记者在采访中得知，活动主办方在通知每一名获奖者前来领奖时，都特意叮嘱了一句：“我们倡导绿色出行，您来时最好选择公共交通。”

记者采访了唯一的一位一等奖得主——慈源中学的工作人员盛晔。“我是个业余爱好者，从没想到会得这个大奖。”盛晔告诉记者，几个月前，她和朋友们一起去奉化大堰游玩，山顶春色宜人，同行的一个女孩忍不住伸出双手想拥抱大自然，她将这一镜头定格，取题为《拥你入怀》。她觉得像大堰那样的好山好水，应该好好保护，她希望宁波有更多美景可以保留，而不是被人为地开发破坏。

盛晔没想到这样一张无意间拍下的照片居然得了大奖。活动主办方在通知她领奖时特意叮嘱了一句，让她尽量选择乘公共交通工具来，盛晔答应了。

“我平时基本是坐公交车的，很少开车，连电动车也很少开，因为我知道电瓶也是有污染的。”盛晔告诉记者，她虽然称不上地地道道的环保主义者，但对于很多生活小细节还是非常注意的，比如夏天在办公室多放些花草和冰水，尽量不开空调；在家里进行垃圾分类，尽量买简包装的食品和生活用品等。

第五届宁波绿色景观小区评选

获奖楼盘

荣安府	银亿·晴园	宁房·青林湾	交通·自在城
万科·云鹭湾	国骅·华公馆	雅戈尔·长岛花园	维科·上院
维科·水岸枫情	中房·紫悦馨园	传化绿都·世贸广场	恒元·悦居　IN 蓝庭

感　言

荣安地产副总经理俞康麒：“荣安府早在规划设计之初，就要求在体现高档次的同时，要保证良好的生态环境。从外部环境来说，荣安府紧临占地面积 25.6 公顷的鄞州公园，再往西是规划中的湿地公园。再从内部环境来说，荣安府也做到了绿色生态，与大多数楼盘 30％的绿化率相比，荣安府的绿化率超过了 35％。从生态角度来说，荣安府的绿化主要有四大亮点：一是在西侧平均宽度约 50 米的商业街，种植了大量珍贵稀缺树种，其中包括近百株高规格的银杏，体现了极高的档次；二是超过 10 000 平方米的中庭，包含了泳池、水景、草地、亭廊等，中庭所有树木都要求‘全冠移植’，即在苗圃里是什么样的，种到荣安府里也要是什么样的，这样既能保证整体效果，也能提升小区生态环境水平；三是荣安府所有地下车库的坡道边，都设计了有创意的景观，叠水和树池相结合，这样起到了防尘、降噪的作用；四是荣安府沿河区域采用了亲水型河岸设计，对临近的水系中的水生植物进行了优化，对河道环境进行了保护。"

银亿房产策划部经理张春耘："晴园园林景观充分利用生态绿色环保概念，采用中国传统园林造园手法，凸显移步易景、曲径通幽之妙。二期社区主入口为花园式住宅，彻底实现人车分流，打造静谧优雅的社区环境；对叠墅洋房单元入口进行个性化精心打造，营造花园版环境宜人的洋房入户享受，令每户都有不同的风景；逾 5 000 平方米超大水景中庭与后塘河一线水岸公园，令社区住户的园林感受有了水韵相伴的悠然意境。"

雅戈尔房产策划部周丽丽："长岛花园获得'绿色景观小区'实至名归。近四万平方米中庭大花园，宽达百米的楼间距，楼前花木扶疏、绿意葱茏，楼后小溪潺潺、活水萦绕，社区内河三面环抱小区，形成护城河格局。可以想见，交付后的长岛花园势必将'绿色'进行到底，也期待有更多的绿色小区加入到环保生态的大本营中来。"

"共绘宁波明天生态美景"少儿绘画大赛

获奖名单

一等奖：	傅　琴	唐　乐	孙懿可	章文卿	杨丰恺
二等奖：	王思倩	沈　越	包子豪	罗浩亭	应家兴
	胡　曼	张一路	张日笑	俞佳莹	包　涵
三等奖：	曾琦崴	楼宇晟	张霁睿	黄　懿	吴景源
	朱　莹	江　黎	陈　开	蒋国玲	王　哲
	章寒星	李一先	陈硕弘	张宇翔	徐一涵
	周纯瑗	汪婧雯	潘晶颖	贺嘉颖	梁颢誉

优秀奖：（略）

延　伸

环保嘉年华双休日首次到宁波

由于上个双休日连续阴雨，备受小朋友关注和喜爱的"安利环保嘉年华"活动延期到这个双休日（6 月 11—12 日）。昨天，主办单位发出呼吁：举办"安利环保嘉年华"活动的主旨是提倡环保，因此，想来参加活动的小朋友，请劝说你们的爸爸妈妈不要开车来。

作为今年"环保・故乡・山江海"的压轴活动，"安利环保嘉年华"活动首次来到宁波。和其他嘉年华活动不同的是，这次活动将把宁波的环保行动、鲜活的环保展览及有趣的环保游戏，以寓教于乐的形式展现给观众。

根据安排，这次"安利环保嘉年华"活动中有 10 个适合小朋友们操作的游戏，包括"重归大自然""净化空气""环保超人"等，另外还有"拯救北极熊""森林警察""拒食野生动物""健康生活向前冲"等 5 个充气游戏。

主办方还为家长们准备了适合大人玩的游戏，如"绿色生活辩辨变"环保互动体验游戏，游戏通过模拟真实的生活空间，设置了 30 处生活环保小环节，参与者需通过“找错”来发现隐藏着的 20 处错误的非环保行为，让参加者充分体验“环境保护无处不在、环境保护随手可做”。

让环保在企业和民众中生根

绿色环保已经深入人心，随着经济活动的不断推进，生态环保已经左右了经济的发展速度。昨日，在第六届“环保·故乡·山江海”活动颁奖典礼暨“迈向生态文明”大型公益宣传活动启动仪式上，安利（中国）日用品有限公司宁波分公司获颁“环保·故乡·山江海”活动特别贡献奖。仪式结束后，就“如何将环保理念深入企业中”这一问题，记者专访了安利（中国）日用品有限公司宁波分公司经理陈晓怡。

“绿色环保是企业和公民应有的责任。人们所处的环境在不断地循环，人们的生产和消费处在环境循环的其中一个环节，如果不注意环保，必将打破环境循环中的平衡，到头来会影响到人们日常的生产和消费活动。”

陈晓怡认为，绿色环保与企业生产是可协调的，企业将环保的理念深入到企业中，比如已经在杭州举办了三年的“安利环保嘉年华”，通过一系列的活动，让企业的员工体会到了环保的重要性。环保无处不在，那么他们在日常生活中会时刻注意，让环保在他们的生产和生活中生根。

这次是“安利环保嘉年华”首次在宁波举办，在陈晓怡的印象中，宁波是全国文明城市，不仅文化底蕴深厚，而且环境优美，这与宁波市政府的努力是分不开的，这也是为什么将“安利环保嘉年华”放到宁波来举办的原因之一。“宁波的环境与我们的活动非常契合，我们想以宁波优美的环境为背景，让‘安利环保嘉年华’中的环保理念深入人心。同时，我们想通过活动，让宁波的小朋友参与进来，让他们在游戏中认识绿色环保，我们也能从小朋友的身上找到灵感，让活动变得更充实。”

第三节　“环保·故乡·山江海”新闻活动策划幕后解读

一、“环保·故乡·山江海”版面图构

“环保·故乡·山江海”活动新闻报道版面，常以跨版和通栏题形式出现，既体现了其活动的浩大声势，也涵盖了丰富多彩的活动内容，使之叙事更加充分，较好地展示了多方合办，多层互动，读者参与面广的内容表达形式。

东南商报 A04

环保 故乡 山江海 蓝色海岸 生态行

2011年3月31日 星期四 编辑：叶 飞 组版：陈鸿燕 校对：张 旗

第六届"环保·故乡·山江海"活动昨启动

在春暖花开的季节

记者走基层 海洋经济核心区海岸行

面朝大海，春暖花开。

一年一度的"环保·故乡·山江海"再度出征！昨天上午，东南商报总编辑王存政向探访志愿者授旗，志愿者们第一站去的目的地是杭州湾。

"环保·故乡·山江海"活动到今年已是第六届，这次的主题是"蓝色海岸生态行"，由市生态办、东南商报、宁波电视台和中国宁波网联合举办。今年，甬台温三地继续联动，沿着绵延千里的东海海岸线，探访三地的海洋经济发展、生态环境保护和海洋生态文明。

▲出发前，活动主办方领导与志愿者合影。

这是为保护海洋发出的一次号召

昨天上午，阳光明媚，志愿者们早早地就来到东南商报社楼下集合。志愿者大多都来自宁波市"生态之友"环保志愿服务大队。"在这样春暖花开的季节，能够参与海岸线的探访，这让我们非常期待。"

为什么将今年的主题锁定在海洋上？市环保局纪检组长吴建伟说，我们知道，目前全球有超过40%的人口生活在沿海，人类正以十分惊人的速度消耗着海洋资源，尤其是沿海地区工业发展迅速，沿海企业入海污染物排放增多，导致海洋环境现状堪忧。这就迫切要求我们增强海洋环保意识，再也不能以一种索取无度、肆无忌惮的态度对待海洋。

"'蓝色海岸生态行'，本身就是对保护海洋发出的一次号召与倡议。"吴建伟说，我们相信志愿者们将在活动中传播海洋生态文化，扩大活动的社会影响力，示范带动全社会来关心海洋，参与环保，促进人与海洋和谐发展。

将评选"最美丽沙滩、岛屿和渔家乐"

记者从活动组委会获悉，今年的活动将用3个月的时间，开展丰富多彩的活动。

主打的活动是蓝色海岸生态探访系列活动，也就是由市生态办与本报组织"生态之友"环保志愿者，和相关环保专家、媒体记者一起去探访三地海岸线，看看那里的企业污染治理、沿海工业园区环保现状、沿海农村环境综合整治、绿色养殖、海洋生态旅游、海洋环保志愿服务活动等，弘扬海洋环境保护理念，揭露污染海洋、破坏海洋生态环境的不良行为。

此外，还将开展"环保科普图板进社区"、"环保宣传图板进饮用水源一级保护区乡村"、"环保电影进农村"等主题活动，并专门制作一套适合农村的环保科普幻灯片，在电影放映前播放。

值得期待的是，今年还要举办"最美丽沙滩"、"最美丽岛屿"和"最美丽渔家乐"等评选。宁波评选出的"最美"，还将参加三地最后的总评选，角逐甬台温"最美丽沙滩、岛屿和渔家乐"。如果市民有自己中意的"最美丽沙滩、岛屿和渔家乐"，请向我们推荐。

记者 林伟 张昊 见习记者 杨江文 记者 刘波涌

【地理】杭州湾

打开任何一幅中国地图，即使是很小比例的地图，人们都很容易发现，在圆弧状的东南海岸线上，有一只面朝太平洋的"喇叭"，这喇叭形的海湾就是著名的杭州湾。

探访车在高速公路上奔驰。离海岸线越来越近，大家的脸上打着越来越多的清冷的海风。

大家兴致勃勃地聊着杭州湾，就涌起一个疑问，这个巨大的"喇叭"是怎么形成的？我们脚下土地和它的成因有关系吗？

杭州湾新区管委会相关负责人给了肯定的回答："的确，杭州湾的形成与长江三角洲的伸展和宁绍平原成陆密切相关。"

他说，其实在古时，杭州湾口和长江三角洲原都是一片浅海。如果以现在海拔四至五米等高线来推断，当时钱塘江口以北的海岸线大致在吴兴、德清、杭州一带的浙西山麓，以南的海岸大致在萧山、绍兴、余姚、奉化一带的浙东山麓，慈溪的山丘还是在海中的岩岛，宁波平原则还是小型的海湾。

"后来呢？"大家的好奇心被吊了起来。这位负责人继续说，以后由于长江三角洲南沙嘴的发展和钱塘江北沙嘴的成长，逐渐连接封闭而成太湖地区的古泻湖。后来又由于泥沙的逐渐淤积就形成了钱塘江北岸的杭嘉湖平原。而在南岸，由于海潮带来长江入海的淤泥和浙东山岭冲刷下来的泥沙，淤积成宁绍地区的姚江平原，并将许多海中岩岛连成陆地，从而使杭州湾逐渐成为喇叭状的河口。

"其实，我们现在所在的杭州湾南岸的海涂也是在这个过程中逐渐形成的。"该负责人说，钱塘江上中游泥沙逐年下泄，同时更多的近岸海流也不时挟带泥沙，在沿海潮汐的顶托下，沉积于杭州湾南侧地势平缓的河口及海岸附近，并逐步淤高形成海涂。当海涂淤到适宜的高度时，人们便在其外围修筑围堤挡住海水，在堤内进行围垦。

"慈溪围海造田的历史可以追溯到公元10世纪以前，随着民间垒土筑堤的深入，到11世纪以后，民间筑塘围垦更加频繁，经过700多年的修建已经形成：周塘、潮塘、解放塘、八塘、九塘、十塘，有的地段已修筑至十一塘，480公里的海塘新旧交替，达664平方公里。而我们现在看到的杭州湾湿地公园就处于十塘和十一塘之间。"

▶环保志愿者在杭州湾湿地探访。

【湿地】杭州湾

此次探访，最让志愿者期待的当然是杭州湾湿地。"杭州湾湿地中心总面积43.5平方公里。已经建成的一期占地面积5000亩，总投资约1.3亿人民币。"慈溪东亚杭湾湿地管理有限公司常务副总经理徐伟介绍说，它也是由全球环境基金（GEF）和世界银行合作支持下东亚海陆源污染消减基金的第一个项目，是集湿地恢复、湿地研究和环境教育于一体的湿地生态保护和旅游区。

那怎么样的土地叫湿地呢？很多第一次到这里的志愿者都提出了这样一个问题。作为宁波环境监测中心的水生生物专家，志愿者胡建林自告奋勇为大家做起了科普宣传。"湿地指天然或人工、常久或暂时性的沼泽地、湿原、泥炭地或水域地带，带有或静止或流动、或为淡水、半咸水或咸水水体。"胡建林说，慈溪市杭州湾湿地是中国八大咸水湿地之一。

湿地最大的特色当然就是水。在杭州湾湿地里，志愿者们一眼望去，看到的基本上都是一条一条的水道，有的相连，有的则没有。"湿地有一个很重要的作用，就是调节水源。"胡建林说，也被人们称为"地球之肾"，净化水质是其一个重要功能。

"其实，在杭州湾湿地里就有一块湿地叫工程湿地，这块湿地的作用就是试验净化水质。"徐伟说，他们把附近水质比较差的三八江水引进来。"水从进来到出去，要经过沉淀池和水生植物带。"其中，植物带上种植各种不同的净水植物。接下来再经过碎石拦截坝。"经过层层处理，进来的时候水质是五类，出去的时候就已经净化成三类了。"

随后，志愿者们坐上游船，穿行在芦苇丛生的水道里。船前不时有野鸭游弋，远处则常有飞鸟掠过。更让志愿者振奋的是，在经过一个名叫"巢林鹭归"的地方时，树林里突然飞起成百上千的白鹭、灰鹭、苍鹭、牛背鹭以及很多不知名的鸟类。"保护野生动物的多样性，这也是湿地一项重要的功能。"胡建林说。

"正是因为保护了生物多样性，我们这里成了世界级观鸟胜地。"徐伟说，到目前为止，已经记录鸟类167种。"这里水生植物众多，为鸟儿提供了越冬的食粮，吸引着鸟儿们在此停留栖息。"

在考察中，记者还发现，在湿地西北角出现十几头麋鹿，这些曾在中国土地上消失的珍稀动物出现在杭州湾湿地公园，着实让记者诧异。

湿地公园为何会出现麋鹿？徐伟告诉记者，"这批麋鹿是从北京引进，当时考虑到湿地环境非常适合麋鹿的生长，不过麋鹿的引进不会对生物链有太大的用处，仅仅是保护麋鹿这一珍稀物种。"记者了解到，去年湿地公园的第一头幼鹿顺利生产，这说明杭州湾湿地的环境非常适合麋鹿的生长。

【人文】杭州湾

在位于杭州湾湿地西南侧的生态农庄，记者发现菜单上有一道不寻常的粽子——"冬红节"粽子，为何不叫端午节粽子，难道这是两个节日？

记者请教了生态农庄的负责人，这才知道原来一道菜还透射出杭州湾南岸当地的饮食风俗。

这位负责人向记者解释，每年的农历五月初五，是中国的传统节日——端午节，但在慈溪，人们却普遍叫"冬红节"。在慈溪民间有这样俗语："冬红花糕夏至面，吃之像格牛介健"、"冬红杨梅挂篮头，夏至杨梅满山红"、"蛤蟆躲蟑避冬红"、"吃过冬红粽，还要冻三冻"。

到了这一天，家家都要裹糯米粽子和做花糕吃，门上挂艾草和菖蒲，小孩子胸前和床前蚊帐上要挂香袋，内贮雄黄和香料，目的是去恶避邪。这一天，胆子大的人，还要从池河中捉来十几个小蝌蚪（是蛤蟆生的），生吞入肚。

冬红节来临之前，慈溪民间还有一个至今还没改变的风俗习惯，就是毛脚女婿必须在这冬红节之前，去丈人丈姆家送一个大礼，其送礼物跟送年节一样多，如果丈人的父母还在，这礼物还要增加一点，给太丈人也要送的。结婚两年之后，这冬红节送不送礼则随你女婿客气了，可送可不送。不过现在人们生活富裕了，普遍仍然在送。

图 2-1 "蓝色海岸生态行"报纸版面 1

东南商报 A05

环保 故乡 山江海 蓝色海岸 生态行

2011年3月31日 星期四 编辑：叶 飞 组版：陈鸿燕 校对：张 旗

这次的主题是“蓝色海岸生态行”

我们面朝大海出发

记者在杭州湾湿地拍摄到的鹭鸟。

【生态】杭州湾

在探访完杭州湾湿地后，志愿者们来到了此次活动下一站——慈溪北部污水处理厂。

“这里承担了半个慈溪的生活污水处理任务，其中就包括杭州湾新区。”北部污水处理厂厂长姬良超介绍道。

姬良超带着志愿者先来到了出水口，让大家先直观地看看处理后的水质。“看上去很清澈，比我们小区旁的河水干净多了。”家住江北的志愿者刘成还有疑问：这样的水出去后，还能不能使用呢。姬良超没有回答这个问题，而是带着志愿者接着参观污水处理厂。“看了之后，你们就会自己得出答案。”

在污水生化池，志愿者们看到的水都非常黑，而且很浑浊。“这里像泥絮一样的东西，就是微生物，靠它，能把水里的杂质和污染吸附掉。”志愿者叶丰说。他是宁波环科院的一名环境工程专家，这次轮到他为现场其他志愿者做介绍了。

在经过微生物处理后，这里的水就会被输送到沉淀池。“过滤后的水就被排出去了，而泥絮状的微生物则又被送回生化池。”叶丰说。在沉淀池里，已经处理过的污水和泥絮状的微生物泾渭分明。“这样水里面的污染和杂质都清除光了吗？”还是刘成在提问。

“我们这里的进水平均COD约为每升150~200毫克，出水的COD则稳定于每升30~40毫克。”姬良超说，而COD是生活污水中最大的污染物。“经过处理后，水质就达到了一级B标准。”更绝的是，这里的水再经过杭州湾湿地里工程湿地的处理，水质就能达到一级A标准，再排入十塘江。

“那处理后的污泥是怎样处理的？”叶丰的问题比较专业。“处理后的污泥经过压水后，送到旁边的宁波众茂杭州湾热电厂作无害化处理了。”姬良超指着污水处理厂边上的大烟囱说，热电厂把污泥当做燃料焚烧发电，燃烧后的泥灰还能作为建筑原料呢。

志愿者们对这样的环保方法自然赞赏有加。“其实，我们杭州湾新区的定位就是生态之城。”陪同探访的杭州湾新区环保部门的一名工作人员说。

根据《宁波杭州湾新区总体规划》，杭州湾新区的发展定位为：宁波北新城，生态杭州湾。为此，杭州湾新区在发展先进制造业的同时，专门辟出了一块不开发区——杭州湾湿地，这被国内其他开发区“引为奇观”。

听了这名工作人员的介绍，志愿者们发现，除了这个集中保护的不开发区，生态标志也遍布杭州湾新区的角角落落。“在跨海大桥着陆杭州湾新区的起点位置，我们将建造一座地标型绿化景观‘塘舞潮歌’，绿化面积约83000平方米，总投资约4200万元。”工作人员说。

此外，为了保护生态，杭州湾新区还给园区产业念了“紧箍咒”。“重点加强低碳型工业、低消耗型的现代服务业和生态农业的发展，还特别注重发展科技力量，提升原有产业结构。”工作人员说。

【经济】杭州湾

杭州湾不仅拥有迷人的湿地，杭州湾的沿岸更是中国的经济重镇。2001年11月，杭州湾新区正式启动开发，杭州湾南岸从此又多了一颗璀璨明珠。

探访车在杭州湾新区行驶，大家被这片开发热土上那种朝气蓬勃的气氛感染。杭州湾新区管委会相关负责人告诉大家，现在，制造业区块已经累计引进工业项目270多个，投产企业近200家。而且，科技创业服务中心、宁波大红鹰学院杭州湾校区、世界银行GEF湿地等一批先期功能性项目已建成投用了。

未来，这里将是“宁波北翼国际化新城区”和“产业转型新基地”。“我们把目标瞄向了汽车整车制造及关键零部件、新能源、新光源、新装备等新兴产业的招商。”这位负责人说，现在已经引进了吉利汽车、法国弗吉亚、东力传动等优质项目34个，总投资超100亿元，其中超亿元（1000万美元）以上项目就有22个。与吉利集团合作共同开发的高端汽车零部件产业园今年1月已正式开园，而韩国万都等7家企业也已开工建设。

更吸引人的是，从这位负责人口中，志愿者们兴奋地听到，杭州湾新区还引进了一个总投资120亿元的世纪金源城市综合体项目。这项目包括了400多万平方米低价位住宅区、30万平方米SHOPPING MALL，以及特色商业街区、五星级酒店和学校。“4年全部建成后，可供10万以上人口居住。”而这个项目也已于2月16日进场开工。

志愿者们说：“这里是宁波最靠近杭州湾的地方，是融入长三角的桥头堡，以后就是建设海洋经济的一个大平台，真是前途无量。”

蓝色海岸生态行吸引众多媒体参与

宁波电视台和中国宁波网的记者随行采访。

此次活动是历届以来参与媒体最多的一次，宁波电视台、中国宁波网也参与到这次活动中来。

宁波电视台记者丁波说，“今年的活动探访线路很长，规模最大，相信这会为我市海洋经济贡献自己的力量。今天我参观了湿地公园和慈溪北部污水处理厂，杭州湾新区已经初具规模，在不破坏环境的情况下大步发展经济，这是其他地区需要学习的样板。”

中国宁波网记者龚一鸣说，杭州湾新区为海洋经济注入了新生力量。“‘环保、故乡、山江海’这项活动，东南商报已经连续办了6年，而且规模越来越大，祝愿东南商报的这项活动影响力越来越深远。我对于接下来的甬台温之行非常期待。”龚一鸣说。

图2-2 “蓝色海岸生态行”报纸版面2

东南商报
A14~A15
2011年6月9日 星期四

环保·故乡·山江海 特别报道

汇聚公众力量

“迈向生态文明”大型公益宣
乡·山江海”活动颁奖典礼昨在宁波

现场

“迈向生态文明”宣传活动启动

昨天，由市政府主办的“迈向生态文明”大型公益宣传活动正式启动。据介绍，这一活动涵盖了生态文明建设宣传五大行动，即生态文明建设“进社区”、“进农村”、“进机关”、“进学校”、“进企业”宣传行动，生态文明建设新闻宣传行动，生态文明建设公益宣传行动，生态文明建设志愿服务行动，生态文明教育基地创建行动。

活动期间，市生态办和本报还将联合开展“环保科普图板进社区”、“环保宣传图板进饮用水源一级保护区乡村”、“环保电影进农村”等主题活动，并专门制作一套适合农村的环保科普幻灯片，在电影放映前播放。

明年温州将接棒举办“环保行”

在昨天颁奖典礼上，宁波市生态文明教育基地、第五届绿色景观小区和2010年度环保模范（绿色）单位等多个奖项的获奖名单揭晓。其中，宁波市第六医院、宁波市牛奶集团有限公司等111家单位荣获宁波市2010年度环保模范（绿色）单位称号；滕头村等8家单位获得“宁波市生态文明教育基地”称号；荣安府、IN蓝庭等10个小区成为“宁波市第五届十大绿色景观小区”。

和去年一样，今年的“山江海”活动是甬台温三地联动举办的。根据甬台温三地达成的协议，宁波、台州、温州联合举办的“甬台温生态文明建设行”活动将连续开展3年，每年分别由甬台温其中一市承办。明年，温州将继宁波、台州之后成为承办城市。

专访

市环保局局长徐畅成：

营造生态文明建设良好氛围

“这次举办‘迈向生态文明’大型公益宣传活动，旨在营造生态文明建设的良好氛围，以加快推进环境友好型和资源节约型社会建设。”市环保局局长徐畅成在接受本报记者采访时说。

生态文明建设的核心是人与自然的和谐。“开展生态文明宣传教育，建立健全的生态文明宣传机制，有助于树立生态文明的理念，汇聚公众参与环境保护的力量。”徐畅成说。

他还对近年来我市公众参与生态文明的活动进行了回顾。“宁波的生态文明建设公众参与机制日益完善、内容日益丰富。”“环保·故乡·山江海”活动、“甬台温生态文明建设行”活动、“生活让城市更美好”大学生暑期环保志愿活动、“护绿使者”活动、“地球一小时”活动等，在普及生态理念、引导生态行为、培育生态文化中发挥了积极作用。

“‘十二五’期间，我们还要将生态文明宣传教育工作推进到一个新的水平。”徐畅成说。

昨天，由市政府主办的“迈向生态文明”大型公益宣传活动启动仪式在宁波书城举行，第六届“环保·故乡·山江海”活动颁奖典礼同时举行。宁波市生态文明教育基地、第五届绿色景观小区和2010年度环保模范（绿色）单位等多个奖项的获奖名单揭晓。

市政府副秘书长倪炜、市环保局局长徐畅成以及市人大城建农业环资委、市政协城建资环委、市住建委、市经信委、市文明办、市卫生局、市教育局、市贸易局、市旅游局、宁波日报报业集团相关负责人参加了颁奖典礼。

记者 林伟 樊卓婧
见习记者 杨江
通讯员 王璐 赵鸣婵

▶小朋友们在“共绘宁波明天生态美景”获奖作品展板前合影。
记者 刘波 摄

回顾

见证蓝色海洋生态文明

今年3月30日，一年一度的“环保·故乡·山江海”再度出征！这已经是“山江海”活动举办的第六个年头了。这次的主题是“蓝色海岸生态行”，主办单位除了市生态办和东南商报社外，还首次加入了两支生力军——宁波电视台和中国宁波网。在3个月时间里，来自甬台温三地的环保志愿者沿着绵延千里的东海海岸线，探访了三地的海洋经济发展、生态环境保护和海洋生态文明。

参观温台两地海洋发电

和去年相同的是，今年的“山江海”活动仍是甬台温三地联动。4月19日，由宁波、台州、温州三地市委宣传部、市生态办和东南商报等媒体主办和协办的甬台温生态文明建设“蓝色海岸行”活动，在台州临海桃渚龙湾海滨公园启动。

在这次探访中，最让宁波志愿者感叹的是，台州和温州两地都在研究和开发运用海洋来发电，包括潮汐和海风这两个清洁能源。

在台州，随着潮起潮落，台州温岭市的江厦潮汐试验电站已默默地运转了25年。潮汐发电，就是利用潮汐形成的落差来推动水轮机，再由水轮机带动发电机发电。现在，江厦潮汐试验电站每年发电可供3000户居民用电。“潮汐发电不仅零碳排放，对居住环境无污染，并且是可持续的，希望宁波也能积极研究探索。”宁波志愿者吴跃进说。

在温州的鹤顶山上和洞头岛上，风力发电随处可见。鹤顶山风电场安全专职员介绍：“我们这里一年是3000万千瓦时，一年可以减排1.8万吨的二氧化碳，大力发展风能已是世界的共识。”

浙江风能资源相对比较丰富，发展风能资源比较有潜力，因此，现在有不少地方有建设风力发电的意向。“我们宁波的慈溪风力发电厂，同样也有几千万千瓦时的年发电能力呢。”宁波志愿者自豪地说。

探访象山余姚生态环境

在宁波本地的探访同样让志愿者感受到了宁波海洋经济的发展迅猛、海洋生态文明的博大和海洋生态保护的坚决。

在象山的探访恰逢农历三月初三，石浦“三月三”民俗文化周活动正在石浦皇城沙滩热闹举行。“三月三，踏沙滩，蟹螺爬上滩。”这是石浦一带流传千年的民谣，也是石浦人沿袭千年的民间风俗活动，表达出渔民对大海的敬仰以及对美好未来的憧憬。

同时，象山依托独特的海洋资源优势，打响了大海品牌。去年，当地旅游经济总量持续增长，全年接待游客735万人次，旅游经济总收入76亿元，同比分别增长13%和20%。

在余姚，志愿者探访余姚江水质的时候，发现余姚江水的PH值为7.23。“千岛湖一级水源PH值只达到7.4。”一名去过千岛湖的志愿者惊叹道。而他不知道的是，这条“母亲河”曾受到大量工业和生活污水肆虐，在经过10年的治理后，这里才恢复了一片清澈碧绿。

宁波市生态文明教育基地评选

■获奖名单

奉化市滕头村
北仑岩东排水有限公司
浙江国华浙能发电有限公司
镇海环境监控中心
鄞州绿洲能源利用有限公司
宁波科环新型建材股份有限公司
高塘小学
杭州湾湿地公园

■专访

如何才能让孩子从小有环保意识？昨天，刚被评为宁波市生态文明教育基地的高塘小学校长周汉斌向记者抛出了这个问题。她认为，环保意识应该从娃娃抓起。

周汉斌介绍，孩子的学习能力非常强，从小给孩子灌输环保意识，能起到事半功倍的效果。高塘小学自1998年以来一直在从事环保教育工作，目前已经有了很好的效果。

“除了日常的教育外，还应该为孩子创造优良的环保教育环境，”周汉斌说，作为全国绿色学校，高塘小学已经形成了环境教育实践基地、宁波环境历程、宁波环境教育历程、高塘小学环境教育历程等基地，这些基地为学生创造了良好的教育环境。

“环保不仅需要宣传，还需要实践。”高塘小学通过参观环保教育基地、环保绘画、环保科技制作，让学生在实践中认识环保。

“加快推进宁波生态文明建设”摄影比赛

■获奖名单

一等奖 《拥你入怀》 盛晔
二等奖 《生态好月湖小精灵生长好》 张立勇
《乐活》 韩良根
三等奖 《载歌载舞》 管光金
《桃花笑春风》 楚仕宝
《休闲好去处》 孙长健
《风从海上来》 黄琛
《月湖诗意》 易国庆

■专访

作为“环保·故乡·山江海”的系列活动之一，“加快推进宁波生态文明建设摄影比赛”获奖名单也在昨天揭晓。记者在采访中得知，活动主办方在通知每一名获奖者前来领奖时，都特意叮嘱了一句：“我们倡导绿色出行，您来时最好选择公共交通。”

记者采访了惟一的一等奖得主、慈源中学的工作人员盛晔。“我是个业余爱好者，从没想到会得这个大奖。”盛晔告诉记者，几个月前，她和朋友们一起去奉化大堰游玩，山顶春色宜人，同行的一个女孩忍不住伸出双手想拥抱大自然，她将这一镜头定格，取题为《拥你入怀》。她觉得像大堰那样的好山好水，应该好好保护，她希望宁波有更多美景可以留下来，而不是被人为地开发破坏。

盛晔没想到这样一张无意间拍下的照片居然得了大奖。活动主动办在通知她领奖时特意叮嘱了一句，让她尽量选择公共交通来，盛晔答应了。

“我平时基本是坐公交车的，很少开车，连电动车也很少开，因为我知道电瓶也是有污染的。”盛晔告诉记者，她虽然称不上地地道道的环保主义者，但很多生活小细节还是非常注意的，比如夏天在办公室多放些花草和冰水，尽量不开空调；家里进行垃圾分类，尽量买简包装的食品和生活用品等。

图 2-3 “环保·故乡·山江海”特别报道报纸版面 3

编辑：钱元平　组版：马富春　校对：俞志立　杨巍波

参与环境保护

传活动启动仪式暨第六届“环保·故书城举行

延伸

环保嘉年华双休日首次到宁波

由于上个双休日连续阴雨，备受小朋友关注和喜爱的“魅力环保嘉年华”活动延期到这个双休日（6月11日~12日）举办。昨天，主办单位发出呼吁：举办魅力环保嘉年华的主旨是提倡环保，因此，想来参加活动的小朋友，请劝说你们的爸爸妈妈不要开车来。

作为今年“山江海”的压轴活动，“安利魅力环保嘉年华”还是首次来到宁波。和其他嘉年华活动不同的是，这个嘉年华将把宁波的环保行动、鲜活的环保展览及有趣的环保游戏，以寓教于乐的形式展现给观众。

根据安排，这次环保嘉年华活动中有10个适合小朋友们操作的游戏，包括“重归大自然”、“净化空气”、“环保超人”等，另外还有“拯救北极熊”、“森林警察”、“拒食野生动物”、“健康生活向前冲”等5个充气游戏。

嘉年华还为家长们准备了适合大人玩的游戏，如“绿色生活辩辨变”环保互动体验游戏；游戏通过模拟真实生活空间，设置30处生活环保小环节，参与者需通过“找错”来发现隐藏着的20处错误的、非环保行为（或使用方式），让参加者充分体验“环境保护无处不在、环境保护随手可做”。

安利宁波分公司经理陈晓怡：

让环保在企业和民众中生根

绿色环保已经深入人心，随着经济活动的不断推进，生态环保已经左右经济的发展速度。昨日，在第六届“环保·故乡·山江海”活动颁奖典礼暨“迈向生态文明”大型公益宣传活动启动仪式上，安利（中国）日用品有限公司宁波分公司获颁“环保·故乡·山江海”活动特别贡献奖。仪式结束后，就“如何将环保理念深入企业中”的问题，记者专访了安利宁波分公司经理陈晓怡。

“绿色环保是企业和公民应有的责任。人们所处的环境是在不断地循环，人们的生产和消费处在环境循环的其中一个环节，如果不注意环保，必将打破环境循环中的平衡，到头来会影响到人们日常的生产和消费活动。”

陈晓怡认为，绿色环保与企业生产是可协调的，我们企业是将环保的理念深入到企业中，比如已经在杭州举办三年的“安利环保嘉年华”，通过一系列的活动，让企业的员工体会到环保的重要性，环保无处不在，那么他们在日常生活中会时刻注意，让环保在他们的生产和生活中生根。

这次是“安利环保嘉年华”首次在宁波举办。在陈晓怡的印象中，宁波是全国文明城市，不仅文化底蕴深厚，而且环境优美，这与宁波市政府的努力是分不开的，这也是为什么将“安利环保嘉年华”放到宁波来举办的原因之一。“宁波的环境与我们的活动非常契合，我们想以宁波优美的环境为背景，让‘安利环保嘉年华’中的环保理念深入人心。同时，我们想通过活动，让宁波的小朋友参与进来，让他们在游戏中认识到绿色环保，我们也能从小朋友的身上找到灵感，让活动变得更充实。”

一批“宁波市生态文明教育基地”授牌。

一位市民参观现场图片展。

第五届宁波绿色景观小区评选

■获奖楼盘

荣安府　银亿·晴园　宁房·青林湾
交通·自在城　万科·云鹭湾
国骅·华公馆　雅戈尔·长岛花园
维科·上院　维科·水岸枫情
中房·紫悦馨园　传化绿都·世贸广场
恒元·悦居　IN蓝庭

■感言

荣安地产副总经理俞康麒： 荣安府早在规划设计之初，就要求在体现高档次的同时，要保证良好的生态环境。从项目外部环境来说，荣安府紧临占地面积25.6公顷的鄞州公园，再往西是规划中的湿地公园。

再从荣安府内部环境来说，荣安府也做到了绿色生态，与大多数楼盘30%的绿化率相比，荣安府的绿化率超过了35%。从生态角度来说，项目的绿化主要有四大亮点：一是两侧平均宽度约50米的商业街，种植了大量珍贵稀缺树种，其中包括近百株高规格的银杏，体现了极高的档次；二是超过10000平方米的中庭，包括了泳池、水景、草地、亭廊等，中庭所有树木都要求“全冠移植”，即在苗圃里是什么样的，种到荣安府里也要求是什么样的，这样既保证了整体效果，也能提升小区生态环境水平；三是荣安府所有地下车库的坡道边，都进行了有创意的景观设计，叠水和树池相结合，这样起到了防尘、降噪的作用；四是荣安府沿河区域采用了亲水型河岸设计，对临近的水系中的水生植物进行了优化，对河道环境进行了保护。

银亿房产策划部经理张春耘： 晴园园林景观充分利用生态绿色环保感念，采用中国传统园林造园手法，凸显移步易景、曲径通幽之妙。二期社区主入口花园式住宅入户，实现彻底人车分流，打造静谧优雅的社区环境；叠墅洋房单元入口个性化精心打造，营造花园级环境宜人的洋房入户享受，令每户都有不同风景；逾5000平方米超大水景中庭与后塘河一线水岸公园，令社区住户的园林感受有了水韵相伴的悠然意境。

雅戈尔房产策划部周丽丽： 长岛花园获得“绿色景观小区”实至名归。近4万平方米中庭大花园，宽达百米的楼间距，楼前花木扶疏、绿意葱茏，楼后小溪潺潺、活水萦绕，社区内河三面环抱小区，形成护城河格局。可以想见，交付后的长岛花园势必将“绿色”进行到底，也期待有更多的绿色小区加入到环保生态的大本营中。

“共绘宁波明天生态美景”少儿绘画大赛

■获奖名单

一等奖：傅琴　唐乐　孙懿可　章文卿　杨丰恺
二等奖：王思倩　沈越　包子豪　罗浩亭　应家兴　胡曼　张一璐　张日笑　俞仕莹　包涵
三等奖：曹琦葳　楼宇晨　张霁春　黄懿　吴景源　朱莹　江黎　陈卉　蒋国玲　王哲　章东星　李一先　陈硕弘　张宇翔　徐一涵　周纯颖　汪诗雯　潘晶颖　贺嘉颖　梁颖誉
优秀奖：（略）

图 2-4　“环保·故乡·山江海”特别报道报纸版面 4

二、“环保·故乡·山江海”活动策划方案

事先周密策划是活动成功的保证

每次活动都事先经过了周密的策划，多方面的沟通、讨论和调研，最终形成一个可操作的方案。“环保·故乡·山江海”活动策划方案每年不同，有详有简，但有一条低碳、环保的主线始终贯穿活动，同时不断增加新活动并有新变化，体现出“活动年年搞，年年有创新”的特色。

2011 年，“环保·故乡·山江海”活动方案

为了大力推进宁波市生态文明建设，市生态办、东南商报社、宁波电视台和中国宁波网联合开展第六届“环保·故乡·山江海”活动，具体方案如下：

（一）参加“甬台温生态文明建设之蓝色海岸行”活动

2011 年 4 月 19 日，甬台温三地市委宣传部发起的“甬台温生态文明建设之蓝色海岸行”活动在台州启动，这次活动将组织甬台温三地市级新闻媒体记者和环保志愿者探访甬台温三地沿海生态旅游点以及沿海农村、企业的环保状况。

（二）“蓝色海岸生态行”活动

“蓝色海岸生态行”活动于 3 月 30 日举行出征仪式，一直到 5 月底，环保志愿者和记者一起沿宁波海岸线，分别采访各地企业污染治理、沿海工业园区环保现状、沿海污水处理厂、沿海农村环境综合整治、绿色养殖、海洋生态旅游、海洋环保志愿服务活动等，弘扬海洋环境保护理念，揭露污染海洋、破坏海洋生态环境的不良行为。

（三）“加快推进宁波生态文明建设”摄影比赛

要求作品展示具有我市特色的城市风光和生态环境风貌，反映宁波市生态文明建设取得的成果，揭露破坏生态环境的不良行为。

（四）评选宁波市第五届“绿色景观小区”

由东南商报社组织环保志愿者和记者进行现场新闻采风，最后由市民代表投票产生宁波市第五届“绿色景观小区”。

（五）开展“送千块环保科普图板进社区”“送百套环保宣传图板进饮用水源一级保护区乡村”“送百场环保电影进农村”活动

（六）在世界环境日倡导“少开一天车、少点一盏灯”活动

在 6 月 5 日世界环境日，继续向市民倡导“少开一天车、少点一盏灯，我为低碳生态作贡献”的活动，培养市民养成低碳生活的良好习惯。

（七）举行环保嘉年华活动

6月5日至6月6日，东南商报社和安利（中国）日用品有限公司宁波分公司举行“安利环保嘉年华”活动。

（八）“共绘宁波明天生态美景”少儿绘画大赛

征集百幅少儿绘画作品，反映宁波明天生态美景。

（九）活动收益

市生态办给本报社 6 万元，安利（中国）日用品有限公司宁波分公司给本报社 4 万元作为宣传费用。绿色景观小区评选结束之后的宣传将带来五六十万元的广告收入。

（十）经费预算（支出）

1. 制作旗帜、横幅等费用：0.5 万元。
2. 工作人员装备及饮料等费用：3 万元。
3. 评委费、获奖者奖金：3 万元。
4. 主持费、志愿者餐费、交通费、保安费等：1.5 万元。
5. 百名少儿共绘生态美景教师指导费、创作费、材料费等：1 万元。

以上共计费用 9 万元。

东南商报社

2011 年 3 月 5 日

三、“环保·故乡·山江海”活动案例分析与小结

三个特点　四个互动

“环保·故乡·山江海”活动是东南商报社继开展“外来务工者节”之后，策划打造的又一个典型政媒公关型品牌活动。如果说“外来务工者节”是针对服务外来人口受众而开展的媒体行动，那么“环保·故乡·山江海”活动则是更多地侧重本地读者受众而开展的活动，从媒体的角度来说，除了其公益性的特点之外，它在一定程度上也体现了媒体服务读者的平衡策略。

“环保·故乡·山江海”活动的最大亮点是把“绿色、低碳”重大主题贯穿于丰富多彩的活动当中，体现了《东南商报》的个性特色；媒体行动与受众的需求紧密结合，彰显特有的价值；活动的亮点还在于它的常办常新，主线不变，形式不断丰富。在第一届活动取得圆满成功后，我们也更加坚定了从深度和广度上推进这一活动的决心。

在深度上，我们坚持围绕“环保・故乡・山江海”这个主题，每年策划开展一系列活动。2006年和2007年，经过精心策划推出的两届“环保・故乡・山江海”活动，由“探山探江探海”探访宁波绿色文化新景观村、绿色景观小区，评选十大绿色环保人物及绿色文化形象大使，“少开一天车，我为绿色作贡献”等多项内容组成，东南商报社的30多名记者和千名志愿者行程千余里，深入宁波的偏远乡村及城市社区，宣传环保，探访原生态，发现社会主义新农村的新人新事新风，采写了一大批有影响力的见闻式报道，先后两届共发稿500余篇，形成了强大的环保宣传声势。

2009年第四届“环保・故乡・山江海”活动还首次走出了宁波，与绍兴、舟山、嘉兴等地媒体联合举办了“长三角南翼环杭州湾生态行”活动。

2010年和2011年第五届、第六届“环保・故乡・山江海”活动又与温州、台州等地的媒体联手举办了“甬台温生态文明建设行”活动，由三地分别承办的“迎绿色世博倡低碳生活、低碳经济优秀创意方案大赛”“我的低碳生活征文大赛”“甬台温生态文明建设摄影大赛”等活动吸引了三市十多万读者参与。

九年来，东南商报社的记者所采访撰写的见闻式报道以及各类新闻访谈共1 500多篇，采用图片600多幅。探访成为“环保・故乡・山江海”活动的主打和拳头项目，在广大市民中引起了强烈的反响，通过电话、电子邮件、即时通讯等方式报名参加探访活动以及相关环保活动的市民共达20多万人次。报社与有关政府部门和社会组织一起，经过读者推荐、市民投票、专家评审等环节，开展有关环保和生态建设为主题的先进人物、事迹和地方的评选活动，宣传典型。这些评选出来的人物、事迹和地方极具典型性、示范性和号召力，成为宁波建设生态城市的鲜明亮点。

概而言之，连续举办了九年的“环保・故乡・山江海”活动体现了三个特点：一是策划精，形成了强大声势；二是形式新，做到了寓教于乐；三是可持续，年年办年年出彩。活动还做到了四个互动：（1）报社与读者之间的互动，第一届1 500名志愿者通过各种形式参与活动，义务宣传环保，与报社紧密联络，报名热线电话几乎被打爆。（2）记者与社会之间形成互动，东南商报社的记者走出城市，走进农村，进行现场报道和主题采风，既增强了自己的责任意识，也与群众建立了密切联系。（3）市领导与普通百姓之间的互动，第一届活动时，宁波市市委书记和市长以志愿者的身份与200多名志愿者一起到东钱湖清理垃圾。第二届活动时为支持“少开一天车，我为绿色作贡献”活动，市委、市人大、市政府、市政协四套班子领导一律不乘公务车，与市民一道，步行或乘公交车上班，市民赞扬说，这样的活动很有意义。（4）多媒体的互动，以《东南商报》为主，网络、电台、电视台等多次联手行动，使得活动的传播效果实现最大化。

第二部分

新闻社会活动之节庆活动篇

第三章　营造传统美德的精神家园
——“中华慈孝节”活动

第一节“中华慈孝节——中华慈孝行”系列活动

慈孝是中华民族的传统美德，也是构筑和谐家庭，建设新时期和谐社会精神理念的基础。

一、“中华慈孝节”新闻活动简介

2009年重阳佳节之际，由中国文联民间文艺家协会、中国伦理协会、宁波市江北区委区政府和宁波城建投资控股有限公司联合举办的首届“中华慈孝节”以“弘扬慈孝文化，构建和谐社会”为主题，在全国首个“中国慈孝之乡”宁波市江北区举行了盛大的开幕式，举办了“当代中华最感人的十大慈孝故事（人物）”颁奖、中华慈孝论坛、中国首届手工DIY产业博览会、慈城文化旅游推荐等活动。其中最受关注的“寻找当代中华最感人的十大慈孝故事（人物）”公益活动，成为“中华慈孝节”的核心活动。该活动自2009年6月启动以来，两个月内共收到海内外慈孝故事投稿1 529件，经过层层筛选，有20个故事（人物）入选。之后，江北区连续多年举办“中华慈孝节”，至2014年，“中华慈孝节”已举办了六届。

2010年，东南商报社与宁波市江北区联合策划了第二届“中华慈孝节——中华慈孝行”大型系列活动，由“探访中华慈孝故事发源地”“慈孝春风进社区”“评选400户慈孝人家和重阳敬老慈孝家庭登山”三大板块组成，有力地提升了“中华慈孝节”的影响力。2011年，东南商报社继续联合江北区推出了第三届“中华慈孝节”大型系列活动，活动包括五个方面：一是“普天寻慈孝”——回访前两届“当代中华最感人的十大慈孝故事（人物）”；二是“寻找当代宁波最感人的慈孝故事（人物）”活动；三是“人人行动 争当慈孝倡导员”活动；四是“常回家看看”——在甬外来务工者中秋返乡探亲活动；五是“背着父母看风景”——重阳节慈孝爱心之旅活动。丰富的慈孝活动载体、强大的舆论宣传声势，吸引了成千上万的市民参与各种活动，扩大了慈孝文化的影响力，推动了区域的发展和社会文明的进步。

第二节　第三届“中华慈孝节”新闻话语

一、新闻报道节选之一

第三届“中华慈孝节”昨举行启动仪式

第三届“中华慈孝节”的重头戏“中华慈孝行”系列活动之“寻找当代宁波最感人的十大慈孝故事（人物）”公益活动于6月26日在江北区老外滩举行启动仪式，正式开始向全社会征集慈孝故事（人物），这标志着本届“中华慈孝行”五大活动全面启动。

自2009年，江北区与中国民间文艺家协会、中国伦理学会联合举办了首届“中华慈孝节”之后，又与本报合作，于2010年成功推出了第二届“中华慈孝节——中华慈孝行”系列活动，倡导慈孝文化、争做慈孝之家。

日前，第三届“中华慈孝节”已拉开序幕，本报与江北区再度携手，推出“中华慈孝行”五大活动：“寻找当代宁波最感人的十大慈孝故事（人物）”；“人人行动　争当慈孝倡导员”；“普天寻慈孝”——回访前两届“当代中华最感人的十大慈孝故事（人物）”；“常回家看看”——在甬外来务工者中秋返乡探亲活动；“背着父母看风景”——重阳节慈孝爱心之旅活动。

2011年6月26日，第三届“寻找当代宁波最感人的十大慈孝故事（人物）”公益活动在江北区老外滩举行了启动仪式。来自江北区学校、街道、驻甬部队、市文明办、江北区和东南商报社等相关单位的领导和负责人共500余人参加了启动仪式。

第三届“寻找当代宁波最感人的十大慈孝故事（人物）”大型公益活动将历时四个月，由启动、寻找、评选公示、表彰四个阶段组成。市文明办副主任张爱民对此活动予以了点评，他说：“慈孝文化是江北传统文化中一颗璀璨的明珠，在和谐社会建设成为时代主题的新时期，具有深厚的历史内涵和长远的现实意义。”江北区区委副书记郑进达说：“江北区有着深厚的慈孝文化底蕴，作为慈孝载体，传承慈孝文化是非常适合的。”

相关链接

“中华慈孝节”五大主体活动

今年举办的第三届“中华慈孝节”共有五大主体活动：“普天寻慈孝”——第三届“寻找当代中华最感人的十大慈孝故事（人物）”公益活动、第三届“中华慈孝节”颁奖典礼、“慈孝文化万里行”——慈孝人物全国巡回演讲活动、中华慈孝林植树活动和中华慈孝文化主题园系列活动。

江北区有深厚慈孝底蕴

江北区有着深厚的慈孝文化底蕴和历史渊源，东汉孝子董黯的故事广为流传。近年来，江北区充分挖掘慈孝文化内涵，全力打造慈孝文化品牌。

2008 年，中国民间文艺家协会授予宁波市江北区“中国慈孝文化之乡”称号，江北区成为全国首个获此称号的区（县、市）。

2009 年，江北区首次举办了“中华慈孝节——寻找当代中华最感人的十大慈孝故事（人物）”活动。

2010 年，江北区又举办了第二届“中华慈孝节”，评选出了宁波最感人的十大慈孝人物，还举办了百户家庭重阳登高、中华慈孝论坛、“中华慈孝节”颁奖文艺晚会、全国创意慈孝产品评选设计大赛展等系列活动。

严意娜、曹宇斐、徐辉成为首批宁波慈孝倡导员

在启动仪式上，“感动中国”人物、宁波“造桥女孩”严意娜，宁波广电集团新闻综合频道《看看看》栏目主持人曹宇斐和浙江省十一届人大中唯一的外来务工人员代表、江北区城管局环卫养护中心保洁员徐辉接受了第三届“中华慈孝节”组委会颁发的聘书，作为首批宁波市慈孝倡导员向市民发出了“树立慈孝楷模 弘扬慈孝文化”的倡议。

快来报名争当慈孝倡导员　有机会和记者一起赴全国各地回访慈孝之星

即日起，争当慈孝倡导员和“寻找当代宁波最感人的十大慈孝故事（人物）”活动拉开序幕。

慈孝倡导员，顾名思义是带头提倡者，就是那些积极提倡慈孝文化、传承慈孝的人。只要你有这个心愿，志愿做一些倡导之事，即可成为慈孝倡导队伍中的一员，本报今日起征集 300 名志愿者，倡导慈孝风气，凡报名登记并符合条件者，将获得本报 2012 年度报卡一份。

参选慈孝倡导员方式

1. 参选慈孝倡导员的具体条件：凡宁波市本地居民、身体健康、遵纪守法、有较强的责任心、热爱公益事业均可报名（新宁波人只要在宁波本地定居生活一年以上也都可以参加）。

加入“团队”之后，每位慈孝倡导员有义务积极配合“中华慈孝节”组委会的组织活动。

2. 报名方式：每位参选市民须写一份个人简历以及与慈孝有关的实例，字数在 200 字以内，附上联络地址和电话，发送至电子邮箱：rmr8768@sina.com。

本报将在此基础上，评选出 10 名优秀的慈孝倡导员。参评者可通过自荐、他荐的方式，也可以通过居委会、街道组织推荐，当选者可获得与记者一同到全国各地“回访全国慈孝之星活动”的机会。

请您推荐身边的动人慈孝故事

宁波是座爱心城市，有着深厚的慈孝文化底蕴和历史渊源，江北区慈城东汉孝子董黯的故事广为流传。2008年，中国民间文艺家协会授予宁波市江北区“中国慈孝文化之乡”称号，江北区成为全国首个获此称号的区（县、市）。由此，“中华慈孝节”也得以成功举办。

第三届“中华慈孝节”我们继续推出“寻找当代宁波最感人的慈孝故事（人物）”活动，若你的身边有感人的慈孝故事，你可以拨打本报热线：87270000，或者将稿件发送到电子邮箱：rmr8768@sina.com。

故事内容选材标准：

1. 故事主人公思想道德高尚。
2. 故事主人公爱国爱岗敬业，对社会有突出贡献。
3. 故事感人，具有典型代表意义。
4. 具有大爱大孝精神，有利于家庭关系和睦、社会稳定发展、和谐社会的构建和民族精神的培育，凡符合一项或多项的均欢迎推荐。

二、新闻报道节选之二

回访上届“当代中华最感人的十大慈孝故事（人物）”当选者之一黄薇——“我和母亲有个百岁的约定”

记者：樊卓婧 程鑫 通讯员：王晓彬

由东南商报社和江北区联合举办的第三届“中华慈孝节——中华慈孝行”系列活动之回访前两届“当代中华最感人的十大慈孝故事（人物）”第二站定在北京，主人公家喻户晓，她就是主持《夕阳红》栏目13年多的央视著名主持人黄薇，她也是第二届“当代中华最感人的十大慈孝故事（人物）”的当选者之一。

8月20日，记者和倡导慈孝志愿者一行和她约定晚上见面，她从一个片场赶来，还没来得及吃晚饭，要了片面包，就着茶吃了下去。说到过世的父亲，即便事隔多年，她依然泪光点点，中间还接了母亲的一个电话，她的语气柔和而有耐心：“妈妈……我在外面和朋友说事儿呢……我早就吃过了呀，你吃了吗，都吃什么了？”

那时候你会觉得，坐在面前的不是光彩照人的央视著名主持人，她只是一个寻常人家的孝顺女儿，一个和你拉家常的邻家大姐。可是，那些话，那些往事，那些她努力做好的细节，却真真切切地打动着在场的每一个人。

故事回放

让瘫痪的父亲奇迹般地站起来

黄薇主持《夕阳红》节目13年多，深受老年观众喜爱。她还是个出了名的孝女，照顾瘫痪的父亲十余年，曾创造了让父亲重新站起来的医学奇迹并被媒体报道过很多次。

许多人都知道，她一有空就往父母家赶，每天都在变着法儿地哄父亲开心；为了让父亲重新站起来，她发动丈夫、朋友及父亲原来单位的同事给父亲鼓劲；为了给父亲按摩，她买来无数关于中医护理和按摩理疗的书籍，把自己从医学“文盲”练成了“专业护士”。

回访记录

“每个心里有爱的儿女，都会读懂父母的眼神”

记者第一个问题提得小心翼翼：“都说久病床前无孝子，父亲病了 11 年，那么长的时间你真的从来没有厌倦过吗？有没有某个瞬间，会觉得特别崩溃？”

她认真地看着记者的眼睛，说：“我实话实说，没有，真的没有。”

黄薇告诉记者，在父亲去世的前五六年，医生发过五六次病危通知书。“我那时急急忙忙地赶去医院，有时连踩油门的力气都没有，我有一种特别强烈的感觉，就是我最爱的爸爸，见一面，少一面，见他笑一次，就少一次。”

已到了不惑之年的黄薇回忆起当年的情景时依然止不住落泪：“然后我冲进病房，爸爸已经奄奄一息了，他看到我，别人会觉得没什么变化，但是我能感受到，他的目光变得柔和了，他的嘴角微微上扬，他的手指轻轻地动了一下，我能读懂他的眼神，这是一种很微妙的感觉，我知道他很满足很欣慰，他需要我……”

说到这里黄薇努力地控制自己的情绪，平静下来后她告诉记者，一旦深入父母的内心，了解父母的眷恋和牵挂，怎么可能会厌倦？只会一心一意地想着如何留住他们，只要有一线希望都不会放过。

所以，黄薇在医生给父亲判了“死刑”后把老人接回家，开始尝试着热心观众给她提供的食疗偏方。

那方子特别“刁钻”，几两当天宰杀的猪的新鲜猪肝，几两两个小时以前被宰杀的乳鸽……20 多种中药的取材，每种都有讲究，比如某种参，只可以取须的前段。许多东西放在一起，煮上两个多小时，喝到嘴里也就一小碗，而每天要弄七八次。

黄薇回忆，当时为了买一个称药的小天平，她就跑遍了大半个北京。可是，就冲这一点点微弱的希望，她意志坚定，取料分毫不差，最终奇迹发生：几天后，病入膏肓的父亲又睁眼了，又可以坐起来了，居然还能乐呵呵地看电视了。

“所有爱父母的儿女都能读懂父母的眼神，只看他们有没有这个心。”黄薇说。

“孝敬是有技巧的，我和母亲有个百岁的约定”

如今，父亲走了，她的“宝贝”只剩下 81 岁的老母亲。

“那是一个和父亲性格截然不同的老人。”黄薇回忆，女儿总是跟爸爸亲，她从小就喜欢搂爸爸，亲爸爸，和妈妈却很少有肢体接触，连牵手过马路都会觉得有点不自然。

她无法用孝敬爸爸的方式来孝敬妈妈。那是一个多么要强且骄傲的老人，女儿想给她洗脚，给她按摩，她总是拒绝：“我自己能行，不需要。”

黄薇说，孝敬也是需要技巧的，她孝敬妈妈的方式就是早请示、晚汇报，凡事先征求她的意见，即便不一定采纳，但也要让她知道，她正在被需要，她对孩子们来说很重要。

“如果可以，我每天都花时间陪她聊天，”说到这里她自己笑起来，“你们可别小看这件事，每天陪一个 80 多岁、知识架构和信息渠道都远远跟不上时代的老人聊天是一件非常辛苦而且技术含量很高的活儿。”

黄薇说，即便母亲常常在重复，即便她说的事情自己一点兴趣都没有，她都要装作兴致很高的样子，以博老人的欢心。

当然，自己也要先准备好谈资，把外面的事情、单位的事情，以浅显易懂的方式讲给母亲听，让她不至于和社会太脱节。

黄薇告诉记者，有句话她感触特别深刻——如果一个人在 60 岁的时候还有妈妈叫，那是一件多么幸福的事。所以她和母亲有个约定，让母亲一定要健康活过 100 岁，让她在 60 岁的时候还是个有娘的孩子，受了委屈还有个人可以撒撒娇。

母亲知道，女儿依恋她，需要她，所以她会努力，会健康快乐地生活下去。

“尽孝不是一种负担，收获会大于付出。”“每次做节目，看着镜头，看着赶到现场的那些老人，就像看着父母的眼睛。”黄薇告诉记者，她注定离不开老年观众。《夕阳红》改版了，换了年轻的主持人，可她还是老年节目的主持人，目前主持的《生活早参考》也正被越来越多的中老年观众接受。

黄薇说，老年观众的忠诚度特别高，他们喜欢自己已经习惯的东西，一旦认可了你，就会看到你的好，也会包容你的不足，这也是新栏目受欢迎的原因之一。

“我为他们服务，不止是付出，从他们那里，我也得到了很多东西。”黄薇说，她自己感觉这十年下来，收获良多，改变在不经意之间。她是家中幺女，自幼深受父母宠爱，难免娇气，但这些年，采访过许多老人，包括那些久病缠身的、饱经沧桑的、历尽磨难的，他们在潜移默化中感染着她，让她渐渐学会了坚强、勇敢、包容，以及“相逢一笑泯恩仇”的豁达。

黄薇告诉记者，说这些只是为了让更多的年轻人知道，尽孝不是一种负担，老人会教给你很多在外面学不到的东西，回过头来想，收获大于付出。

“每天给父母打个电话，该像吃饭一样正常”

“你是央视名主持，你那么忙，还能抽出那么多时间和精力来照顾父母，真是了不起！”记者由衷地赞叹，“许多人，为了在这个城市立足，压力那么大，忙起来昏天黑地，会顾不上父母。”

她很严肃地更正：“我不太同意你的观点，顾不上父母，不是因为忙。再忙，和同事、朋友聚会的时间总有吧；再忙，谈恋爱约会的时间总有吧；再忙，陪孩子玩游乐场、上辅导班的时间总有吧？这么多时间，为什么就不能匀一点给父母？每天给父母打个电话，其实不难，应该成为一种习惯，一种仪式，就像每天都要吃饭一样正常。”

她又提到了自己的父母，并再次动了情。父亲中风前，她也和多数年轻人一样，忙于工作打拼，她居然不知道，父亲患高血压已经近 20 年，她更不知道，高血压会引起中风和瘫痪，直到父亲倒下的时候才追悔莫及。现在她在努力尽孝，她希望有所补偿，但越来越发现，老人的要求真的很低，比如母亲，女儿跟她聊天的内容，她会和自己的老姐妹们分享；女儿给她拍的照片，她也会拿出去四处“炫耀”……

“我只想用我自己的经历提醒所有的年轻人，不要等父母进了医院才想起来尽孝，我们陪孩子、陪爱人、陪朋友的时间还很长，可留给父母的，却会越来越少，”黄薇说。

回访感悟

孝心在于你是否真心地在为老人考虑

何辉　鄞州区中河街道桑菊社区社工

得知被选上慈孝倡导志愿者代表可以去北京采访黄薇的消息后，我激动了好几天。我只是一个社区里普普通通的社工，每天忙于处理社区里鸡毛蒜皮的事，而我要见的人，是那么有名的主持人，我没想到她那么平易近人，竟主动提出和我合影。她说，因为我们的身份是一样的，都是倡导慈孝的志愿者。

她的一番话，真的很令我感动，回来之后想了很多，我觉得，在倡导孝心这方面，她做得好，并不是因为她名气大、社会地位高，而是因为她比我有心，更懂得真心付出。她做的其实是每一个寻常儿女都能做到的，只不过我们经常有意无意地或者找各种各样的理由忽略了。比如这次要到北京来，我想也没想就把女儿往婆婆那儿一送，仿佛这是理所当然的事，我几乎没有考虑，婆婆有没有别的安排，她到底是怎么样想的。我平时倡导慈孝，也就是劝劝婆婆和媳妇不要拌嘴，建议年轻人给父母洗洗脚，逢年过节回来看看，多买些礼物给父母，我现在明白了，孝心不在于形式，而在于你是否真心地在为老人考虑，在于生活中的每个细节，回去后我会把这次的感悟告诉身边的每一个人。

三、新闻报道节选之三

回访首届“当代中华最感人的十大慈孝故事（人物）”当选者之一洪战辉——责任心使他战胜了命运

记者：陈爱红、戎美容　通讯员：王晓彬

由东南商报社和江北区联合举办的第三届“中华慈孝节——中华慈孝行”系列活动之回访前两届“当代中华最感人的十大慈孝故事（人物）”第三站定在湖南长沙，这次回访的对象是 2005 年“感动中国”十大人物之一的时代偶像、首届“当代中华最感人的十大慈孝故事（人物）”当选者之一洪战辉。

8 月 27 日深夜，当记者和优秀慈孝志愿者一行在长沙与洪战辉见面时，他刚从湖南怀化学院风尘仆仆地赶回长沙。经过五个小时的奔波，洪战辉略显疲惫，但他依旧一脸的笑容，说话语气也自然、亲切，一点都没有名人的高傲。

已经从中南大学毕业的洪战辉透露，他打算回报母校湖南怀化学院，在母校工作几年，再去计划自己的事业，目前他在湖南怀化学院团委工作，偶尔回长沙。

故事回放

稚嫩的肩膀撑起了一个家

1994 年，洪战辉的父亲突发间歇性精神病，造成妻子受伤骨折，女儿意外死亡，家里欠下巨债。随后，父亲又捡来了一个和女儿年龄相仿的女婴。面对沉重的家庭负担，母亲离家出走了。年仅 13 岁的洪战辉，默默地挑起了侍候患病父亲、照顾年幼弟弟、抚养领养妹妹的家庭重担。

为了挣钱养家，他就像大人一样担负起家里的责任，为了方便照顾妹妹，他带着妹妹一起去怀化念大学。2006 年，洪战辉为资助贫困学生，在学校和政府的帮助下建立了教育助学责任基金。如今，父亲的病情已明显好转，出走的母亲、打工的弟弟也相继回家，一家人终于重新团聚。

回访记录

从父亲身上感到知识才能改变命运

谈到苦难的生活时，洪战辉并不忌讳谈到父亲的疾病，他告诉记者，在没有患病前，他的父亲是一个木工，那时家庭虽然并不富裕，但是父亲仍慷慨无私地帮助别人。

其实，对于家境贫寒而读不起书一事，洪战辉的父亲也非常自责。洪战辉说，记得他那年考上高中，不敢把通知书拿回家，因为他知道家里没钱给自己上学。“那时父亲没犯病，他从村民口中得知我考上了高中后就背着家中仅有的一袋麦子到集市上去卖，卖了 50 元钱，但是 50 元是不够我上高中的，他一边哭一边说对不起我，我也哭了，我哭的原因是为什么我们一家一两个月的口粮只值 50 元，为什么我们会这么穷。”

那个夏天，洪战辉只身一人到了城里打工挣钱，也是这个暑假，在城里见过了世面的洪战辉对自己的父亲有了新的认识。洪战辉说：“从父亲身上，我看到了知识才能改变命运，而想改变现状的父亲正是因为知识的缺乏，才会陷入死胡同，我心里更加心疼父亲。”

带上妹妹一起上大学，还要照顾生病父亲的经历被媒体报道后，洪战辉自强不息的事迹感动了很多人。为洪战辉兄妹捐钱的人很多，有些捐款人没有留下姓名和地址，后来洪战辉决定用这笔钱来帮助那些和自己一样贫困的高中生，就设立了“洪战辉教育责任基金”。到中南大学上学后，他把“洪战辉教育责任基金”留给了母校，在中南大学又成立了一个新基金，同样用来帮助贫困高中生。

说到这两个基金时，洪战辉很自豪：“这两个基金一共帮助了 710 名贫困高中生，我们发放基金不是以困难补助的形式发放，而是以自强自立奖学金的形式发放，这种方式不会让被帮助者有自卑的感觉，而是社会对他们自立的鼓励和对他们努力的一种肯定。”

回访感悟

在困难面前不去抱怨命运的不公

陈君艳（十大优秀慈孝倡导员之一、李惠利医院实习护士）：虽然我很久以前就听说过他的故事，但当我真正坐在他的面前，再次听他亲口讲述那一个个情节时，还是再一次发自内心地被他的事迹震撼了，感动了！

两个多小时的交谈，洪战辉哥哥留给我最珍贵的两个字眼是——责任。当时年仅13岁的他，对他的父亲、妹妹、他的整个家庭以及自身的梦想都肩负了责任。虽然他面临着许多常人难以想象的困难，可就是这份责任让他一次次地战胜了自己，让他像蜗牛一样一点点不断地向前爬，并取得了今天的成功！

当洪战辉哥哥知道我是护理专业的学生时，他开心地说：“女孩子学护理专业很不错，我本来想让妹妹也学这个的，不过她更喜欢幼师，我也就听她的了，呵呵……”其实，护理更是一个需要高度责任心的职业，因为我们要对他人的生命负责任！我很幸运，这次来长沙，让他给我上了人生中重要的一课，今后我会努力向他学习，无论遇到怎样的困难，都不会放弃希望，放弃自己，无论生活多么不如意，都不去抱怨命运的不公，而是努力寻找改变现状的机会和方法。

多关心父母生活中的小事也是慈孝

王晓彬（慈孝志愿者）：“您就没有想过放弃吗？”听着洪战辉的讲述，我小心翼翼地问了这个问题。

“说没想过那是骗人的，可每次似乎都是在绝境时，我又挺过来了！自己对自己不放弃，没人能放弃你！”洪战辉回忆，有一次他给父亲送衣物时昏倒在地，当他醒过来时，眼睛出现了暂时失明的现象，当时他只是一个十多岁的小男孩，真的很害怕，很惶恐。当他抬头仰望时，看到了星星，他喜出望外，“我就想人活着，一切都会有希望！”

对父亲的一份孝心，对妹妹的一份关爱，对家庭的责任感成了洪战辉最大的动力。有时我在想，若换作是我，我能挺过来吗？我常常因为工作、交际等借口忽略家人的感受，平时就打打电话，逢年过节或许才回家看看父母，听了洪战辉的讲述，我感到了为人子的惭愧。以后，多陪陪父母，多去关心关心他们生活中平凡的小事，多与他们说说话，我想，这些实际行动，才是子女们最好的慈孝表现。

相关新闻

“中秋慈孝行”，送你回家看父母

商报讯（记者：卢科霞　实习生：蒋圆圆）：“独在异乡为异客，每逢佳节倍思亲”，转眼又是一年中秋将至，几年在外没有回家的你，是不是想回家看看父母，为他们尽点孝心呢?

也许你在为路费发愁，也许你在为思念父母而忧伤，好了，让我们来助你一臂之力，由江北区和东南商报社联合举办的“中华慈孝行”系列活动之“常回家看看，中秋慈孝行”启动。我们将为你组织车辆，陪伴你一路回家，一起看望家中的父母，一起度过中秋团圆节。

从即日起，本报开通“中秋慈孝行”报名热线，老家在安徽、江西方向的新宁波人均可拨打报名热线 87682576，报名时提供个人情况并说出你的“回家”故事即可。《东南商报》将从所有报名者中选取 10 名外来务工者，在中秋佳节来临之际，分路开展“中秋慈孝行”。

本报同时也征集爱心企业、商家，为外来务工人员提供“中秋孝心礼包”。征集热线：87682576，联系人：施先生。

四、新闻报道节选之四

近乡情更怯 “中秋慈孝行” 游子回家有温暖、有内疚、有感触

记　者：卢科霞　樊卓婧
通讯员：吴红波　王晓彬
实习生：蒋圆圆

由江北区和东南商报社联合举办的“中华慈孝行”系列活动之“常回家看看，中秋慈孝行”勾起了许多游子的乡愁，不少读者致电本报，说想参加活动，搭东南商报社的“顺风车”回家看看。9 月 12 日是万家团圆的中秋节，在东南商报社的安排下，部分在甬打拼多年的外来务工者近日回到了久违的家乡，尽享天伦之乐。记者从中选取了两名代表，通过电话连线，听他们讲述了自己的回家故事。

“六年未见，八旬母亲平静地说了句‘儿子回来了’，可是我哭了。”

讲述人：王彦强，37 岁，六年没回家；家乡：江西宜春，职业：宁波某广告公司负责人。

我是山里长大的孩子，我的家和许多人不一样，兄弟姐妹有八个，最大的哥哥已经 60 多岁了，我最小，也只有我一个人完完整整地把书念完了。当时我一心想的是，要走出去，去更大的世界看看。

我在金华念完职校，然后到宁波闯荡了几年，现在终于有了自己的事业，妻子儿子房子车子也都有了，回头想想，故乡似乎越来越远。

父亲 90 多岁了，母亲也 80 多岁了，最近一次去看他们还是 2005 年。当时，我带着女朋友回家，女朋友是宁波人，当即就水土不服病倒了，后来忙着装修房子结婚，忙着办自己的公司，接着又有了孩子，就顾不上回去了，只是打电话给哥哥姐姐问问父母的情况。

前不久看到东南商报社和江北区一起组织车辆帮助外来务工者回乡过中秋，说真的看了挺难受的，我有多久没听到过父母的声音了？儿子两岁多了还没见过爷爷奶奶呢！我觉

得这是个挺好的机会，该回去看看了。

准备好了大包小包，9月7日下午我带着老婆孩子坐上火车，8日上午到站，中午坐了三个多小时汽车赶到我家所在的铜鼓县。因为已经没有去乡里的车了，只好住一晚，等到第二天中午，又坐了两个小时的车赶到幽居乡，接着又走了半个多小时的路才到家。

父母倒没我想象得那么激动，老父亲看到我，愣了一下，一时竟没认出来，然后点点头："回来了呀！"母亲从里屋出来，也挺平静地说："儿子回来了呀，怎么又瘦了？"他们倒是看到我的老婆孩子有点不知所措，忙着倒水、端凳子、给孩子抓糖，直说，辛苦了，难为他们了，这么远赶回来，可能觉得让城里来的媳妇和孙子受委屈了吧。

我当时眼泪就下来了，我觉得挺内疚的，生我养我的父母，我结婚的时候他们因为太远没来，儿子出生的时候，他们也不在场。现在我回来了，他们似乎有点不适应了，几年不见，他们又老了，这种感觉说不出来，不是因为他们的头发又白了或者皱纹更多了，而是神态、眼神以及说话的语气，无一不在告诉我，他们真的是风烛残年的老人了，真是见一面少一面。这次走了，下回又不知什么时候回来，我给母亲买了个手机，这样可以随时联系，也算是一种弥补吧。

"女儿在身边睡着，我们在灯下说话，感觉真好！"

讲述人：叶广星，32岁，七年没回家；家乡：河南驻马店，职业：鄞州中河街道桑菊社区清洁工。

2004年我和老婆来宁波打工，之后，我就再也没回过家。

以前父母在老家，后来我女儿出生了，父亲也来过我这里，母亲不肯过来，因为家里还有七八亩地，她舍不得。今年年初，我老婆也带着女儿回河南老家去了，我有半年没见过老婆孩子，有七年没见过母亲。

不是我不想回去，主要是这里离家太远，路费又贵，你说我把钱省下来，寄给她们不是更实际？

我一个月给她们打一次电话，你们可能觉得太少了，可是我拿起电话不知道该说什么，无非是问问母亲身体好不好，孩子乖不乖，我一直觉得，虽然一家人在两地各忙各的，但心是在一起的。

这次赶巧碰上东南商报社和江北区组织这个"送游子回家看父母"的活动，社区很积极地为我争取名额，我真挺感激的，当拿到车票的时候我发现自己竟像一个小孩那样兴奋。

9日那天早上6点10分，我就从客运中心出发了，12个多小时的汽车，到驻马店已经晚上7点多了，接着又坐了一个多小时的面包车，赶到镇上已经是晚上9点多了。家乡似乎没怎么变，那些小街小巷还是原来的样子，我觉得好亲切，我在外面吃了碗面，然后才回家。

女儿已经睡了，母亲和老婆在等着我。她们给我留着桃子，说是最新鲜的。家里的四间房已经20多年了，还是老样子，可我觉得房子变得更矮小了，也更破旧了，母亲也比以前老了，但是她很高兴，给我讲今年玉米、大豆收成好。

女儿在我身边睡着，我们三个人在灯下说话，我觉得回家的感觉真好。

我哥嫂也外出打工了，两个儿子也放在老家。两个女人，要看三个孩子和七八亩地，真挺不容易的。我挺内疚的，想弥补一下。

第二天，我就跟社区请假，我说我至少要在家待一个月，他们说“好的”。

我想把房子稍微整整，帮她们把玉米和大豆收了，多陪陪女儿，也让妈妈轻松一点。我现在觉得，钱不是最重要的，一家人在一起才是最幸福的。

记者手记

一个白领，一个基层清洁工，回乡时用了同一个词来形容自己的心情——内疚，我想这个词会引起很多在外游子的共鸣。

不回去的理由有很多——太忙、太远、太不方便、生活节奏快、工作压力大……但我们自己心里清楚，是爱和责任不够。

父母老了，孩子还小，他们不说，不代表没有期待，只是我们是否懂得？老人剩下的时间越来越少了，而孩子一转眼就会长大，在一起的时间其实很宝贵。

所以，好好珍惜，常回家看看。

江北洪塘福利院

“这个中秋过得最开心了”

给老人子女发“孝心通知书”，老人们说：“这个中秋过得最开心了。”

一年中秋又至，在许多人高高兴兴回家团圆的同时，福利院里，却总有些老人在守望着。在中秋来临之际，江北洪塘福利院在全市率先发出了“孝心通知书”，逐个给在院老人的子女打电话，希望子女中秋节回来陪陪父母。结果，将近一半的子女陆续前往福利院尽孝。

福利院中秋节发“孝心通知书”

前天，江北洪塘福利院的胡小英院长说：“今年，我们在中秋节前一个星期向 100 多位老人的子女进行了‘电话通知’，请子女抽空来看看老人。”

胡小英说：“在节假日，特别是中秋节、国庆节等，每当有子女前来看望时，住在福利院内的老人就格外地开心，虽然很少有老人说自己想家，但他们的言行无不透露出对家人的依恋和思念。所以，我们想善意地提醒老人的子女，让他们过节来看看老人。”据了解，现在洪塘福利院共有 162 位老人，除无保的、孤寡的老人 50 多位，其余都是托养在这里的。

远在东北的子女说“一定会过来”

胡小英说：“电话通知时，只有 10 位老人的子女一口答应，说肯定会来；还有 50 多位老人的子女说排排时间尽量来，没有拒绝；也有 10 多位老人的子女说太忙肯定来不了，但最近会抽时间来；剩下的，都是各有各的理由。”王春梅副院长跟记者补充道：“有个老人有三个儿子，我们电话打过去，两个哥哥说：‘为什么电话打给我，跟我弟说去，我没空！’而打给弟弟，弟弟却说：‘怎么不打给我两个哥哥？’所以他们相互推脱，我们非常无奈；还有位老人，他有五个儿子和五个女儿，我们逐一打过去，答应来的只有两位子女。”不过也有令王春梅感动的：“有位老人的孩子在东北，我们打电话过去，他说一定会来，时间不够会请假。”

今年 90 岁的王秀兰原住在江北中心街，到福利院已经五年多了，这两天她女儿从杭州过来看她，老人高兴得嘴都没合拢过，一旁的女儿正在腌制冬瓜，“我妈喜欢吃素的，趁这次假日，我在她这里现煮现做，”59 岁的女儿柳燕春笑呵呵地说。

孩子没来，有老人在偷偷哭

福利院的大厅里，很多老人坐在各自的位子上，身旁没有家人，看着人来人往，他们有些好奇，更多的老人则是面无表情。记者在几个老人身旁坐下询问，过了很久，有些老人才开口“哦”了一声，口水与泪水一起掉下来，虽然大厅里人很多，可是反而显得凄凉。

记者从中发现一个老妇人孤零零地坐在门旁，她姓张，64 岁，有两个儿子。“儿子经常来看你吗？”“没，从来没来过……”说着，眼眶里泪水已在打转，她用手背抹泪，记者不忍再问。

工作人员看着也不忍心了：“请别问他们了，这是他们心里最难过的伤心事。”其实，不问也明显感觉得出来：没有子女探望的老人，电视声音开得很大，但眼睛却一直望着窗外，看别的老人与家人团圆，也看那路上有没有熟悉的身影走过来；床头柜上放着饼干筒和一些营养品盒子，其实里面的东西早没了，但因为是孩子以前拿来的，一直舍不得扔；中秋节到了，福利院给每位老人发了一袋月饼，有位老人拿到后都不尝一口，“儿子来了，让他拿去给孙女吃。”可是他的儿子会来吗？老人说，不知道，等等看。

前两天，据洪塘福利院统计，已陆续有 40 多人来看望过自家的老人。胡小英说：“这个中秋假期，预计有一半多的子女会来，电话通知多少还是有点效果的。”

五、新闻报道节选之五

陪着父母看风景，一路温馨慈孝情，近 50 户家庭昨游慈城乐融融

记　者：戎美容　石承承

通讯员：吴红波　王晓彬　顾　筠

活动现场

参加活动的老人精神头十足

参与本次活动的家庭都是《东南商报》公开向社会征集的，征集要求中最重要的一点就是“必须由孩子陪着长辈出行”。最后入选的有近 50 户家庭，120 余人，挤满了三辆大巴

车。参加活动的人中有近一半是年纪在50岁以上的中老年人，其中年龄最大的已经年近八旬。

9月25日上午，大家一共参观了两个景点：孔庙和古县衙。其中孔庙是用来祭祀我国伟大的思想家、政治家、教育家孔子的地方。慈城孔庙位于城内中心位置，建于北宋雍熙元年，比现今北京孔庙的历史还要早318年。

考虑到慈孝爱心之旅活动中有不少是老人，而整个参观过程又以步行为主，主办方之一的江北区政府特地安排了15名安全保卫志愿者随同大家一起活动，同时还在孔庙外的公园广场安排了救护车以备不时之需。

不过从现场的情形看，参加活动的老人们脚骨健硕得很，精神头比不少年轻人都足。

陪长辈出游成时尚

“子欲养而亲不待”这个道理对很多人来说并不陌生，但真正想要把这份对父母长辈的珍惜和爱意转化为实际行动却不是件容易的事。

记者随机采访了近十户人家，原本以为有时间陪着父母一起出游的家庭不会太多，但事实却正好相反，“我们平时有空的时候也经常会陪父母到附近的景点转转”成为记者听到的最多的回答。

市民陈女士是陪着她已经70多岁的父母一起来的。她说，上一次和父母一起出游是去年，全家人一起去了趟台湾，“父亲平时容易晕车，但那次却没什么症状，全家人玩得很开心。”陈女士说，“趁现在父母还能到处走，自然要陪他们四处看看。”

记者在现场还留意到，一位女士从始至终一直牵着母亲的手。不过这位女士表现得很低调，不愿跟记者多说什么，只表示是特地陪母亲出来玩玩的，“这些都是我们晚辈应该做的。”

出游故事

贴心女婿陪岳父母逛古城

“爸、妈，小心点，我扶着你们，慢慢来，这门槛太高了！”在游客群中，一名穿着夹克衫、留着平头的中年男子，左手扶着一名老伯，右手搀着一名老太，小心翼翼地跨过门槛。

这位先生叫林云，这两位老人是他的岳父岳母。当初向《东南商报》报名参加活动的是他的妻子，但因为公司临时有事派她出差，就没法陪父母，“所以就由我代班了。应该的，一家人嘛。”

林云告诉记者，他是宁波人，妻子是重庆人，岳父岳母一直都留在重庆老家，很少来宁波，而夫妻俩因为工作忙，通常只有过年过节时才回老家看看他们，更不用说陪老人家去旅游了。“这个月月初刚好是儿子10岁生日，好不容易说服二老来宁波住几天，又碰到慈孝节游慈城古县城的活动，就想趁此机会带他们逛逛宁波的特色景点。”林云边说边递水给老人。

“现在轮到我们照顾父母了”

之所以会留意到方老先生，是因为他带着一个小小的旅行袋，塞得鼓鼓囊囊的。每到一处，老伴要上香，他就从包里拿出香来；老伴要喝水，他就从包里拿出水来……

“你知道吗，因为担心下雨，他还带了三把雨伞。”看到父亲挎着旅行袋，却一脸乐呵的样子，女儿方女士也觉得好笑。

聊起父母，方女士充满了感激，她的女儿在上幼儿园前一直都是父母带大的，其中的辛苦不言而喻。如今女儿已经上高中了，父母的年纪也已经大了，“现在轮到我们来照顾父母了。”

开心一刻

“孝心被”送长辈

“快来吃点东西补充一下体力。”一踏进古县衙的大门，大家就被精心摆好的糕点和水果吸引住了，纷纷停下脚步。考虑到大家在参观完一个景点后会有些疲倦，主办方很贴心地为大家准备了零食。

边吃边说笑，原本陌生的家庭，距离一下被拉近了，你给我一串葡萄，我给你两根香蕉，就好像是一家人一样。有的家庭随身携带了青枣，也都拿出来慷慨地分给大家。

不仅如此，在活动临近结束时，每户参加活动的家庭还领到了主办方准备的、由博洋家纺生产的一条精美厚实的棉被。因为大家都是陪着长辈来的，于是大家不约而同地把这份礼物送给了长辈，还给这条看似普通的被子取了个好听的名字——“孝心被”，“既然是慈孝爱心之旅，当然要把这份孝心贯彻到底，”几位市民纷纷表示。

相关新闻

“中华慈孝林”将遍植银杏树

记者从第三届“中华慈孝节”组委会获悉，“中华慈孝林”最终种植的慈孝树种为银杏。

第三节　第三届“中华慈孝节”新闻活动策划幕后解读

一、第三届“中华慈孝节”活动版面图构

以“中华慈孝节”标识为报眉图案设计的重要元素，统揽专题报道内容，营造浓郁的慈孝情舆论氛围，丰富的内容体现在版面语言中，助推社会新风尚的形成。

东南商报 A07

中华慈孝行 特别报道

2011年6月27日 星期一 编辑：任山戴 组版：张 婧 校对：朱 君

开始寻找 当代宁波最感人的十大慈孝故事

江北区与商报联合推出中华慈孝行系列活动同步展开

第三届中华慈孝节重头戏中华慈孝行系列活动之寻找当代宁波最感人的十大慈孝故事（人物）公益活动昨晚在江北老外滩举行启动仪式，正式开始向全社会征集慈孝故事（人物），这标志着本届“中华慈孝行”五大活动全面启动。

记者 陈爱红 戎美睿

自2009年起，江北区与中国民间文艺家协会、中国伦理学会联合举办了首届中华慈孝节之后，又与本报合作，成功推出了2010年的第二届中华慈孝节之“中华慈孝行”系列活动，倡导慈孝文化、争做慈孝之家形成风气。

日前，第三届中华慈孝节已拉开序幕，本报与江北区再度携手，推出“中华慈孝行”五大活动，分别是：寻找当代宁波最感人的十大慈孝故事（人物）；争做慈孝倡导员；回访前两届当代中华最感人的十大慈孝故事（人物）；“常回家看看”陪外来务工者回家看望父母和背着父母看风景。

昨天，第三届寻找当代宁波最感人的十大慈孝故事（人物）公益活动在江北老外滩举行了启动仪式。来自江北区学校、街道、驻甬部队的官兵与市文明办、江北区和本报等相关单位的领导和负责人共500余人参加了启动仪式。

第三届寻找当代宁波最感人的十大慈孝故事（人物）大型公益活动将历时4个月，由启动、寻找、评选公示到表彰四个阶段组成。市文明办副主任张爱民对此活动予以了点评，他说，慈孝文化是江北传统文化中一颗璀璨的明珠，在和谐社会建设成为时代主题的新时期，具有深厚的历史内涵和长远的现实意义。江北区委副书记郑进达说，江北有着深厚的慈孝文化底蕴，作为一种慈孝载体，传承慈孝文化是非常适合的。

相关链接：

中华慈孝节五大主体活动

今年举办的第三届中华慈孝节共有五大主体活动：分别是“晋天寻慈孝”——第三届寻找当代中华最感人的十大慈孝故事（人物）公益活动、第三届中华慈孝节颁奖典礼、“慈孝文化万里行”——慈孝人物全国巡回演讲活动、中华慈孝林植树活动和中华慈孝文化主题园系列活动。

江北区有深厚慈孝底蕴

江北区有着深厚的慈孝文化底蕴和历史渊源，东汉孝子董黯的故事广为流传。近年来，江北区充分挖掘慈孝文化内涵，全力打造慈孝文化品牌。

2008年，中国民间文艺家协会授予宁波市江北区“中国慈孝文化之乡”称号，成为全国首个获此称号的区（县、市）。

2009年，江北区首次举办了中华慈孝节，寻找当代中华最感人的十大慈孝故事（人物）。

2010年，江北区又举办了第二届中华慈孝节，评选出了宁波最感人的十大慈孝人物，还举办了百户家庭重阳登高、中华慈孝论坛、中华慈孝节颁奖文艺晚会、全国创意慈孝产品评选设计大赛展出等系列活动。

严意娜 曹宇斐 徐辉成为首批宁波慈孝倡导员

在启动仪式上，感动中国人物、宁波造桥女孩严意娜，宁波广电集团新闻综合频道《看看看》栏目主持人曹宇斐和浙江省十一届人大中唯一的外来务工人员代表、江北区城管局环卫养护中心保洁员徐辉接受了第三届中华慈孝节组委会颁发的聘书，作为首批宁波慈孝倡导员向市民发出了“树立慈孝楷模 弘扬慈孝文化”的倡议。

快来报名争当慈孝倡导员
有机会和记者一起赴全国各地回访慈孝之星

即日起，争当慈孝倡导员和寻找当代宁波最感人的十大慈孝故事（人物）的活动首先拉开序幕。

争当慈孝倡导员，顾名思义带头提倡者也，就是那些积极提倡慈孝文化、传承慈孝的人。只要你有这个心愿，志愿做一些倡导之事，即可成为争做慈孝倡导员队伍中的一员，本报今起征集300名志愿者，倡导慈孝风气，凡有志于此报名登记并符合条件者，将获得本报2012年度报卡一份。

参选慈孝倡导员方式

1、**参选慈孝倡导员具体条件**：凡宁波本地居民、身体健康、遵纪守法、有较强的责任心、热爱公益事业者均可报名。（新宁波人只要在宁波本地定居生活1年以上也都可以参加）

加入“团队”之后，每位慈孝倡导员有义务积极配合中华慈孝节组委会的组织活动。

2、**报名方式**：每位参选市民须写一份个人简历以及与慈孝有关的实例，字数200字以内，附上联络地址和电话，发送至电子邮箱：rmr8768@sina.com

本报将在此基础上，评选出10名优秀的慈孝倡导员。参评者可通过自荐、他荐的方式，也可以通过居委会、街道组织推荐，当选者可获得与记者一同到全国各地“回访全国慈孝之星活动”的机会。

请您推荐身边的动人慈孝故事

宁波是座爱心城市，有着深厚的慈孝文化底蕴和历史渊源，江北区慈城东汉孝子董黯的故事广为流传。2008年，中国民间文艺家协会授予宁波市江北区“中国慈孝文化之乡”称号，成为全国首个获此称号的区（县、市）。由此，中华慈孝节也得以成功举办。

今年第三届中华慈孝节我们继续推出“寻找当代宁波最感人的慈孝故事（人物）活动”，若你的身边有感人的慈孝故事，你可以拨打本报热线87270000推荐给我们，或者通过文字形式发送到rmr8768@sina.com电子邮箱进行投稿。

故事内容选材标准：

1、故事主人公思想道德高尚。

2、爱国爱岗敬业，对社会有突出贡献。

3、故事感人，具有典型代表意义。

4、具有大爱大孝精神，有利于家庭关系的和睦、社会的稳定发展、和谐社会的构建和民族精神的培育。凡符合一项或多项均欢迎推荐。

严意娜：慈孝是一种向善的力量

从去年开始，我知道了江北有个慈孝文化节，当时觉得这个节很好，是对传统文化的传承与弘扬。我以前对慈孝的理解比较肤浅，以为慈孝是一个小范围的事情，限于亲友、家庭，是一种小爱。但是这次被聘为慈孝倡导员后，我觉得这是件很慎重的事情，我特意阅读了一些资料，对慈孝有了更深层的理解，我觉得慈孝是小爱，也是大爱。

我认为每个人都可以从自己做起，把慈孝文化发扬光大。老吾老以及人之老，幼吾幼以及人之幼。我很赞同巩汉林老师举的食品安全的例子，一个慈孝的人会把每一件出售的食品当成是做给自己的孩子和父母吃的食品，这样就不会存在食品安全的问题了，从这个角度上来说，慈孝也是一种大爱。

曹宇斐：要把慈孝当成责任

我主持的是民生节目，做过一些关于家庭方面的报道，每个人都会老的，在报道一些不孝子冷漠地对待自己的父母时，我当时就很气愤。从这个角度上来看，讲慈孝不仅是家庭内部的事情，也有可能成为社会共同关注的公共事件。

现在我和妈妈住在一起，以前老觉得自己是小孩子，父母都能帮自己扛，但是现在我一下子成熟了起来，我基本上呆在家里陪妈妈。和我们相比，80后和90后接触到的慈孝教育可能少一些，他们在这方面的意识也可能弱一点。我想对每一个为人子为人女的人说：千万不要以为父母永远不会老，要把慈孝当成一种责任，每个人都有责任成为一个慈孝的榜样。

徐辉：慈孝从小事做起

慈孝首先是一种爱，孝敬父母、家庭和睦、朋友祥和等等，虽然对象不同，但爱应该是相同的。其实，慈孝对我来说，理解起来很简单，就是怀有一颗善良的心。

我作为一名环保工人和新宁波人，很高兴有机会做倡导慈孝文化的工作，我作为慈孝倡导员，首先从家庭来说，我一定孝敬双方父母，对孩子们要有宽容心，夫妻和睦，从自己的事情做起，从小事做起，慈孝的理念才会慢慢普及，慢慢深入人心。

图 3-1 “中华慈孝行”特别报道报纸版面 1

A14 中华慈孝节 特别报道 東南商報

2011年9月29日 星期四

编辑：诸晓红 组版：马喜春 校对：俞志立

第三届中华慈孝节昨开幕

十大慈孝人物获奖

佳节临重阳，慈孝风歌盛。昨晚，第三届中华慈孝节开幕式暨颁奖典礼在宁波大剧院举行，上千名海内外宾朋相约慈孝之乡，共襄慈孝盛举，感受“慈孝的力量”。

第三届中华慈孝节由中国文联民间文艺家协会、中国伦理学会、中共宁波市江北区委、宁波市江北区人民政府和宁波城建投资控股有限公司主办。

记者 李臻 通讯员 吴红波 王晓彬

出资5000万元设立“慈孝基金”

昨天晚上7时30分，在央视著名主持人朱迅的主持下，伴随着歌曲《爱的奉献》的欢快歌舞，颁奖典礼拉开序幕。让大家惊喜的是，开幕式的第一件事情就是给江北区人民送上了一份慈善大礼包。

朱迅介绍说，江北慈孝美德千年传承，慈善事业蓬勃发展，2009年首次荣获全国慈善总会最高奖项——“中华慈善奖”。她宣布说：“为弘扬慈孝文化，发展慈善事业，由区慈善总会与各分会、有关企业共同出资5000万元设立的‘江北区慈孝基金’正式启动，我在这里看到的是一片片爱心的涌动。”据介绍，这一基金共设“孝敬父母”、“慈爱儿女”、“关爱中青年”三大工程，分21项专项基金，旨在资助涵盖全区范围的贫困病难等弱势群体，以及慈善公益项目。

钱文忠倡议设立“中华慈孝日”

开幕式上，央视《百家讲坛》主讲人、复旦大学钱文忠教授宣读了设立“中华慈孝日”倡议书。钱文忠说：“慈孝是中华民族的传统伦理道德，慈孝文化在我国源远流长，在中华民族的生存和繁衍过程中发挥了重要的作用。慈孝文化已成为凝聚海内外炎黄子孙的心灵纽带，弘扬慈孝文化，对于增强中华文化的凝聚力，提高中华文化的国际影响力，实现中华民族伟大复兴具有深远意义。”

钱文忠倡议说：“在第三届中华慈孝节隆重开幕之际，我受组委会的委托，向全球华人、社会各界发出最诚挚的倡议——将每年的农历九月初九重阳节定为中国法定的‘中华慈孝日’！在这一天，我们可以开展慈孝文化活动，践行慈孝行为，让孩子们享受父母的关爱，让父母感受子女的温暖，让中华传统慈孝文化的火种在龙的传人手中代代相传、永葆辉煌！”

为十大慈孝人物颁奖

开幕式的一项重头戏是为第三届当代中华最感人的十大慈孝故事（人物）颁奖。慈心天下，孝行万家。历时近三个多月，由海内外华人参与的第三届寻找当代中华最感人的十大慈孝故事（人物）大型公益活动，共征集到4611件慈孝故事，经层层核实筛选，最后确定十大慈孝人物。

颁奖典礼分为“慈心”、“孝行”、“大爱”3个板块，对这十大慈孝人物一一进行了颁奖表彰。每个板块分别采用播放短片、现场访谈、情景再现、歌舞表演和朗诵等形式，描绘了震撼人心的慈孝人物“群英谱”，生动展示了他们的感人事迹和崇高精神。现场气氛热烈，感人至深，在场观众用一次次热烈的掌声，表达对获奖者的由衷敬意和景仰。慈孝文化形象大使刘晓庆、巩汉林，文化名家钱文忠作为嘉宾对这些慈德孝行作了点评和解读。

整台晚会以“慈孝的力量”为主题，突出江北元素和慈孝元素，由央视著名主持人朱迅主持，伊能静、巩汉林、金珠、刘大成等明星、艺术家纷纷登台献艺，大家用艺术的语言向观众宣传江北独具特色的慈孝文化，宣传江北经济社会发展取得的辉煌成就。

活动速递 >>>

重阳游购总动员活动启动仪式举行

商报讯（记者 周雁 通讯员 吴洪波）昨天上午，以慈孝为主题的“慈爱之旅、孝心欢购”商贸购物活动启动仪式在江北万达广场举行。

据介绍，当天的购物活动共分为江北万达广场板块、世纪联华康庄南路店板块和外滩板块三部分。当天万达广场还推出了慈孝欢购爱心礼包、慈孝爱心券、“环游地球80天”亲子气球节等系列活动，针对老年人有一系列购物优惠。世纪联华也推出了老人免费办卡活动和重阳节优惠活动。此外，外滩商圈也有20余家餐饮、零售类商家推出慈孝节打折优惠活动。据悉，整个活动将从9月28日持续至10月7日。

新闻链接 第三届当代中华最感人的十大慈孝故事（人物）

1.推动华西村尊崇孝道的吴仁宝

华西村的发展名扬中外，但在1961年刚建村时，华西村却是个有名的贫困村。吴仁宝作为华西村第一任村支书，带领群众平整1300多块田地，向自然挑战。如今，这里的农民拥有完善的福利和社会保障，有1600户农民成为百万富翁。“一个人，年老了幸福，才是真正的幸福；没有老人的幸福，不是真正的人民幸福。”这是书记的心愿。在华西村，真正做到了50岁以上的老人全部实行“保养金”待遇，更设立了“敬老奖”。

2.息影三年、守候母亲最后时光的田海蓉

在田海蓉事业发展当红阶段，母亲却患上了胰腺癌，只剩下3个月的生命。田海蓉作出息影守候重症母亲的决定，这无疑是亲手断送了自己的演艺生涯。在医院，她每天为母亲熬小米粥，学做各种癌症患者食疗配方，母亲在她的守候下突破了之前医院判定的3个月生命期限，3年后才含笑离开。

3.身在美国、心牵中国的“文化孝子”叶坦

叶坦是北京人，由于父亲去世较早，母亲一人含辛茹苦地将他们四个兄弟养育成人。对于母亲，叶坦一直感念于心。但美国与中国的距离使他不能守在母亲身边尽孝，只能每年回来两次陪伴母亲。他为弘扬中国文化做了大量的工作，更在海外设立以教授汉语和传播中国文化为宗旨的非营利性公益机构孔子学院，为祖国母亲付出了“大孝”。

4.大山深处撒大爱、赡养流浪老人的姜旭东

33岁的姜旭东是甘肃人，在江北区打工5年。没有人知道，这个随和的酒店值班经理，在老家赡养了3位流浪老人，他不顾自己的颠沛清贫，先后将3个不相识的孤寡老人领回家，供养在甘肃农村老家。他的大爱震动社会，他将一种无怨无悔的付出、一种感人至深的情怀传播到社会各个角落，让我们在忙碌的工作中重新审视自我，净化内心的浮尘。

5.照顾养母12载的90后孝女孟佩杰

出生于1991年的孟佩杰是山西临汾人，5岁时生父因车祸去世，生母无奈把她送人领养，不久生母因病去世；8岁时养母刘芳英因病瘫痪，养父不堪生活压力离家出走。2009年，她被距离家乡百公里外的山西师范大学临汾学院录取，但不放心生病的养母，决定“带母亲上大学”，在学校附近租了房子，继续悉心照料，不离不弃。

6.用母爱让双胞胎聋儿登上演讲台的新疆妈妈周喜花

周喜花有一对双胞胎聋儿，医生告诉她，想要孩子说话就和石头开花一样不可能，建议她早点儿把孩子送到特殊学校学习手语。为了让孩子开口叫一声“妈妈”，她付出了艰辛的努力，最终双胞胎儿子不但能说一口流利的普通话，还进入正常的学校学习。用这种充满母爱的教学方式，她还奇迹般让13位新疆聋儿开口说话，震惊了国内聋哑康复界。

7.为水立方捐款第一人的欧阳乐耕

欧阳乐耕是港澳台同胞和华侨华人捐资共建北京奥运场馆活动的第一位现金捐资者。留学日本的他，率先在当地成立了乐乐中国电视台，为日本的华侨华人制作介绍中国的节目，努力为日本华人社会提供一个感知故乡的渠道和了解中国的窗口。正是像欧阳乐耕这样投身海外媒体事业的人，漂泊在外的海外华人们才能时刻感受到祖国和故乡的丝丝温暖。

8.用父爱唤醒女儿的好爸爸唐仁锋

1996年离异后，唐仁锋遇到了有相同经历的李秀萍，并于2007年结婚。2009年7月，李秀萍的女儿李甜遇车祸受重伤，随时有生命危险。唐仁锋四处为女儿筹款，并日夜守候在女儿身边，学着吹女儿最爱的葫芦丝，终于用父爱唤醒了已经被“判死刑”的女儿。这位伟大而又坚强的父亲，将父亲对女儿的爱挥洒得淋漓尽致。

9.培养出“五博一硕”子女的“神奇爸爸”蔡笑晚

一个将6个子女中的5个分别培养成美国麻省理工学院、康奈尔大学、罗切斯特大学、圣约翰大学、阿肯色州立大学博士，1个培养成中国科技大学硕士的父亲，立志终生以当好父亲为事业。他注重早教启蒙，形成了一套自己的教学方法。如今，孩子们事业有成，他为祖国培养了六个优秀人才。

10.陪母亲闯过生命险关的瞿永存

瞿永存从中学起就离家，半生漂泊，但始终情系生养他的小村庄和父母。2011年春，她的母亲因骨折和青光眼住院，瞿永存陪着母亲走过了她生命中最为黯淡的日子，搀扶着母亲闯过一个个凶险的生命关口。

图3-2 “中华慈孝行”特别报道报纸版面2

东南商报　中华慈孝节　特别报道　A15

2011年9月29日　星期四　　编辑：诸晓红　组版：马富春　校对：俞志立

上千名海内外宾朋共同感受“慈孝的力量”

钱文忠倡议设立“中华慈孝日”

昨晚，第三届中华慈孝节开幕式暨颁奖典礼在宁波大剧院举行，省委常委、市委书记王辉忠，东海舰队航空兵副司令员唐一平等出席了开幕式。图为中华慈孝人物上台领奖。　记者　刘波　摄

相关新闻

各路名家共话慈孝教育

商报讯（记者　陈爱红　戎美容　通讯员　王晓彬）传统的慈孝文化在当代面临怎样的挑战？如何将慈孝文化融入当代素质教育体系中？昨天是孔子诞辰日，以“当代素质教育与传统慈孝文化——育人模式的传承与创新”为主题的第三届中华慈孝节研讨峰会在江北慈城孔庙的明伦堂举行。宁波市副市长成岳冲出席了峰会并致辞，市政协副主席、诺丁汉大学党委书记华长慧主持峰会，来自北大、复旦等著名高校的教育专家作了精彩的发言。

厦门大学党委副书记陈力文第一个走上讲台。在回顾了慈孝文化的发展历史后，陈力文说，在过去的慈孝文化中树立的一些典型，有些极端化，甚至有些荒谬。比如说，割肉治病、卧冰求鱼，这些并不现实，也不人道，因此，传统文化在“五四”期间遭到了猛烈的批评。而今天谈慈孝，是还原，是重建，是升华，还原真善美的人际关系，重建一种平等的父母、子女和家庭关系。

复旦大学教授、博士生导师钱文忠在研讨会上表示了自己的担忧。他说，近30年来，中国在取得了人类历史上从来没有过的经济奇迹和社会发展奇迹的同时，很多人忽略了一点，我们的文明程度、道德水平在急剧降低，全民族的伦理道德在日渐崩塌。前不久，上海发生了一则子杀母的新闻，而最近几年，发生类似的新闻也不少，因此在这样一个社会大环境下，我们比任何时候都需要讲孝道，讲慈孝，在教育方面，建议大幅度降低中学阶段的数理化难度，提高学生兴趣，多学习一些文化、道德理念的知识。

全国首本职工慈孝文化读本昨首发

商报讯（记者　李臻　通讯员　吴红波）昨日，《慈孝与和谐》——中华慈孝文化职工读本（试发行）首发式暨慈孝与和谐主题座谈会在北京举行。在首发仪式上，还成立了国内首个中华慈孝文化职工教育研究会，同时特聘12位国内著名专家学者为中华慈孝文化职工教育研究会顾问团首批顾问。

《慈孝与和谐》由宁波大学文学院教授李小红，宁波市作家协会会员、民间作家杨贤平，民间作家王静，历时两年创作而成，全书共7万余字。在编写过程中，围绕构建和谐劳动关系入手，深入挖掘、研究、提炼传统文化和企业文化精髓，参阅了有关文献资料，借鉴吸收了相关的理论和实践成果。

据了解，《慈孝与和谐》作为全国首本职工慈孝文化读本，它的出版不仅填补了职工慈孝文化教育的一项空白，还给系统深入研究“传统文化、企业文化、职工文化”三者融合创造了一个新的平台。

江北区旅游咨询服务中心昨开业

商报讯（记者　周滕　通讯员　吴洪波）昨天上午，位于老外滩中马路157-159号的江北区旅游咨询服务中心正式开业。该中心作为游客到达江北、了解江北的第一旅游服务站和江北旅游形象的重要窗口，将发挥其旅游行业主管部门宣传窗口、为游客提供权威旅游信息发布、旅游咨询展示、协助投诉受理、旅游线路推介等多项便利服务功能。

该中心占地289.32平方米，总投资近100万元，是宁波市区范围内继宁波市旅游咨询服务中心之后的第2家大型公益性旅游咨询服务机构，集旅游咨询、电子查询、影视介绍、老外滩虚拟景区展示、旅游商品销售、医疗投诉办公等多功能于一体，也是江北区首家区级综合性的旅游咨询服务中心。为提升旅游咨询服务水平，中心还开通了旅游咨询网站和24小时区旅游咨询服务热线，设置了旅游服务咨询台、旅游信息触摸屏、旅游资料架等。

图 3-3　“中华慈孝行”特别报道报纸版面 3

二、第三届“中华慈孝节”活动策划方案

慈孝是中华民族的传统美德，也是构筑和谐家庭、建设新时期和谐社会精神理念的基础。为进一步办好第三届“中华慈孝节”，强化媒体合作，丰富慈孝活动载体，扩大慈孝文化影响力，加快推进慈城新城建设，促进区域发展营造良好氛围，江北区计划与东南商报社进行合作，具体如下：

（一）在《东南商报》开辟栏目和专版，推出“中华慈孝节”系列活动新闻报道

在《东南商报》开辟栏目及专版，全程报道第三届“中华慈孝节”系列活动有关新闻，对“普天寻慈孝”——回访“当代中华最感人的十大慈孝故事主人公”、“常回家看看”——在甬外来务工者中秋集体返乡探亲、“背着父母看风景”——重阳节慈孝爱心之旅、寻找“当代宁波最感人的慈孝故事（人物）”、“人人行动 争当慈孝倡导员”等活动展开连续三个月的持续宣传报道，规模总量达20个版面以上，从不同角度、不同侧面反映慈孝文化在江北区乃至全国的深远影响，使第三届“中华慈孝节”系列活动深入人心，奠定慈孝文化的坚实群众基础，进一步扩大江北区的影响力和知名度。

（二）组织第三届“中华慈孝节”大型社会活动

1. “普天寻慈孝”——回访“当代中华最感人的十大慈孝故事主人公”

“普天寻慈孝”——回访“当代中华最感人的十大慈孝故事主人公”活动，拟分派记者从全国首个“中国慈孝文化之乡”江北区出发，先后前往北京、湖南、江苏等前两届“当代中华最感人的十大慈孝故事主人公”工作、生活所在地，回访全国孝老爱亲模范杨怀保、带着捡来的妹妹艰难求学12年的洪战辉、11年照顾中风父亲、多年主持《夕阳红》节目的黄薇、赡养4位烈士父母的李彬等前两届“当代中华最感人的十大慈孝故事主人公”，记录他们的慈孝心路，请他们畅谈慈孝文化在当代社会的传承，从不同侧面反映以他们为代表的慈孝事迹对当地慈孝文化建设产生的影响，与第三届“中华慈孝节”各类活动形成互动。

（1）“普天寻慈孝”——回访“当代中华最感人的十大慈孝故事主人公”活动预告宣传（6月19日）

6月19日，在《东南商报》头版发布“普天寻慈孝”——回访“当代中华最感人的十大慈孝故事主人公”活动预告消息；开辟专版全方位报道活动出发地、全国首个“中国慈孝文化之乡”江北慈孝遗迹、旅游景区以及慈城新城建设情况。

（2）“普天寻慈孝”——回访“当代中华最感人的十大慈孝故事主人公”活动系列报道（6月底—7月底）

在《东南商报》开辟“中华慈孝行”专版，从宁波江北区出发，深入北京、湖南、江苏等前两届“当代中华最感人的十大慈孝故事主人公”工作、生活所在地，从故事主人公讲述、当地群众感言、专家观点等多角度全方位报道前两届寻找“当代中华最感人的十大

慈孝故事”活动给各地带来的深远影响，与当地宣传部门合作，展示各地慈孝文化建设的成就。

6月26日，回访报道首届“当代中华最感人的十大慈孝故事主人公”之一——用母爱唤醒植物人女儿的中马街道浮石社区漂亮妈妈吴建平。

7月3日，回访报道第二届“当代中华最感人的十大慈孝故事主人公”之一——八年辛劳守护八旬公公的慈城镇解放路好媳妇徐爱芬。

7月9—10日，赴北京回访报道第二届“当代中华最感人的十大慈孝故事主人公”之一——11年照顾中风父亲、多年主持《夕阳红》节目的黄薇。

7月15—17日，赴湖南湘潭、宁乡回访报道首届“当代中华最感人的十大慈孝故事主人公”之一——带着捡来的妹妹艰难求学12年的洪战辉以及第二届“当代中华最感人的十大慈孝故事主人公”之一——全国孝老爱亲模范杨怀保。

7月23—24日，赴江苏扬州回访报道第二届“当代中华最感人的十大慈孝故事主人公”之一——赡养4位烈士父母的李彬。

（3）“普天寻慈孝”——回访“当代中华最感人的十大慈孝故事主人公”活动后续报道（7月底—8月初）

在《东南商报》头版发布“普天寻慈孝”——回访“当代中华最感人的十大慈孝故事主人公”活动圆满结束、引起市民强烈反响的相关消息。在《东南商报》专题“普天寻慈孝”——回访“当代中华最感人的十大慈孝故事主人公”中进行活动成果展示，总结归纳前两届寻找“当代中华最感人的十大慈孝故事活动”对各地的影响，展示市民参与慈孝、践行慈孝的热情，深度报道、揭示江北区在慈孝文化建设方面引领风气之先的原因、举措和成就。

2. 寻找“当代宁波最感人的慈孝故事（人物）”活动

寻找“当代宁波最感人的慈孝故事（人物）”活动拟由《东南商报》根据记者分线情况，每周安排记者深入全市各地开展寻找慈孝故事（人物），通过征集故事、寻找故事与刊登故事，发动全社会共同参与慈孝文化建设，形成第三届“中华慈孝节”活动宣传的持续影响力，打造深厚的慈孝文化群众基础。该活动由《东南商报》予以全程组织与跟踪报道。

（1）寻找“当代宁波最感人的慈孝故事（人物）”活动预告（6月20日左右）的

在《东南商报》头版发布寻找“当代宁波最感人的慈孝故事（人物）”活动的预告消息，公布故事征集热线、联系邮箱以及对优秀新闻线索的奖励，面向全市各社区征集“当代宁波最感人的慈孝故事（人物）”。

（2）寻找“当代宁波最感人的慈孝故事（人物）”活动专栏系列报道（6月下旬—8月中旬）

在《东南商报》开辟“寻找慈孝故事·商报记者在行动”专栏，从6月下旬—8月中旬，由商报记者负责，每周选择一个典型慈孝故事（人物），与当地文明办联系，走进慈孝故事所在社区，通过寻访慈孝故事主人公，实地感受慈孝故事场景，听取社区居民讲述，汇集慈孝感言，在“寻找慈孝故事·商报记者在行动”专栏刊发一个寻找到的典型慈孝故事，以孝老爱亲、扶贫济困、服务社会等不同主题刊出，全方位反映慈孝文化建设在全市各地结出的累累硕果。

（3）寻找“当代宁波最感人的慈孝故事（人物）”活动后续报道（8月下旬）

在《东南商报》“寻找慈孝故事·商报记者在行动”专栏总结寻找“当代宁波最感人的慈孝故事（人物）”活动开展情况，发布寻找花絮，记录市民参与热情，宣传慈孝文化在社区的传承和发展。

3.“人人行动 争当慈孝倡导员”活动

“人人行动 争当慈孝倡导员”活动拟邀请严意娜、曹宇斐等本市公益名人以及全市各行各业代表与知名人物，共同担任慈孝宁波倡导员，从倡导文明新风、树立孝老爱亲观念、营造和谐邻里环境、塑造互帮互助新型人际关系等不同角度，倡导市民“说慈孝话 行慈孝事 做慈孝人”，在全市范围内掀起“人人行动 争当慈孝倡导员”的高潮。《东南商报》负责推荐、确定慈孝倡导员，并对该活动予以跟踪报道，江北区委宣传部负责给慈孝倡导员颁发聘书。

在《东南商报》有关版面设置小专栏，每周刊发一位慈孝宁波倡导员的倡导发言，围绕传承慈孝文化、建设慈孝文化、弘扬慈孝文化等主题建言献策，号召全社会共同行动践行慈孝，介绍慈孝倡导员有关情况，记录其慈孝感悟。

4.“常回家看看”——在甬外来务工者中秋集体返乡探亲活动

“常回家看看”——在甬外来务工者中秋集体返乡探亲活动拟联系外来务工者较为集中的全市各大企业，在中秋节前夕，为外来务工者提供探亲往返车票，组织外来务工者集体返乡探亲，看望多年未见的老父老母，照顾平时由于工作无暇顾及的年幼孩童。通过“为父母亲洗一次脚”“帮父母亲干农活”“给留守儿童做一顿饭”等形式多样的孝老爱亲活动，发动全体在宁波的外来务工者共同参与慈孝文化建设，号召外来务工者集中的甬企为外来职工践行慈孝、弘扬慈孝创造良好环境，形成第三届“中华慈孝节”活动宣传的持续影响力，打造深厚的慈孝文化群众基础。《东南商报》对该主题活动予以全程跟踪报道。

（1）“常回家看看”——在甬外来务工者中秋集体返乡探亲活动前期报道（9月4日左右完成）

在《东南商报》头版发布“常回家看看”——在甬外来务工者中秋集体返乡探亲活动预告消息，公布“常回家看看”——在甬外来务工者中秋集体返乡探亲活动参与条件以及将开展的系列活动，号召广大外来务工者及其所在企业积极参与活动。

（2）“常回家看看”——在甬外来务工者中秋集体返乡探亲活动系列报道（9月10—12日）

在《东南商报》开辟专题，分派记者随同在甬外来务工者中秋集体返乡探亲，对在甬外来务工者中秋集体返乡探亲活动及返乡后“为父母亲洗一次脚”“帮父母亲干农活”“给留守儿童做一顿饭”等形式多样的孝老爱亲活动进行全面报道，及时展示活动动态、反映新市民及其所在企业踊跃参与慈孝活动、共同建设慈孝文化的良好氛围。

（3）“常回家看看”——在甬外来务工者中秋集体返乡探亲活动后续报道（9月18—20日）

在《东南商报》相关版面，总结“常回家看看”——在甬外来务工者中秋集体返乡探亲活动开展情况，评点各类返乡孝老爱亲活动花絮，记录外来务工者及其家属感悟，追求慈孝文化的感人细节，宣传慈孝文化走出江北、遍及宁波，让慈孝爱心联系五湖四海，成为中华儿女共同的信仰和难忘的情怀。

5. “背着父母看风景”——重阳节慈孝爱心之旅活动（待定）

面向社会征集慈孝爱心家庭，在2010年9月30日开展“背着父母看风景”——重阳节慈孝爱心之旅活动，邀请市区领导参加启程仪式，与慈孝爱心家庭一同扶老携幼参加爱心之旅，结合开展弘扬江北民俗文化的活动并进行非物质文化遗产表演。《东南商报》全程参与活动宣传报道。

（1）在《东南商报》头版刊登“背着父母看风景”——重阳节慈孝爱心之旅活动预告消息以及报名参与方法，面向社会征集慈孝爱心家庭参与活动（9月20日左右）。

（2）9月30日，在《东南商报》推出“背着父母看风景”——重阳节慈孝爱心之旅活动专题报道，报道“背着父母看风景”——重阳节慈孝爱心之旅活动现场动态消息以及花絮。

中共江北区委宣传部

2011年6月9日

三、第三届“中华慈孝节”案例分析与小结

中共十七届六中全会强调，要以社会主义核心价值体系引领社会思潮。在中华优秀民族文化中，慈孝文化堪称中国伦理价值体系中的核心，百善孝为先，所以弘扬慈孝文化，倡导慈孝品德，也可以说是传承和宣传社会主义核心价值体系的重要内容。作为新闻媒体，自觉地配合与担当是媒体人的内在素质要求，但如何有效地参与和介入到社会主义核心价值体系的建设中，也是需要选择方法和路径的。媒体不同于党委宣传部，党委宣传部可以直接发号召，下指标，要求市民完成宣传性任务，而媒体可利用其媒介传播的功能，传播正面的、优秀的思想文化。政府机构也正是看中这点，所以在组织策划“中华慈孝行”系列活动中，正是基于政府机构与媒体的优势互补使“中华慈孝行”变得生动活泼起来。在组织重大活动时，特别关键的一点是要找到一个可行的、能够有互动效果的切入点。

2009年江北区在举办了首届“中华慈孝节”后，如何继续办好第二届“中华慈孝节”令人颇为头疼，直接负责活动宣传的江北区委宣传部为此召开“诸葛亮会”，请来全市多家媒体的领导和资深记者出谋献策。我被邀请参加了座谈会，开头也就是大家随意地谈了对“中华慈孝节”的想法和看法。当时我谈了两点：一是认为第一届投入大（据说是投入近千万元办了首届“中华慈孝节”），而产出的性价比不高；二是虽然上了天，上至中国社

会科学院及中国民间文艺家协会等主办，在上层产生了一定的影响，但是没落地，因为普通老百姓对“中华慈孝节”并不太了解或没有参与进去。我建议要落地，生根开花。结果区委宣传部领导听进去了，于是全权委托我策划活动方案。我写了一个提纲，即开展“中华慈孝行”三个活动：一是寻访慈孝故事发源地；二是慈孝春风进社区，评选慈孝之家；三是组织敬老爱老重阳登山活动。江北区很快采纳了这些建议，并与东南商报社进行了战略性合作，评选出 400 户慈孝之家，走遍大江南北寻访慈孝故事发源地，在“中华慈孝节”当天举行百户家庭敬老爱老登报国寺赏桂等活动。一时间慈孝之风劲刮甬地，慈孝之举深入人心，策划效应顿显，收到了非常好的效果。当然，策划方案中有的建议和活动也吸收了其他媒体人的意见。

2011 年，双方合作又办了第三届慈孝系列活动，效果是既上了天，又落了地，还开了花。江北区委书记俞雷多次在会上说：“与《东南商报》合作办慈孝节非常成功，投入不多，产出（社会效果）巨大。”

第四章　创新优秀民俗的实践样本——中秋文化系列活动，包机赏月

第一节　中秋文化系列活动——包机赏月活动简介

《东南商报》中秋文化系列活动深受读者喜爱。2008 年 9 月 20 日晚，东海之滨的象山皇城沙滩上一片欢腾，《东南商报》的 160 余名读者在此举行联欢，共赏“海上生明月”的壮美景观，而这只是东南商报社连续三年举办的中秋文化系列活动的一个精彩瞬间。

自 2006 年以来，《东南商报》已经连续三年举办了以弘扬优秀传统文化、服务广大读者为主旨的中秋文化系列活动。

2006 年中秋节，东南商报社首次包了一架空客 A320 专机举办空中赏月活动，同时举办了游船水上赏月活动，这种创新的活动载体和独特的形式，受到了读者的极大欢迎，成为 2006 年宁波市中秋节最具创意的新闻文化活动样本之一。

2007 年中秋节，东南商报社在举行包机赏月和游船水上赏月活动的同时，更是将包机与空中婚礼结合起来，给了读者一个惊喜。

2008 年中秋节，东南商报社策划了“浪漫金秋海上赏月”活动，以其别样的海派特色再次吸引了大批读者的眼球。

新颖独特的活动形式，使东南商报社的中秋节庆新闻文化活动成为媒体创新的一张名片，一系列中秋节庆活动无意中也影响了市民的中秋赏月习惯。东南商报社的记者曾采访过不少《东南商报》的读者，他们都对这些活动赞不绝口，有些读者甚至以此为蓝本，与家人欢度中秋。

“中秋节是中华民族最具代表性的传统佳节之一，中秋节的众多习俗已成为中华民族文化的象征。中秋节经历了从拜月祟月的祭祀到赏月观月的雅趣，再到如今赋予团圆和美的象征涵义，中秋节的演变史更是传统文化的传承史。”“但是，现在的年轻人已经不太时兴过中秋节了。如何真正地做到传承与发扬这个传统节日以及如何传播其中的文化内涵，一直是大家在思考的问题。”

宁波市的民俗专家对于东南商报社的相关活动也给予了高度关注，认为东南商报社的中秋文化系列活动做得很有特色，不仅有传承更有创新。

第二节　中秋文化系列活动——包机赏月新闻话语

一、新闻报道节选之一

（一）消息：十五的月亮十六圆　东南商报社包机空中赏月

154 位幸运乘客昨与嫦娥共舞

十五的月亮十六圆。2007 年 10 月 7 日晚，宁波的夜空显得格外妩媚动人，皎洁的月亮像刚出浴的新娘从远方深情走来，迎接一批特殊客人的造访。参加东南商报社空中赏月的 154 位幸运使者乘坐客机，在欢庆祥和的气氛中完成了一次浪漫之旅。

海上生明月，天涯共此时。在这万家团圆的美好时刻，东南商报社将传统文化与现代文明巧妙结合，精心策划了包机空中赏月活动。活动创意一出便一石击起千层浪，受到社会各界的广泛关注和好评。在短短两个月的时间里，就有 1 000 多名读者踊跃报名。与此同时，还有不少海外侨胞、港澳台胞，甚至在甬工作的外国友人也纷纷托朋友来报名。由于客机座位有限，组委会不得不忍痛割爱，从中抽选了 154 名长期关心和支持《东南商报》发展的幸运读者。他们中间，有数对新婚燕尔的新人，也有携手金婚的老人；有土生土长的老宁波人，也有在甬务工的新宁波人；有中小学生，也有大学教授；有港澳台同胞，也有海外侨胞。此外，组委会还特别邀请了宁波市“十大外来务工明星”和宁波市“十大绿色环保人物”代表杨素英、陈定怀，并盛情邀请了海军舟山基地政治部主任马建平，在甬创业的土耳其籍公司总经理 Emrah Ercen 和副总经理 Gursel Goren 等海内外友好人士以及人民网、中新社等媒体同仁。

晚上 6 时，154 名幸运使者在太和茶馆鼓楼店共进晚餐。他们于晚上 8 时 20 分在宁波栎社国际机场登机飞往上海浦东机场，晚上 11 时 10 分从上海返航，11 时 40 分抵达宁波。短短三个多小时，他们信步天庭、畅游太空、流连忘返。在这一特殊的历史时刻，组委会精心设计了一系列活动，带给他们“吴刚捧出桂花酒，美丽嫦娥舒广袖”的浪漫遐想，让他们亲眼目睹了宁波、上海灯火璀璨的迷人夜景，同时还参观了上海浦东国际机场，共同见证了宁波、上海日新月异的发展变化。

露从今夜白，月是故乡明。晚上从空中归来，154 名幸运使者百感交集。他们纷纷捧着相机仔细端详着一路拍摄的图片，回想起旅途中一个个动人的情景，或欢呼、或赞叹，激动的心情久久不能平静。“宁波太美了！家乡太美了！我们的祖国真是太美了！”这是他们发自肺腑的共同感慨。“让我们齐心协力，把家乡建设得更加繁荣富强，把这份美好留给明天，直到永远！”

（二）新闻特写：欢乐中秋夜 笑在蓝天上

10月7日晚，我们腾空而起，大地之上，俯视城市，流光溢彩，而我们的梦想就是飞翔在天地之间，与月中仙子来个美丽约会。

10余分钟后，飞机直上高空九千尺，冲破云层。窗外月辉如泻，有嘉宾惊喜地喊出：“看到了，看到了，月亮啊！”大家倚窗眺望：窗外，整个天空是蔚蓝色的，一片寂静，远处一轮满月悬挂半空，圆如盘，亮如镜，周围有淡淡的云彩围绕，典雅而圣洁。

月光弥漫在苍穹中，照亮了机翼，照亮了我们渴望的双眼。飞机继续升高，眼前的月亮越来越大，我们分明是“举杯邀明月”，在赶赴一个与月亮零距离接触的中秋约会。

1. 心如皓月情如海 飞天赏月诉衷肠

飞机越飞越高，远处的月亮如大大的银盘，皎洁而神圣。机舱内，同排的嘉宾都头挤头地靠在窄窄的舷窗旁，轮流一睹月亮的“芳容”。“让我们以月亮为证，我们是一个和睦的大家庭，团团圆圆品茶听歌、空中赏月，如梦如幻其乐融融。”在主持人的鼓动下，大家再也抑制不住内心的激动，一对夫妻紧紧搂着孩子亲了又亲；一位中年嘉宾侧过身子，伸出手紧紧地和父亲的双手握在了一起；美丽的姑娘温柔地投入男友的怀中，透过舷窗，凝视不远处的皓月，两人仿佛在对着月亮默默许下爱的誓言；还有刚刚结识的朋友，紧紧地握手，互道一声节日好……真情在这一刻涌动，真情在月亮的见证下将化为永恒。“记不清有多少年没有和他拥抱过了，”年近七旬的老太太忍泪哽咽，她告诉记者，儿子是孝顺儿子，只是这些年忙着创业，没有太多时间和她在一起，今天儿子专门放下手头的工作，陪她来看月亮，“儿子的心意太珍贵了”。

2. 吴刚捧出桂花酒 美丽嫦娥舒广袖

“在我们窗外的月宫中，相传有一棵桂花树，高500丈，汉朝河西人吴刚，因学仙不遵循道规，被罚月中伐桂，此树随砍随合，总不能倒，始终生机勃勃，每临中秋，馨香四溢。”聆听着主持人具有诗意的解说，我们仿佛闻到了桂花的芳香，而这香味越来越近。嗨！吴刚从月宫里跑出来了，提着一坛桂花酒正站在我们身边呢。吴刚看到大家，还有点不好意思呢：“我是吴刚，在月宫恭候诸位多时了，欢迎大家到天上来做客，请大家品尝我酿制的桂花酒。”说完，就为我们斟起酒，一时间，机舱里芳香四溢，笑声连连。

吴刚来了，那嫦娥呢？在满天的花雨中，一位衣裙飘飘的仙女翩然而至，这不是美丽的嫦娥吗？据说，嫦娥是射落九个太阳的英雄后羿之妻，五千年前，因吃下王母娘娘的长生不老药而升天成仙。然而，她却后悔来到月宫后难与夫君后羿团聚相守。主持人说明了嫦娥的来意：“今晚听说我们乘飞机来月宫看望她，她非常高兴，奔出月宫，迎接我们来了。酒当歌，花为媒，这里谁是夫君后羿，快快来合影一张，把嫦娥带回人间。”

这时，嘉宾里有一位很帅气的小伙子应声而起，与嫦娥一起翩翩起舞，兴致所至，唱起了“夫妻双双把家还”。在大家的欢声笑语中，小伙子带着嫦娥“回家”，终于圆了寂寞嫦娥的千年心愿。

3. 四海同胞亲 和谐大家庭 空中婚礼见证浪漫

“夫妻对拜！”10月7日晚，高空之上的飞机机舱内掌声雷动，被幸福包围的方宜和李国瑞深情相望。此时，窗外皎洁的月光，见证了这对新人爱情旅程中最幸福、最美妙的一刻。

五年前，河南籍小伙子李国瑞大学毕业后到宁波一家卷烟厂工作。在单位里，李国瑞被一位年轻貌美的姑娘深深吸引了，她就是方宜。经过四年的追求，昨晚，李国瑞和方宜终于走上了红地毯。谈起这次参加东南商报社的飞天赏月活动，新郎把所有的功劳都归到了岳母身上：“多亏了我这个浪漫的岳母，她偷偷替我们报了名，给了我们一个惊喜。”

昨晚10时，这场空中婚礼拉开了序幕。记者客串起了婚礼的摄影师，随着“咔嚓”“咔嚓”的快门声，一个个美好的时刻定格了。洁白的婚纱，悠扬的乐曲，两位新人手牵着手，深情对视，喜悦的笑容感染了周围的人们。

证婚人宣读结婚证书、“拜天地”、向来宾鞠躬、夫妻对拜……旅客们则纷纷拿起相机，记录下这一美妙的时刻。他们中的绝大部分人是上机之后才惊喜地得知自己将有幸成为这场美妙的空中婚礼的见证者的。在悠扬的音乐中，在如盘的月亮旁，李国瑞和方宜这对新人翻开了生活崭新而浪漫的一页。

（记者卢科霞）

（三）华侨同胞同机赏明月

1. “没想到能在天上看月亮”

在昨晚的专机上，还有几位归国华侨和台湾同胞参加了空中赏月活动。

宁波市江东区人民法院立案庭庭长黎慧敏1966年从越南回国，那时候她还是个10岁的小女孩。她说：“父母现定居英国，前天晚上我给他们打了电话，英国正是下午，我母亲正在准备中秋节的晚餐。我把今天的活动告诉了她，她听说我要到天上去看月亮很羡慕。”归国华侨、江东侨联主席钱振华也在一旁说：“没想到能在天上看月亮，机会难得，夫人也很羡慕呢。”

宁波升鸿机械工具有限公司董事长陈黛英和宁波华泰工具照明设备有限公司经理白素慈从台北来宁波已经分别有七年和两年时间了。她们告诉记者，台北过中秋节的方式与宁波有些不同，台北是一家人在公园或者在家里的屋顶上烧烤。来宁波后她们也保留了这一方式，前晚，她们就与员工一起烧烤欢度佳节。陈黛英说，台资企业往往很重视传统佳节，借着这些节日与员工联络感情。

在采访中，记者了解到陈黛英的父母都是宁波人，1946年去台湾经商。陈黛英表示，就是因为这个关系她才到宁波来投资，现在在宁波买了房子，准备定居。白素慈来宁波才两年也喜欢上了这座城市，现在她将女儿、儿子都接来宁波读书了。对于此次参加飞天赏月活动，陈黛英和白素慈表示很新鲜，从来没有听说过。

（记者许光亚）

2. 外国乘客学吟《静夜思》

“举头望明月，低头思故乡”，昨晚，两位来自土耳其的外国友人艾默尔和王大伟在飞机上一边欣赏着窗外的明月，一边现学现卖，情不自禁地朗诵起在一个多小时前才学会的《静夜思》。

艾默尔和王大伟分别是北仑一家土耳其外资企业——宁波庆达西钢构制造有限公司的总经理和副总经理。四年前公司成立之初他们从土耳其来宁波工作，很快就喜欢上了这座城市。王大伟用一些中文词语断断续续地形容着宁波这座城市：“不太大不太小，比其他城市干净，天一广场很现代，有很多江、河，环境优美，人们很友好。”

对于中秋这一中国传统佳节，王大伟还是第一次过，他兴奋地说没想到第一次过中秋节竟然是以这样一种独特的方式，而艾默尔则已是第四年在中国过中秋节了。他告诉记者：“昨天晚上是在北仑一位中国朋友家过的节日。”他说，土耳其没有中秋节，但有类似的节日，也是一家人或者与亲戚朋友一起吃饭，拜见长辈。到中国以后，艾默尔就入乡随俗过起中国的传统节日了。

在宁波待久了，两位“老外”也学会了一些简单的汉语对话。在去往栎社国际机场的路上，记者教了他们一首唐诗《静夜思》，他们很快就能读得朗朗上口了。听着记者对这首唐诗的诠释，他们不住地点头，也不知道他们究竟能体会到多少。

（记者许光亚）

（四）新闻综述：众人评价包机赏月有新意

众人评价包机赏月有新意，给中秋文化带来创新和突破

有什么创举能比这次东南商报社包机奔月更大气？有什么举动能比坐着飞机赏月更浪漫？有什么方式能比上天过中秋节更热闹……昨日，本报隆重推出的大型中秋节活动“东南商报社包机中秋奔月”，引来了众多市民的关注。

本报中秋系列活动“水陆空”全面出击，百盏灯辉映月湖、千人投票选灯王，包船夜游三江、包机上天赏月。这些活动自 9 月启动以来就备受读者关注，其中“中秋灯会”共征集近百盏宫灯悬挂月湖边，吸引了 3 000 位市民参观，其中有 2 000 余位市民参与投票评选出灯王。前天的包船夜游三江活动也在众多市民的关注下圆满成功，而昨天的包机赏月活动更是引发了关注热潮。人民网、中国新闻社、宁波日报社、钱江晚报社、宁波电视台、宁波电台、宁波网和上海的有关新闻媒体都给予了热切关注，他们盛赞本报的中秋系列活动是对传统节日的推陈出新。

10 月 7 日，在栎社国际机场的候机大厅内，不少旅客在等待登机的空当讨论起这次“上天赏月”活动，他们不约而同地用“新意”“别致”“创新”“突破”等词语评价此次活

动，有些旅客还问活动明年举办的时间，想提前预约呢。

“最近几年，大家一直都在呼唤更新鲜的传统节日的过法，你们的‘奔月’活动很新鲜。”在上海浦东国际机场，记者遇到一位名叫李钢的上海旅客，他说，如果传统节日都能有这么一番创新，还会活跃不起来吗？

我市著名作家李建树这样评价本报的中秋活动：“中国传统的中秋文化正在遭遇外来文化的冲击，如果不加入新的元素，中秋节这一传统节日将在现代的年轻人心中越来越淡薄，这次《东南商报》的中秋赏月活动给传统的中秋赏月以新的载体，颇具新意。”

（五）新闻背后的故事

1. 东航细致服务确保包机成行

经过近一个月时间的精心筹备，《东南商报》包机赏月活动昨天顺利完成了浪漫行程，154 名乘客开创甬城先河，上天翱翔欣赏到了“最圆的月亮”。

为了这一刻的浪漫，许多人进行了细致的准备。在这里不得不提的是中国东方航空（下简称“东航”）宁波分公司，作为本次赏月行动的合作方，他们对这次活动是前所未有地重视，前后召开了四次专门会议，详细优化承运方案。“这个活动确实有新意，《东南商报》以此回馈读者，我们也可以借助这个平台展示自己的形象。我们一定要尽最大的努力协助搞好这次‘空中聚会’。”

“怎么才能让包机赏月成为幸运读者的难忘之旅？”东航宁波分公司为此动足了脑筋，他们打破了一般航班的机组人员配备规律，给包机提供了最优秀的机组和乘务组，从机长到乘务员个个都是业内的佼佼者。两名驾驶员中一位是资深功勋飞行员，一位曾获得民航总局授予的安全飞行金质奖章。客舱服务部把曾获得“全国青年文明号”的公司服务王牌——“宁燕”乘务组派到了包机上。一般航班只配备四名乘务员，而这次包机乘务组却配备了五名乘务员。

宁波到上海的航程较短，连起降在内只有半小时左右，按业界的规律，这样短的航程，机上都没有点心等配餐。“包机在宁波人的中秋节执飞，一定要给乘客特别的礼遇。”该公司企管部定做了专门的“包机赏月”月饼，企管部负责人多次亲自下车间修改月饼式样。

航程虽短，但机上节目丰富多彩，怎样既保证飞行的安全，又保证节目的顺利进行？这又给乘务组出了难题。在拿到节目单后，东航宁波分公司客服部利用飞机停场的机会，专门召集“宁燕”乘务组的工作人员进行了一次模拟演练。在机上的节目中，压轴大戏是“吴刚”“嫦娥”的即兴表演，东航宁波分公司特地买来陶罐并饰以红绸带，还借来了戏服进行多次彩排，直到走惯了“猫步”的空姐扭会了“小碎步”才满意。

2. 公交四辆豪华大巴接送嘉宾

为了保障嘉宾包机赏月出行方便，市公交总公司特意提供了四辆豪华大巴，并挑选了四名优秀的驾驶员，全程负责接送。

10 月 7 日不到下午 4 时，四名公交司机就早早地将公交车开到宁波日报报业大楼楼前。司机蔡国华说，他们前天刚从外地回来，为了确保行程万无一失，他们放弃休息，一早就把四辆公交车仔仔细细地检查了好几遍。

宁波市公交总公司有关负责人表示："飞天奔月"是华夏儿女千百年来的梦想，而中秋又是我们民族的传统佳节，这次东南商报社与东航宁波分公司携手发起"包机赏月"活动，将传统文化与现代文明成功对接，这既是对传统文化的一次有益探寻，也是城市文明的生动体现，意义非凡。作为"城市文明"的践行者，7 000 多名公交人将一以贯之地大力支持此类公益性社会活动，为城市文明建设增光添彩。

（六）社会关注

1. 飞天赏月引起众多媒体关注

东南商报社组织的飞天赏月活动，得到宁波本地以及外地媒体的关注。10 月 7 日，多家报社、电视台、电台、网站对本次活动进行了报道或转载。

《宁波日报》、《宁波晚报》、中国宁波网、宁波电视台、宁波电台均在显著的版面或时段对宁波人飞天赏月活动进行了报道。《钱江晚报》也以《八月十六飞天赏月，154 位宁波人万米高空演绎人间真情》为题，对本次活动进行了专题报道，并在头版进行了导读。

参加此次活动的记者朋友对东南商报社组织的活动也是赞赏有加。中新社记者徐小勇表示，苏东坡的《水调歌头》有这样一句："我欲乘风归去，又恐琼楼玉宇，高处不胜寒。起舞弄清影，何似在人间。"可以看出，中秋节飞天赏月在古代就是人类的梦想。《东南商报》将中国传统文化与现代科技有机结合，把几千年前奢侈的梦想变成了现实。

《钱江晚报》记者陈进红认为，在空中看月亮过中秋，在全省还是首创，这个点子太妙了。通过活动也搭建起了媒体与读者之间交流互动的良好平台。

宁波电视台记者屠彪比较关注此次活动的社会价值，他说，这是一种打破常规的过节方式，在一定程度上增加了人们对传统节日的关注度，并提升了市民对传统节日的兴趣与热情。在人们崇尚过洋节的环境下，《东南商报》以创新的手法发挥了良好的舆论导向作用。

宁波电台记者吴福明表示，明月与中秋自古以来就为世人所咏叹，有的借以表达情思，有的借以寄托乡愁。东南商报社组织的活动用一种特殊的方式让市民表达了这些亘古不变的情和谊。

2. 中秋夜，我在空中看月亮

10 月 7 日，皓月当空，偶尔有几片云飘过，衬得月朦胧。154 位《东南商报》的读者与明月在高空中亲密接触，"在飞机上赏月，当空揽月的感觉真是好。"一位读者兴奋地说，如此与众不同的中秋节在大家的心里被定格为永恒的回忆。

钟女士算是读者里最幸运的一位了，因为当天正好是她 51 岁的生日。她告诉记者，年年都过生日，可这次却很有意义。女儿兴高采烈地把她送上了飞机，虽然没法陪妈妈一起过生日，但能在空中踩着云彩上九天"揽月"，也算是人生中最美的纪念之一。所以，看着皓月，钟女士就权当把它当作蛋糕来分享了。

《东南商报》给我带好运，乘客中很显眼的一位是曾经获得《东南商报》“形象大使最具活力奖”的任萍。她从嘴边到眉梢都是笑意，一直对记者说：“《东南商报》给我带来太多的好运了！”她是上海戏剧学院的一名学生，《东南商报》给了她展示风采的舞台，形象大使比赛获奖让她更加充满信心。而前天，她又抽中了大奖，获得了飞天赏月的机会。她真的很感谢《东南商报》，表示一定会成为《东南商报》最忠实的读者，她也希望所有人团团圆圆、平平安安。

3. 读者、参与者感言

马建平（男，海军某部政治部副主任，籍贯河南）：“这次飞天赏月活动很有创意、新意和意义，应该说标志着宁波这个城市社会稳定、政通人和、国泰民安、经济发达。作为海军军官，我们一定会扎实工作，为国家和人民站好岗，用实际行动来回报市民。”

陆倩雯（女，19 岁，宁波四明中学学生，籍贯浙江宁波）：“以不同方式看月亮，就有特殊方式接近嫦娥，终于让我与月亮近距离接触。”

赵小玲（女，23 岁，翻译，籍贯浙江）：“举头望明月，低头思故乡。”

陈月英（女，63 岁，联丰新村退休人员）：“谢谢东南商报社的全体同志，非常高兴参加这次活动。”

汤国平（女，59 岁，退休人员）：“月圆，人团圆，这是一个令人难忘的中秋节。”

任萍（女，22 岁，上海戏剧学院学生）：“《东南商报》总能给我带来幸运，我曾在 2005 年《东南商报》形象大使比赛中获得‘最具活力奖’。”

王超燕（女，24 岁，职员，籍贯浙江宁波）：“这次活动太有意义了！”

第三节　中秋文化系列活动——包机赏月新闻活动策划幕后解读

一、版面图构

以下为“包机赏月”活动版面截图，“空中看月亮，读者乐陶陶；空中结连理，嫦娥来祝福”，美好寓意一图胜千言。

图 4-1　中秋文化系列活动——包机赏月特别报道图片 1

图 4-2　中秋文化系列活动——包机赏月特别报道图片 2

图 4-3　中秋文化系列活动——包机赏月特别报道图片 3

二、案例分析与小结

我将新闻活动策划要领概括为：主题为魂，创意为先，策划为要，细节为重。而对活动策划时机的把控也正是细节考量的因素之一。什么时候启动什么样式的活动，什么环境背景下开展什么活动，对时机的把握和节奏的掌控都十分重要，也非常有讲究。中秋文化系列活动之包机赏月，正是在时机、节奏上把握准确，加之有内部背景动力的推动，使它适时而生，水到渠成。

这个活动有一定的媒体经营策划背景，它确实又是一次将传统文化与现代时尚元素完美结合的新闻社会活动。

包机赏月的想法在我心里酝酿了很久。在开展“山江海”活动时，我们借助车、船，甚至在海军的支持下开军舰对宁波的山、江、海进行了探访，极大地满足了读者追求新奇、喜爱户外活动的参与心理，此外还别开生面地开展了环保公益活动。但我一直想策划一次更有新意的空中活动，让市民读者领略《东南商报》海陆空全方位活动策划的魅力，提高读者参与《东南商报》活动的积极性，但没有很好的契机，像飞天赏月这样的活动是不好轻易启动的，因为它牵涉到经费、安全等方方面面的问题，如果冒昧提出，在报社内部都很难通过，风险很大，难度也很大，所以我一直在等待时机。

2006 年，东南商报社的发行部与宁波老字号升阳泰商场签了一份互助协议，升阳泰商场协助东南商报社发行报纸，东南商报社协助商场推销中秋月饼，双方代表签字盖章，协议生效。开始实施协议时，东南商报社遇到了很大的问题，发行部门把推销月饼的任务派给了记者，直接遭到记者的抵制，因为记者确实不能去推销月饼，这是违规；而这时升阳泰商场的月饼料也下了，包装盒都定制好了，已投入了十多万元。东南商报社肯定不能去推销月饼，面临必须赔偿商场损失的窘境。商场经理直接找到我，说单方面撕毁协议必须担责。我作为东南商报社分管发行工作的负责人，尽管协议不是我签下的，但我义不容辞地要负责解决善后问题。此时正逢升阳泰商场迎来 115 周年店庆之时，于是我跟升阳泰经理协商，我为你策划一个活动，以冲抵月饼成本。经理回答说，那要看效果值不值了。

于是我将思考已久的中秋佳节包机赏月的策划付诸了实施。至此，以“升阳泰号”冠名，推出了 2006 年飞天赏月等中秋文化系列活动，与之配套的还有月湖灯会、三江游船赏月等多项中秋活动。将传统节庆文化与现代时尚元素紧密结合，不但让商家感到颇具新意，一下子怨气全消，转而积极配合实施，广告效应大显，还吸引了大批年轻市民读者参与耳目一新的中秋活动。

包机赏月成为当年宁波商界最具震撼和轰动的策划活动，为升阳泰百年店庆送上了一份最好的礼物。同时，通过策划营销套餐的形式，报纸的发行和月饼的销售也顺利实现了。

第二年，又有商家找上门来，要和我们继续办一次中秋包机活动，他们承担费用并投放大额广告，我们又作了一次精心策划，第二年的中秋包机赏月活动以空中集体婚礼的形式进行，比第一年开展得还要丰富、精彩。

第三部分

新闻社会活动之文化活动篇

第五章　城市全民阅读创新载体——全城共读一本书

第一节　“阅读与写作之星”竞选活动

一、“读书挑战——阅读与写作之星”竞选活动蓬勃开展

自2007年以来,《东南商报》针对电视娱乐化快餐化，电子游戏机盛行，生活节奏加快，社会普遍不太重视阅读的现象，联合宁波市教育局，在全市学生中开展了一项以“多读书，读好书”为载体的大型公益活动：“读书挑战——阅读与写作之星”竞选活动。至2013年，该活动连续开展了七年，吸引了全市百余所学校（以中小学生为主）十万多名学生参与，评选出“阅读与写作之星”“阅读积极分子”2 000多名，优秀指导教师100多名，阅读明星学校80所，有力地推动了宁波“书香校园”和“书香宁波”的建设。

随着活动的深入开展,“读书挑战——阅读之星”竞选活动最终定名为“读书挑战——阅读与写作之星”竞选，并从2011年起被宁波市委宣传部纳入宁波市全民阅读月系列活动的重要内容予以推广。

这项活动的主要做法是以学生自愿参加的方式，发给学生每人一本阅读登记卡。每位学生在登记卡上写上自己读书的简要心得或读后感，由家长和老师签字认定，据此参评“阅读之星”。活动开展早期，每季度评选一次“阅读之星”，后来改为每半年一次。由于评选有量化标准，因此学生的阅读效果十分显著，竞选活动受到师生和家长的普遍欢迎。

为表彰在课外阅读与写作中取得优秀成绩的学生、教师和学校，宁波市教育局和《东南商报》每年（甚至一年多次）都会在评选结束后及时举行规模宏大的颁奖典礼暨经验交流会，邀请市委宣传部文明办、市委宣传部未成年处、共青团宁波市委、市关心下一代工作委员会、宁波市少年作家协会等各界的领导到会并为获奖者颁奖。

参加颁奖典礼的除了学生、教师、校长之外，还有获奖同学的家长，往往是一家三口像过节一样参加颁奖盛会。举办颁奖礼的目的是为了让家长们也能感受到荣誉和激励，引

导整个社会的阅读风气。

每次颁奖典礼同时也是阅读与写作的经验交流会，会上有学生代表发言，教师代表发言，校长们也互相交流经验。与会领导的讲话也成为介绍国内外阅读经验和方法的好机会，令与会者受益匪浅。

这一活动也有力地促进了“书香校园”建设。在举办多年的阅读竞选活动中，像宁波市海曙中心小学、高新区实验学校、鄞州区塘溪镇中心小学、江东区中心小学等一大批学校，都是校长、少先大队的负责人和班主任、语文教师一起抓，并建立了一整套的评选机制，逐步形成了浓郁的校园读书氛围。

“读书挑战——阅读与写作之星”竞选活动开展七年来，宁波市中小学生的阅读积极性不断提高。特别是 2009 年以后，“读书挑战——阅读与写作之星”竞选活动开始与宁波市的“全民阅读”活动紧密结合起来，进一步提高了学校教师和家长指导孩子参与活动的积极性。他们积极为孩子推荐优秀书目，创造条件方便孩子阅读，鼓励他们加入到全民阅读的行列中去。

如今，宁波市有越来越多的学校开始举办校内读书节或读书月，并开展校内“阅读之星”评选活动，建立了阅读推广机制。

七年来，该活动形式不断创新，阅读内容从最初限定的阅读名著拓展到时事政治、报纸、杂志等。其间，在宁波市相关专业学会和机构的指导下，活动的主办方还联合新江厦书城、海曙区图书馆等，开展读后感写作竞赛。

二、“全城共读一本书”活动深入推进

2014 年，《东南商报》在“读书挑战——阅读与写作之星”竞选活动的基础上又与宁波市阅读学会联合开展“全城共读一本书”活动，使阅读活动的深度和广度得到进一步拓展。“全城共读一本书”活动分两个阶段：

1. 由《东南商报》开辟“我爱阅读”专栏，介绍阅读活动的各种做法和先进典型。

2. 开展市民推荐好书活动。

自 2014 年 3 月起，通过《东南商报》开展“全城共读一本书”社会征集活动，刊发有奖征集启事。

在社会推荐的基础上，由《东南商报》和宁波市阅读学会邀请有关专家、学者根据市民推荐的各种书评选出好书，进行介绍并供全城市民阅读。2014 年 5 月，在上百位读者推荐的好书篇目中，评选出了以弘扬中华传统文化为主旨的供全城市民共读的一本书——《三字经》。

之后，这项阅读活动如火如荼地进行，并开展了读后感征集、评奖、专家讲座、典型推荐等系列后续活动。

三、《东南商报》官方微信推出“悦·读书”栏目备受网民关注

《东南商报》的阅读活动还形成了一个读者与网络互动的平台，充分发挥了网络媒介的作用。自 2013 年 11 月起，《东南商报》官方微信联合鄞州书城开设了“悦·读书”栏目，每周为广大网友推荐一本好书。每期推荐的好书都由鄞州书城根据书籍的畅销程度以及书友的评价择优选出。同时，为了提高栏目的互动性，《东南商报》官方微信还会根据每周的介绍内容设置几道问题，网友参与互动答题还有机会获得当期书籍一本。

此项活动吸引了网民和年轻读者的广泛关注，也逐步成为他们选书阅读的导航仪；也吸引了市民的广泛参与，推荐了一大批好书目。

第二节 “阅读与写作之星”竞选活动新闻话语

一、新闻报道节选之一

浓郁书香吸引 3 万多中小学生

2011 年度“新江厦杯·阅读与写作之星”颁奖典礼昨举行

昨日，室外寒风飕飕，宁波市高新区实验学校的报告厅内却是暖意融融。宁波市教育局和东南商报社联合开展的 2011 年度“新江厦杯·阅读与写作之星”颁奖典礼在这里隆重举行。来自全市各地中小学校近 400 名师生和家长出席了颁奖典礼，共有 300 多名中小学生当选“阅读与写作之星”“阅读与写作积极分子”，有 26 所学校、25 名教师分别当选“明星学校”“优秀指导教师”。

师生家长齐说好

昨日上午，离颁奖活动开始还有一刻钟，报告厅内已经座无虚席。

北仑区东海实验学校的唐欣同学是“阅读与写作之星”得主，她自豪地说：“我爱阅读，家里有满满几大柜的书呢！我还与爸爸妈妈开展过‘开卷有益’还是‘开卷未必有益’的辩论呢！”

宁波万里国际学校被评为“明星学校”，学校还有五个学生获得了“阅读与写作积极分子”或“阅读与写作之星”的奖项。该校叶老师激动地说：“对于孩子而言，一次参与或者获奖很有可能改变他们的一生，让他们从此喜欢上阅读与写作，因此，这个活动显得更有意义。”

海曙镇明中心分校陈蔚然同学的妈妈说：“我告诫女儿获奖后不要骄傲，今后只要看

有益的书，我都会支持。现在，影视作品和网络让越来越多的人远离了纸质阅读，因此，参加这样的活动很有好处。”

孩子享受阅读过程

昨日上午，一个小小的身影吸引了在场所有人的目光，他就是来自东钱湖中心小学四年级的董徐凯同学。董徐凯站在领奖台上向大家述说了他的阅读梦。

刚上一年级时，董徐凯无意中在《东南商报》上看到了大哥哥、大姐姐举着获奖证书幸福欢笑的照片，那时，他就下定决心，自己也要争取加入这个行列。在学校老师的鼓励下，在那份荣誉的激励下，董徐凯四年多来一直徜徉在书的海洋中，也从书中学习了许多新的知识。

昨日，董徐凯梦寐以求的心愿终于实现了，在梦想实现的同时，他还收获了比“阅读与写作之星”这一荣誉更为重要的东西：喜欢阅读、享受阅读。

花　　絮

孩子领奖真心急

昨日的颁奖分为两大板块进行，分别是“阅读与写作积极分子”的颁发和“阅读与写作之星”的颁发，在领取“阅读与写作积极分子”的时候，一位“不速之客”冒冒失失地上了主席台要奖状，底下的老师拼命向主席台喊：“别上去，你是‘阅读与写作之星’。”得知情况后，主办方只能将孩子抱下主席台，引得台下一片欢乐。细问才知道，孩子太开心，想立即拿奖了！

二、新闻报道节选之二

做学生课外阅读的“点灯人”

“阅读与写作之星”活动举行理论研讨会　专家学者奇思妙想助读书

记者：毛信意　实习生：陈燕

12月25日下午，在东南商报社会议室举行的“阅读与写作之星”活动理论研讨会上，本报副总编许雄辉介绍了“阅读与写作之星”竞选活动开展五年来的基本情况；来自宁波市委宣传部市文明办、市教育局、市作家协会、市图书出版发行部门和中小学、高校的专家学者充分肯定了开展“阅读与写作之星”竞选活动的意义和成效。

专家们认为开展这项大型社会公益活动，体现了媒体的责任担当和文化自觉，更是扎实有效地促进了“阅读从娃娃抓起”，推动了“书香校园”的建设，主办单位市教育部门和媒体以及新江厦商城的“黄金组合”，很有效地做了学生课外阅读的“点灯人”。他们还就如何进一步深入开展“阅读与写作之星”竞选活动各抒己见，并为市民们如何成为“会读书”的人提供了不少自己独到的经验。

解决阅读中的三大问题

（宁波市教育局办公室主任　苏泽庭）

解决阅读问题必须先解决认识问题。事有所成，必是学有所成；学有所成，必是读有所得。

解决阅读问题必须形成一种合力。家长做到远离酒桌，亲近书桌，孩子自然会离书桌更近。

解决阅读问题必须做到引领。需要一些会阅读、懂阅读的良师给大家做举荐、指导，读什么、怎么读都是一种学问。

每年定一个阅读主题

（宁波市作家协会主席　荣荣）

今后每年定一个相对宽泛的、轻松活泼的主题，写作的主题也可以跟着阅读的主题，让孩子们有选择地阅读相关书籍，然后留下自己的思考，写下一些有益的阅读文字。

有条件的话，将孩子们的文字集中起来，每年出一本集子，让孩子们在读大师文字的同时也能读到“自己的心跳”。

四方面推动活动深入

（宁波市市委宣传部、市文明办未成年人思想道德工作处处长　戴建立）

培养阅读习惯，前提是培养兴趣，孩子自愿看书、享受看书才是最为重要的；提供阅读时间，将孩子的学业与课外时间合理安排是很重要的；教会阅读方法，教师作为最直接的传授者，应该勇于承担这样的重任；提供阅读场所，图书馆固然是一个很重要的场所，但除此之外也应该积极营造其他场合的读书环境。

纸质阅读与电子阅读可共存

（浙江万里学院出版系主任、副教授　郭鉴）

不要盲目排斥电子书阅读，更不要为电子时代的一些新事物贴上负面标签。因为随着技术的发展，电子纸形态、iPad 形态的阅读终端快速进入千家万户，出版业产业链、生产链整体重塑已经是大势所趋。在此情况下，纸质书籍阅读率会有所下降，而电子书的阅读率会上升，我们应该顺应这个新局面。

从阅读中领略丰富的人生

（宁波市阅读学会秘书长　陈金菊）

阅读的功用在于潜移默化，润物无声。我们要从小正确引导并激励中小学生不但要有一定的阅读量，而且要注重阅读的品质。

一些职能部门要创造更好的条件，让更多的人，有更多的时间享受阅读带来的快乐。

要让评选活动更有社会效益

（宁波中学语文高级教师　纪勇）

在“阅读与写作之星”评选活动的基础上组建阅读促进会，同时联合学校、社区、企业等开展丰富多彩的阅读活动。

可以把侧重点放到“阅读与写作之星”的培育上来，使之成为群众性活动，并组织相关专家进学校、进社区、进企业作公益讲座等活动。

少一些功利多一些乐趣

（宁波市教育局教科所副所长　苏善生）

当下博客图书、电子杂志等新媒体不断涌现，对传统读书模式造成了冲击。以“浏览”替代“阅读”，这种阅读方式是一种浅阅读。纸质图书阅读的优势在于可以深入研读、品味细节，同时也有助于培养阅读者的抽象思维能力。因此，对于学生来说，应该倡导深度阅读。

阅读本身是一件美好的事情，去除功利化倾向，回归阅读的本义，才能多一些乐趣。

与孩子一起阅读

（宁波市实验小学副校长　黄铁成）

做给他看。老师和家长的示范，是一种巨大的力量。阅读引领，让我们用自己的阅读激情，去点燃孩子的阅读兴趣，用我们的智慧，去启迪孩子的智慧。

读给他听。每一位老师和家长，最好每天都能坚持读书给孩子们听，让他们在读书声中享受阅读的畅快，让语言真正走向心灵。

走向独立。阅读最好的方法，就是尽早地让孩子自主阅读。

让书店成为阅读的乐园

（宁波新江厦股份有限公司总经理　叶云飞）

我们书店有不成文的规定，无故不能干扰读者阅读，对于摘抄内容，只要不污损图书我们也乐观其成。因此，为了培养良好的阅读习惯，防止孩子上网成瘾，我们欢迎家长让孩子到实体书店体会浓郁的阅读氛围，养成良好的读书习惯，对孩子一辈子的学习、成长都是受用不尽的。

营造良好的读书写作氛围

（《宁波日报》文体部主任　黄百竹）

一个人的阅读习惯需要从小培养，青少年时期如果没有养成良好的阅读习惯，长大后是很难亲近书籍的；而有的书年少时不读，长大后想读也不容易再读进去了。

写作其实不是靠教的，是靠读出来的。青少年阅读在指点和引导后达到使他们乐于自学、善于自学的目的。

做学生课外阅读的点灯人

（宁波国家高新区实验学校校长　罗树庚）

少年时代多读好书，就像慢火煨汤煲，幸福的味道一生都可以尝到。少年时代多读好书，就像给精神打底子，儒雅的气质会一辈子都去不掉。少年时代养成读书习惯，良好的习惯一生都改不掉。因此，衷心希望“阅读与写作之星”评比活动能持续开展下去，做中小学生课外阅读的“点灯人”。

三、新闻报道节选之三

“阅读与写作之星”竞选活动五年成品牌

记者：毛信意

书是人类智慧的结晶，阅读是精彩人生的开始。“书藏古今·港通天下”作为宁波的城市主题形象口号，让每一位宁波人深深地感受到自己生活在一个书香飘溢的城市里，学校的师生们也以自己的满腔热情付诸行动。在东南商报社和宁波市教育局连续五年开展的“阅读与写作之星”竞选活动中，共有近百所学校参与，评出“阅读与写作之星”和“阅读积极分子”近2 000名，优秀指导教师100多名，明星学校80所。活动中，师生们竞相参与，从而使这一活动的影响力不断扩大，在促进“书香校园”建设、提高中小学生文化素质等方面成效显著。宁波国家高新区实验学校校长罗树庚用一首诗形象描绘了这五年的盛况：“五年坚持推动阅读，百万师生积极参与。书香校园如火如荼，润泽人生奠定基础。”

（一）分享阅读带来的快乐

2007年，东南商报社和宁波市教育局联合推出“阅读与写作之星”竞选活动时，成立了活动组委会。当时确定活动的宗旨是更好地在全社会特别是中小学校倡导多读书、读好书的文明风尚，进一步促进中小学生文化素质的提高，培养同学们崇尚阅读、自觉阅读的良好习惯。让同学们在阅读中开阔视野、增长知识、陶冶情操、感受快乐，不断丰富精神世界，同时，也希望把一部分沉湎于虚拟的网络世界和电子游戏机中的同学，拉到爱读书、读好书的现实生活中来。

这一活动推出后，立即引起了学校师生和家长的重视。2007 年，每个季度都开展一次评选活动，颁奖当天，有的一家三口兴致勃勃地来到现场，有的外公外婆、爷爷奶奶也不甘落后。家长们这样做只有一个目的：目睹孩子获奖的经历，记录下孩子成长道路上的足迹，共同分享阅读带来的快乐。

（二）促进“书香校园”建设

从 2007 年至 2011 年，随着时间的推移，“阅读与写作之星”竞选活动参与面越来越广，从最初的 10 多所学校，6 500 多名中小学生参加活动，增加到 2011 年的 60 多所学校，3 万多名学生参加。活动评选的范围也由最初单纯的阅读活动扩大到阅读与写作两方面。

在连续五年的竞选活动中，像海曙中心小学、高新区实验学校、鄞州区塘溪镇中心小学、江东区中心小学等一大批学校，都是校长亲自抓，少先大队的负责人和班主任、语文教师一起抓，建立了一整套的评选机制，逐步形成了浓郁的校园读书氛围。

（三）与“全民阅读”活动结合

“阅读与写作之星”活动开展五年来，我市中小学生的阅读积极性不断提高，人们对于阅读重要性的认识也进一步提高。特别是在 2009 年以后，“阅读与写作之星”竞选活动开始与宁波市的“全民阅读”活动紧密结合起来，进一步提高了学校教师和家长指导孩子参与“阅读与写作之星”活动的积极性。他们积极为孩子推荐优秀书目，创造条件方便孩子阅读，鼓励他们投身到全民阅读的行列中去。

（四）“阅读之星”品牌日渐成熟

如今，全市越来越多的学校开始举办校内读书节或读书月，并开展校内“阅读与写作之星”评选活动，建立了阅读推广机制。

五年来，活动形式不断创新，阅读内容从最初限定的阅读名著，拓展到时事政治、报纸、杂志等。其间，在宁波市相关专业学会和机构的指导下，还联合新江厦书城、海曙区图书馆等开展读后感写作竞赛。从获奖情况来看，五年来，入选的对象无论从阅读的数量还是阅读的质量都比以前有较大幅度的提高。

宁波市“阅读与写作之星”竞选活动已成为宁波市中小学生一个响亮的阅读活动品牌。

第三节 “全城共读一本书”暨“阅读与写作之星”竞选活动策划幕后解读

一、“全城共读一本书”暨“阅读与写作之星”竞选活动版面图构

报纸版面与官方微博（网络）多形态多层次的图文呈现、丰富多样的形式载体，都有利于吸引不同层次、不同年龄段读者的关注，体现了“全城共读一本书”暨“阅读与写作之星”竞选活动群众性、参与性和广泛性的内容表达。

图 5-1 《东南商报》官方微信“悦读书”

东南商报　新闻热线 87270000　商都网 www.dnsb.cn　宁波新闻·综合｜05

2014年7月7日　星期一　编辑：叶　飞　组版：张　婧　校对：徐文广

“全城共读一本书”大型阅读活动入选书目昨日揭晓

哪本书老少咸宜？《三字经》！

我爱阅读 系列报道

“什么样的书老少咸宜，适合全城人来共读？”自从今年4月21日宁波市启动“全城共读一本书”大型阅读活动以来，这个问题一直受到许多人的关注。昨日，记者从活动组委会获悉，经过专家评委的最终评定，《三字经》成为“全城共读一本书”活动的入选书目。

记者　毛信意

候选书目众多，《三字经》独占鳌头

作为今年宁波市开展全民阅读活动的重头戏之一，今年4月21日，宁波市阅读学会联合东南商报，策划组织了“全城共读一本书”的大型阅读活动，期待在全社会营造更加浓郁的书香氛围。

活动一经推出，立即得到了广大热心市民的响应。他们纷纷向活动组委会推荐书目，并仔细写明自己推荐的理由。同时，市阅读学会也向读者推出了一部分书目。

另外，本次活动组委会还将今年“世界读书日”（4月23日）当晚，中央电视台综合频道、科教频道播出的2014世界读书日特别节目《2013中国好书》中推荐的一些书目，也列入候选书目中。

面对众多的推荐、候选书目，该怎么评选呢？据活动组委会介绍，这次参加入选书目评定的评委组由图书馆馆长、大学教授、作家等阅读方面的专业人士组成。针对“什么样的书，才适合全城共读”的问题，专家评委经过热烈讨论，最终，以投票表决的方式选出了最后的答案——《三字经》。

三大理由助《三字经》胜出

为什么《三字经》能成为“全城共读一本书”的入选书目呢？专家说，主要三大理由：

一、大家推荐的数目数量众多，内容涵盖各个方面，阅读的群体分别对应了中小学生、大学生，机关事业单位人员、企业管理人员和普通员工、农民、军人等。因此，要在众多书目中，选择一本适合不同人群阅读的书非常难。而在这其中，《三字经》恰好是一本不受行业、专业和年龄限制的老少皆宜的读物。

二、《三字经》内容大都采用韵文，每三字一句，四句一组，像一首诗一样，背诵起来，如唱儿歌，用来教育子女琅琅上口十分有趣，又能启迪心智，因此广为流传，历久不衰。后来，内容虽有修改或增加，但主要结构并未改变。

另外，《三字经》虽说是一本难得的启蒙读本，但并不仅限于孩子阅读，对于成年人来说，熟读并背诵《三字经》，对于修身养性也是有好处的。

三、“全城共读一本书”是一个大型的阅读活动，入选的数目应该具有广泛的群众基础，市民的认可度要高，而《三字经》就非常符合这一要求。

学术界普遍认为《三字经》的作者是鄞州籍的南宋大学者王应麟，在宁波的知名度很高。宁波一家企业已把组织员工诵读《三字经》，当作培育企业文化的一个重要组成部分，每年都会举行《三字经》诵读比赛。在宁波一些民间传播国学的机构里，学习《三字经》也是其中不可缺少的内容。

中小学里学习《三字经》的氛围更浓。如江东镇安小学2012年编写并出版了国学校本教材——《小学国语读本》，《三字经》就入选其中。

高新区实验学校每个班级都有一台“国学播放机”，《三字经》是播放的内容之一。校长罗树庚认为：“我们让孩子们学习《三字经》的时候，需要与时俱进，一些句子和内容，可以有所选择。《三字经》是国学的一种符号。倡议‘全城共读《三字经》’，实际上也是在倡导全城重视国学教育。”

■相关新闻

《三字经》读后感竞赛开始啦　欢迎您参加

根据计划，“全城共读一本书”活动接下来将开展系列互动活动，首先是在大家共读《三字经》的基础上，开展读后感竞赛。

对于撰写读后感的获奖者，活动组委会将给予价值约200元的奖品予以鼓励。组委会衷心期待大家踊跃参加阅读活动并写作读后感。

市阅读学会相关负责人认为，“人的智慧提升很大程度来自于良好的阅读习惯。开展读后感竞赛活动，是对阅读效果的一种检验，能督促我们培养良好的读书习惯。阅读的乐趣就在书本中获得发现，达到心灵交流。”

联系方式：“全城共读一本书”活动组委会办公室，电话：87682576，邮箱：sh@cnnb.com.cn，联系人：姚老师。

暑期治眼睛的学生多了，医生提醒

孩子视力有问题 应及时到医院就诊

昨天是市眼科医院在今年暑期里的首个周日门诊，门诊量高达1478人次，是去年暑假第一个周日的233%。其中18岁以下患者825人次、视光门诊450人次，分别是去年的260%和238%。

“平时课程紧，怕耽误孩子学习，很多家长都是等到放假才带孩子来看眼病或治疗近视。”该院医生提醒说，“但延误治疗会导致近视加重，如果是弱视或其它眼病更加耽误不得，因此，我们还是建议家长，在发现孩子的视力出现问题后，要及时带孩子就诊，不要拖到放假才治。”

“过期”眼镜加深近视度数

昨天在市眼科医院视光门诊，记者见到一名初一女生，验光结果显示，她右眼近视775度、左眼近视750度，如此高的度数让家长懊悔不已。

原来，这名女生近视后，家长就带着她到某“爱眼机构”治疗，该机构的工作人员对其进行“视觉训练”后，一直号称其训练效果显著，家长也信了。于是，一副450度的眼镜就一直戴着，3年里不曾换过。这学期孩子的学习成绩大幅下降，一问才知道，她看不清黑板，家长才赶紧带孩子到医院检查，

戴“过期”眼镜的现象在学生当中相当普遍。该院龙永华医生说，度数不合适的眼镜因矫正视力无法达到1.0，致使看东西如雾里看花，长此以往，会加剧近视的发展。

“一般来说，很多近视小患者的近视度数每年会加深50~100度。”龙永华说，因此，家长要注意观察孩子有没有经常眯眼、揉眼、眨眼、凑近等早期近视症状。一旦出现近视征兆，家长应尽快带孩子到专业、正规机构进行验光检查，已经近视的孩子要定期到医院检查视力，必要时就赶紧换眼镜，不要让孩子戴着“过期”眼镜熬到放假才到医院检查。

龙永华提醒说，预防和减缓孩子近视最靠谱的方法多进行游泳、羽毛球、乒乓球、爬山等户外运动，多看远处，让眼睛处于放松状态。另外，与电视相比，电脑、手机、iPad等更伤眼睛，暑假到了，家长们要控制好孩子们看电子产品的时间。

首次出现近视症状或是假性近视

在三楼专家门诊，领着孩子看眼睛的李先生说，女儿总是说眼睛不舒服、看东西模糊，而且不停地眨眼睛、揉眼睛。因为课业紧，他就带孩子在眼镜店配了一副眼镜，现在趁放暑假，带孩子到医院来好好查查。

检查结果显示，李先生女儿的双眼视力都是1.0。接诊的龙永华医生说，孩子眼睛不舒服是轻微的结膜炎引起，这种假性近视只需滴用眼药水来减轻视疲劳并消炎即可，不需要戴眼镜。

龙永华说，假性近视通过充分的休息和治疗，是可以恢复正常视力的。如果贸然为孩子配镜，很可能屈光度正常的眼球为适应近视眼镜的度数，发展成真性近视，像这样不近视却有戴眼镜经历的小患者并不鲜见。

除结膜炎、角膜炎、麦粒肿等外眼病炎症刺激眼球，会加重睫状肌痉挛，造成近视的假象外，整天上课看书、长时间对着电脑手机、疲劳用眼等，都可能引起近视假象。他提醒说，孩子首次出现眼部不舒服、视线模糊等近视症状，可能是假性近视，一定要及时就诊，而不要自作主张、自行配镜。

通讯员　巴黎　记者　鲍云洁

雨水明显减少　“桑拿天”即将到来

谈天说地

新的一周刚开始，天气舞台就热闹纷呈：小暑节气的到来，意味着我们将进入盛夏时节；今年第八号台风“浣熊”虽然不会影响我市陆地，但却在近海掀起狂风巨浪。

小暑到来，雨水回避，气温上升

今天是二十四节气中的小暑。这个节气表明，接下来的一段时间内，暑气处于上升阶段。尽管还没热到极点，但高温、高热、高湿的天气将频繁出现，防暑降温也将成为今后相当长一段日子经常被提及的话题。

进入小暑节气的第一周，我市基本以多云天气为主，和前段时间相比，雨水将明显减少。从目前的预报看，今明两天我市局部地区可能还会有阵雨，但在本周剩下的日子，就不会有明显降水了，只是午后局部地区会有雷阵雨。不过，市气象台目前尚未发布我市出梅的消息。

没有雨水的日子里，气温就很容易往上蹿。从目前的预报看，本周前半周我市最高气温还在30℃左右，而到了后半周，就直接升到33℃~34℃。在这样的气温条件下，如果太阳再凶猛一些，说不定我们将迎来今夏的第一个高温日。

面对即将袭来的“桑拿天”，大家要尽可能减少外出，外出时要采取防护措施；及时补水，可喝些果汁或有补充电解质作用的功能饮料；饮食应以清淡为主，多食绿色果蔬，多吃一些清热利湿的食物，比如苦瓜、冬瓜、西红柿、黄瓜等；注意作息时间，保证充足睡眠，必要时准备一些常用的防暑降温药品。

“浣熊”在海面兴风作浪

此外，我们还要再来关注一下今年第八号台风“浣熊”的消息。

“浣熊”于7月4日在西北太平洋洋面上生成，5日夜里加强为强台风，到昨天14时，其中心位于宁波东南方大约1640公里的洋面上，中心附近最大风力15级（50米/秒），七级风圈400公里，十级风圈130公里，十二级风圈60公里。预计“浣熊”将以每小时20~25公里的速度向西北方向移动，明天白天进入东海。

据市气象台消息，“浣熊”的特点是强度强、风力大，虽然不会给我市陆地带来影响，但我市沿海海面从明天下午起风力将增强到7~9级，宁波外部海域将增强到10~12级，台风中心经过的附近海域风力可达15~17级，请船只和有关方面特别注意。

记者　石承承

图5-2　“全城共读一本书”大型阅读活动之“我爱阅读”报纸版面

東南商報 A叠 04　新江厦杯 阅读与写作之星　特别报道

2011年12月26日　星期一　编辑：杨继学　组版：张　婧　校对：屠国标

浓郁书香吸引3万多中小学生

2011年度“新江厦杯·阅读与写作之星”颁奖典礼昨举行

昨日，室外寒风瑟瑟，宁波高新区实验学校的报告厅内却是暖意融融。宁波市教育局和东南商报社联合开展的2011年度“新江厦杯·阅读与写作之星”颁奖典礼在这里隆重举行。来自全市各地中小学校的近400名师生和家长出席了颁奖仪式。共有300多名中小学生当选“阅读与写作之星”或“阅读与写作积极分子”，有26所学校、25名教师分别当选“明星学校”或“优秀指导教师”。

实习生　陈燕　记者　毛信意

师生家长齐说好

昨日上午，离颁奖活动开始还有一刻钟左右，报告厅内几乎已经座无虚席。

北仑区东海实验学校的唐欣同学也是“明星”奖得主，她自豪地说：“我爱阅读，家里有满满几大柜的书呢！我还与爸爸妈妈开展过‘开卷有益’还是‘开卷未必有益’的辩论呢！”

宁波万里国际学校这次被评为“阅读与写作”明星学校，学校还有5个学生获得了阅读积极分子或阅读明星的奖项。该校叶老师激动地说：“对于孩子而言，一次参与或者获奖很有可能改变他们的一生，让他们从此喜欢上阅读与写作，因此，这个活动显得更有意义。”

海曙镇明中心分校陈蔚然同学的妈妈说：“我告诫女儿获奖后不要骄傲，今后只要看有益的书，我都会支持。现在，影视作品和网络让越来越多的人远离了纸质阅读，因此，参加这样的活动很有好处。”

孩子享受阅读过程

昨日上午，一个小小的身影吸引了在场所有人的目光。他就是来自东钱湖中心小学4年级的董徐凯同学。站在领奖台上，董徐凯向大家述说了他的阅读梦。

刚上一年级时，董徐凯无意中在《东南商报》上看到了大哥哥大姐姐举着获奖证书幸福欢笑的照片，因此，他就下定决心，自己也要争取加入这个行列。在学校老师的鼓励下，在那份荣誉的激励下，董徐凯4年多来一直徜徉在读书生活中，也从书中领略了许多新的知识。

昨日，董徐凯梦寐以求的心愿终于实现了，在梦想实现的同时，他还收获了比“阅读明星”这一荣誉更为重要的东西：喜欢阅读、享受阅读。

被拍照留影家长们包围的2011年度的阅读与写作之星。　记者　刘波　摄

花絮

孩子领奖真心急

昨日的颁奖分为两大板块进行，分别是“阅读积极分子”的颁发和“阅读明星”的颁发，在领取“阅读积极分子”的时候，一位“不速之客”冒冒失失地上了主席台要奖状，底下的老师拼命往主席台喊：“别上去，你是阅读明星。”得知情况后，主办方只能将孩子抱下主席台，引得台下一片欢乐。细问才知道，孩子太开心，想立即拿奖了！

颁奖嘉宾感言

宁波市教育局宣传与德育处处长　何俏：“阅读与写作之星”竞选活动自2007年1月1日开展以来，至今已有5年时间。从最初几千人参与到如今达3万多人参与，这样的成绩令人欣慰。为推动宁波市书香校园建设、书香宁波建设，发挥了良好的促进作用。

宁波市国家高新区社管局副局长　蒋红丽：“阅读与写作之星”竞选活动，让中小学生与书本为友，与大师对话，在人类优秀文化遗产中净化自己的灵魂，升华自己的人格，校园和家庭也因此更加和谐。

图 5-3　“阅读与写作之星”特别报道报纸版面 1

东南商报　A叠 05　新江厦杯 阅读与写作之星　特别报道

2011年12月26日　星期一　编辑：杨继学　组版：张　婧　校对：徐文广

做学生课外阅读的"点灯人"

"阅读之星"活动举行理论研讨会　专家学者奇思妙语助读书

昨日下午，在东南商报会议室举行的"阅读与写作之星"活动理论研讨会上，本报副总编许雄辉介绍了阅读和写作之星竞选开展5年的基本情况；来自宁波市委宣传部市文明办、市教育局、市作家协会、市图书出版发行部门和中小学、高校的专家学者充分肯定了开展"阅读与写作之星"竞选活动的意义和成效。

专家们认为开展这项大型社会公益活动，体现了媒体的责任担当和文化自觉，更是扎实有效地促进了"阅读从娃娃抓起"，推动了"书香校园"的建设，主办单位市教育部门和媒体以及新江厦商城的"黄金组合"，很有效地做了学生课外阅读的"点灯人"。他们还就如何进一步深入开展"阅读之星"竞选活动各抒己见，并为市民们如何成为"会读书"的人提出了不少自己独到的经验。

记者　毛信意　实习生　陈燕

解决阅读中的三大问题

宁波市教育局办公室主任　苏泽庭

解决阅读问题必须先解决认识问题。事有所成，必是学有所成；学有所成，必是读有所得。

解决阅读问题必须形成一种合力。家长做到远离酒桌，亲近书桌，孩子自然离书桌会更近。

解决阅读问题必须做到引领，需要一些会阅读、懂阅读的良师大家作举荐、指导，读什么、怎么读都是一种学问。

每年定一个阅读主题

市作家协会主席　荣荣

今后每年定一个相对宽泛的轻松活泼的主题，写作的主题也可以跟着阅读的主题，让孩子们有选择地去阅读相关的书，然后留下自己的思考，写下一些有益的阅读文字。

有条件的话，将孩子们的文字集中起来，每年能出一本集子，让孩子们读大师文字的同时也能读到自己的心跳。

四方面推动活动深入

市委宣传部市文明办未成年人思想道德工作处处长　戴建立

培养阅读习惯，前提是兴趣，孩子自愿看书、享受看书才是最为重要的；提供阅读时间，将孩子的学业与课外时间的合理安排是很重要的；教会阅读方法，教师作为最直接的传授者，应该勇于承担这样的重任；提供阅读场所，图书馆固然是一个很重要的场所，但除此之外其他场合的读书环境也应该积极营造。

纸质阅读与电子阅读可共存

浙江万里学院出版系主任、副教授　郭鉴

不要盲目排斥电子书阅读，更不要为电子时代的一些新事物贴上负面性标签。因为随着技术的发展，电子纸形态、ipad形态的阅读终端，进入千家万户速度加快，出版业产业链、生产链整体重塑已经是大势所趋，在此情况下，纸质书籍阅读率会有所下降，而电子书的阅读率会上升，我们应该顺应这个新局面。

少一些功利多一些乐趣

市教育局教科所副所长　苏鑫生

当下博客图书、电子杂志等新媒体不断涌现，对传统读书模式造成了冲击。以"浏览"替代"阅读"，这种阅读方式是一种浅阅读。纸质图书阅读的优势在于可以深入研读、品味细节，同时也有助于培养阅读者的抽象思维能力。因此，对于学生来说，应该倡导深度阅读。

阅读本身是一件美好的事情，祛除功利化倾向，回归阅读的本义，才能多一些乐趣。

与孩子一起阅读

宁波市实验小学副校长　黄铁成

做给他看。老师和家长的示范，是一种巨大的力量。阅读引领，让我们用自己的阅读激情，去点燃孩子的阅读兴趣，用我们的智慧，去启迪孩子的智慧。

读给他听。每一位老师和家长，最好都能每天坚持读书给孩子们听，让他们在读书声中享受阅读的畅快，让语言真正走向心灵。

走向独立。阅读最好的方法，就是尽早地让孩子自主阅读。

做学生课外阅读的点灯人

宁波国家高新区实验学校校长　罗树庚

少年时代多读好书，就像慢火煨汤煲，幸福的味道一生都可以尝到。少年时代多读好书，就像给精神打底子，儒雅的气质会一辈子都去不掉。少年时代养成读书习惯，良好的习惯一生都改不掉。因此，衷心希望阅读与写作之星评比活动能持续开展下去，做中小学生课外阅读的点灯人。

阅读习惯是一生的财富

宁波大学园区图书馆馆长　颜务林

人们应随意（不刻意）、随便（放松）、随时（零碎时间）、随地（马上，枕上，厕上）进行阅读。至于读什么，完全可因人而异，小学生——兴趣，中学生——课业+兴趣，大学生——专业+文化，社会青年——职业+修养，中年人——人生智慧，老年人——兴趣+宗教。

读书挑战——阅读与写作之星竞选活动理论研讨会

昨天下午，专家学者就"阅读与写作之星"评选活动进行研讨。　记者　刘波　摄

从阅读中领略丰富的人生

市阅读学会秘书长　陈金菊

阅读的功用在于潜移默化，润物无声。我们要从小正确引导并激励中小学生不但要有一定的阅读量，还要注重阅读的品质。

一些职能部门要创造更好的条件，让更多的人，有更多的时间，更多的自觉，享受阅读带来的快乐。

要让评选活动更有社会效益

宁波中学语文高级教师　纪勇

在"阅读之星"评选活动的基础上组建阅读促进会，同时联合学校、社区、企业等开展丰富多彩的阅读活动。

可以把侧重点放到"阅读之星"培育上面来，使之成为群众性活动，并组织相关专家进学校、进社区、进企业做公益讲座等活动。

让书店成为阅读的乐园

宁波新江厦股份有限公司总经理　叶云飞

我们书店有不成文的规定，无故不能干扰读者阅读；对于摘抄内容，只要不污损图书我们也乐观其成。因此，为了培养良好的阅读习惯，防止孩子上网成瘾，我们欢迎家长让孩子到实体书店，让孩子体会浓郁的阅读氛围，养成良好的读书习惯，对孩子一辈子的学习、成长都是受用不尽的。

营造良好的读书写作氛围

宁波日报文体部主任　黄百竹

一个人的阅读习惯需要从小培养，青少年时期如果没有养成良好的阅读习惯，长大后是很难亲近书籍的；而有的书年少时不读，长大后想读也不容易再读进去。

写作其实不是靠教的，是靠读出来的。青少年阅读需要指点和引导，后达到使他们乐于自学、善于自学的目的。

图 5-4　"阅读与写作之星"特别报道报纸版面 2

東南商報 新江厦杯 阅读与写作之星 特别报道

A叠 06

编辑：杨继学 组版：王 蓉 校对：徐文广 2011年12月26日 星期一

阅读之星竞选活动五年成品牌

书是人类智慧的结晶，阅读是精彩人生的开始。“书藏古今·港通天下”作为宁波的城市主题形象口号，让每一位宁波人深深地感受到了自己是生活在一个书香飘溢的城市里，学校的师生们也以自己的满腔热情付诸行动。在本报和宁波市教育局连续5年开展的“阅读之星”竞选中，共有近百所学校参与，评出阅读与写作之星和积极分子近2000名，优秀指导师教师100多名，明星学校80所。活动中，师生们竞相参与，从而使这一活动的影响力不断扩大，在促进“书香校园”建设、提高中小学生文化素质等方面成效显著。宁波国家高新区实验学校校长罗树庚用一首诗形象描绘了这5年盛况：“五年坚持推动阅读，百万师生积极参与。书香校园如火如荼，润泽人生奠定基础。”

记者 毛信意

分享阅读带来的快乐

2007年，本报和市教育局联合推出“阅读之星”竞选活动时，成立了活动组委会。当时确定活动的宗旨是，更好地在全社会特别是中小学校倡导多读书、读好书的文明风尚，进一步促进中小学生的文化素质提高，培养同学们崇尚阅读、自觉阅读的良好习惯。让同学们在阅读中开阔视野、增长知识、陶冶情操、感受快乐，不断丰富精神世界，同时，也希望把一部分沉湎于虚拟的网络世界和电子游戏机中的同学，拉到爱读书、读好书的现实生活中来。

这一活动推出后，立即引起了学校师生和家长的重视。当年，每个季度都开展一次评选活动，颁奖当天，有的一家三口兴致勃勃齐来现场，有的外公外婆、爷爷奶奶也不甘落后，家长们这样做只有一个目的：目睹孩子获奖的经历，记录下孩子成长道路上的足迹，共同分享阅读带来的快乐。

促进“书香校园”建设

从2007年至2011年，随着时间的推移，“阅读之星”竞选活动参与面越来越广，从最初的10多所学校，6500多名中小学生参加活动，增加到今年的60多所学校，3万多名学生参加。活动评选的范围也由最初单纯的阅读活动扩大到阅读与写作两方面。

在连续5年的竞选活动中，像海曙中心小学、高新区实验学校、鄞州区塘溪镇中心小学、江东区中心小学等一大批学校，都是校长亲自抓，少先大队的负责人和班主任、语文教师一起抓，并建立了一整套的评选机制，逐步形成了浓郁的校园读书氛围。

与“全民阅读”活动结合

“阅读之星”活动开展5年来，我市中小学生的阅读积极性不断提高，人们对于阅读重要性的认识也进一步提高。特别是2009年以后，“阅读之星”竞选活动开始与宁波市的“全民阅读”活动紧密结合起来，进一步提高了学校教师和家长指导孩子参与“阅读之星”活动的积极性。他们积极为孩子推荐优秀书目，创造条件方便孩子阅读，鼓励他们投身到全民阅读的行列里。

“阅读之星”品牌日渐成熟

如今，全市越来越多的学校开始举办校内读书节或读书月，并开展校内“阅读之星”评选活动，建立了阅读推广机制。

5年来，活动形式不断创新，阅读内容从最初限定的阅读名著，拓展到时事政治、报刊杂志等。其间，在宁波市相关专业学会和机构的指导下，还联合新江厦书城、海曙区图书馆等，开展读后感写作竞赛。从获奖情况来看，5年来，入选的对象无论从阅读的数量还是阅读的质量，都比以前有较大的提高。

宁波市“阅读之星”竞选活动，现在已成为宁波市中小学生一个响亮的阅读活动的品牌。

5年大事记

2007年

1月，本报和市教育局共同开展“阅读之星”评选活动，宁波中学等14所学校成为首批试点学校，参加竞选的学生累计6500多人。当年，每季评选一次。第四季度竞选活动时，中小学校已达到50多所，参加竞选的学生近2万人。

2008年

评选时间改为半年一次。活动阅读内容更加广泛，除了以教育系统推荐的中小学生必读书目和学校老师、专家推荐的书目为主以外，非黄、非反动的、非国家禁止的书籍都成为泛读的对象。

2009年

“阅读之星”竞选活动形式有了新变化，除加强阅读外，还把培养学生的写作能力结合起来，进行评选，评出“阅读与写作之星”。

2010年

延续上一年的做法，共评出2010年度“阅读与写作之星”160名、“阅读与写作积极分子”160名、阅读明星学校20所、优秀指导教师20名。活动组委会向获奖学生颁发了获奖证书，并赠送了购书券。

2011年

是历年来参与人数最多，评奖面最广的一年。共有3万多学生参与了阅读与写作之星竞选。

图5-5 “阅读与写作之星”特别报道报纸版面3

二、“阅读与写作之星”竞选活动案例分析与小结

这是一项纯粹意义上的公益文化活动。新闻单位除了需要有高度的自觉和担当来选择做这类项目，还需要直接垫资去运作针对学生的项目，所以它比操作其他活动显得更难（即使花的力气很大，效果也难以马上体现），但这种基础性公益活动却是关乎民族素养提升的好事。欲打造有影响力的新闻媒体，也应努力去把这样一类活动做好，即使花钱花力气也是必须的。“读书挑战——阅读与写作之星”竞选活动坚持了七年，是《东南商报》唯一一个只有直接投入没有显现经济效益的项目，但受到了学生、学校、家长的普遍好评，是具有良好社会效益的活动，这是非常值得的。媒体的成功往往也在于它更多地体现在公益性服务大众而非功利的一面。

这个活动是我受到澳大利亚悉尼市“市民阅读竞赛活动”启发而开展的。这个活动策划和运作的关键有三点：

一是要选择好活动参与的对象。开始在设计这个活动时我们分了成人组、学生组等不同的层次，但后来发现组织社会上的成年人来参加活动较难，因为阅读本身是一个宽泛的概念，但针对中小学生操作就比较容易，针对性较强。

二是操作细节要有创意设计。宁波市阅读学会负责人曾在总结市里一些阅读活动时认为，“阅读与写作之星”评选最成功之处在于它有很规范的操作性。比如，我们设计了读书卡，读书卡内设计了书名、作者姓名、阅读内容（一句话表述）、家长签字、指导老师签字认可等环节，确保了学生读者的量化检测实效。评比时根据读书卡上的内容，谁读得多读得好一目了然，评比才更有说服力。所以这项活动的关键在于坚持，以及选择活动对象，制定比赛规则，设计量化标准等细节的把握。

三是要创新，与时俱进。“全城共读一本书”和网络推荐书活动的深入推进在更大范围内开展了阅读活动，同时，发挥新媒体的宣传传播功效，使这项活动得到了升华和新的发展。2014 年 6 月，亚马逊（中国）首次发布中国最爱阅读城市榜单，前三甲有宁波、合肥、重庆三座城市。这让位居中国最爱阅读城市榜首的宁波人倍感欣慰和自豪，也使为推动城市阅读活动开展呐喊助力的媒体人更增添了信心。

第六章　城市形象对外宣传创新载体
城市形象主题口号征集活动

第一节　城市形象主题口号征集案例

一、城市形象主题口号征集活动简介

2009 年，宁波市外宣部门根据宁波社会经济发展对外宣传工作的需要，计划开展多项展示城市形象的外宣活动，其中之一就是征集一句能叫得响的城市形象主题口号。按照市委、市政府的要求，从 2009 年 4 月 16 日起，宁波市政府外宣办和市委宣传部外宣处协同市旅游局、外经贸局、经合办、文广新闻出版局、报业集团、宁波广电集团等相关部门成立组委会，组织开展城市形象主题口号征集活动，并把这次活动的具体工作交由东南商报社和中国宁波网承办，将活动组委会办公室设在了东南商报社。活动分先期舆论引导（新闻造势）、征集、筛选、评选、定评五个环节进行。最终，成功征集出“书藏古今，港通天下——中国宁波”的城市形象口号。

这场征集活动开展得轰轰烈烈，它就像一场万众参与的全民大合唱，旋律动人、气势磅礴。它饱含了新老宁波人对家乡、对宁波的挚爱真情和美好愿景，也凝聚了海内外宁波籍人士及宁波上上下下的文思和才情，成为一次问计于民、集中民智、迸发创新活力的宣传活动和新闻策划社会活动，也成为宁波市对外宣传工作特别是城市形象宣传展示的著名案例。

二、城市形象主题口号征集新闻话语

新闻报道节选

宁波发布城市形象主题口号

人民网宁波 8 月 20 日电（记者：孙晓青）今日，由宁波市委外宣办协同市活动办、

文广新闻出版局、宁波日报报业集团、宁波广电集团举办的征集宁波市城市形象主题口号，从来自海内外应征的 42 715 条作品中揭晓，“书藏古今，港通天下——中国宁波”脱颖而出。

“书藏古今”狭义上指的是四大藏经阁之一的天一阁，广义上则寓意着宁波历史悠久、文化厚重，是一座有着 7 000 年文明史的书香之城、文化之城。一个“今”字，则体现出文化的流动和发展，体现了宁波在传承历史文化的基础上，不断建设当代文化，努力形成历史文化和现代文明交相辉映的格局。“港通天下”则突出了宁波作为现代化国际港口城市的特色，“通天下”这三个字，既体现了宁波的交通便利，又是宁波港城经过 30 年改革开放取得发展成就的写照，同时还寓意着宁波人开放、开拓、创新的精神。一“书”一“港”，既有精神层面的意蕴，又有物质层面的具象，互为映衬，相得益彰，更加鲜明地体现了地域标志和表达上的流畅以及宁波城市的美誉度，最后紧跟“中国宁波”四字。整段口号用简练的语句，概括了宁波作为大港之城、商贸之城、文化之城的特质，用词大气、对仗工整、格调文雅。

在主题口号征集过程中，首位投稿者是位美籍华人——美国龙安集团总裁饶及人，他曾任纽约市规划局局长。投稿最多的作者来自山东烟台格迈纳尔中学的李德国老师，他一人共创作了 280 条作品。最遥远的应征作品是董景黎女士从不远万里的英国西南沿海城市普利茅斯寄来的，作品在路上整整“走”了九天。年龄最大的作者毛健南是位 85 岁的“老宁波”，年龄最小的作者戴霞芳是 18 岁的“90 后”，还有宁波籍的两院院士路甬祥、杨福家、杨福愉、柴之芳等，著名作家陈祖芬以及文化界著名人士和旅居海外的“宁波帮”人士都热心地发来了应征作品。

第二节　城市形象主题口号征集策划运作

一、城市形象主题口号的征集过程

活动组委会于 2009 年 4 月 16 日，在《解放日报》、《浙江日报》、央视国际、东方网、浙江在线以及宁波市级媒体上同步刊出征集启事，同时，还利用市内数字电视、车载移动电视、社区（广场）电子显示屏和网格广告组织社会宣传，广泛发动，积极推进，吸引了众多海内外人士参与。活动主要呈现以下几个特点：

（一）参与人数多

从 4 月 16 日征集工作启动，截至 5 月 5 日，在短短 20 天时间内共征集到作品

42 715条，平均每天达到2 100多条，总量远远超过同类城市组织的同类活动。为扩大影响，组委会还面向宁波籍两院院士、文化界著名人士和旅居海外的宁波帮人士开展了定向征集工作，路甬祥、杨福家、杨福愉、柴之芳等院士，作家陈祖芬都热心地发来了应征作品。

（二）参与区域广

全国范围内除西藏、青海没有来稿外，其余省份包括港澳台地区都有来稿，省内其他10个地市也都有来稿。据统计，来自市内的投稿占49%，市外的占51%。

（三）涉及元素丰富

众多作者在创作之前，充分研究了宁波城市形象的组成元素，在创作过程中对宁波有了更深入的了解和更深刻的认同。从四万多件作品看，使用频率较高的字词有港、桥、水、海、商、文、活力、和美、爱心、时尚、书香等。

二、城市形象主题口号应征作品优选过程

本着对每一位应征作者负责的态度，组委会组织由市级相关部门负责人和本市研究城市形象的专家，依据“主题突出、特质鲜明，记得住、叫得响”的原则，对四万多条口号逐一认真审看，进行科学优选，第一轮筛选产生100件作品，第二轮又筛选产生30件候选作品。

经宁波市委宣传部部务会议慎重研究通过，组委会按照“问计于民”的要求，将筛选出的30条候选口号在省、市多家媒体上予以公布，组织公众投票。通过广泛宣传，从6月1日至10日，共收到公众投票11 828张，其中来自市外的投票占到总票数的25%以上，除甘肃和青海没有投票外，其余省份均有投票。同征集阶段一样，整个投票优选阶段再次成为对外宣传宁波的过程。

在组织公众投票的同时，组委会还就30条口号的排名，广泛征求了市办公厅、市人大、市政协专门工作委员会、各牵头部门和部分人大代表、政协委员的意见，形成了一些基本共识。

三、主题口号的入围入选

依据公众投票结果，并充分吸纳各部门和专家意见，同时综合考虑作品表现元素和表现形式的多样性，经市委宣传部部务会议认真研究，最终将下列的10条口号确定作为入围作品。

（一）排名

1. 书藏古今，港通天下
2. 世界的港城，阿拉的宁波
3. 东方大港，和美宁波
4. 新丝路 新海港 新宁波
5. 桥跨大海，港联世界，中国宁波
6. 东方大港，千年商城，多彩宁波
7. 商帮故里，爱心港城——阿拉宁波
8. 宁波，梦想起航的地方
9. 海定波宁，和美港城
10. 天一生水，万象宁波

（二）前三名入选理由

鉴于各方对排名靠前的三条口号意见较为一致，为此，组委会建议，在“书藏古今，港通天下”“世界的港城，阿拉的宁波”“东方大港，和美宁波”这三条口号中，选择一条作为宁波城市形象主题口号，并向市委、市政府递交了专题报告，在报告中提出的建议理由如下：

书藏古今，港通天下

入选理由：“渔樵耕读”“书香门第”，崇文重教是历代宁波人的精神追求，爱书、读书、藏书、用书，始终浸润着这个城市。从这个意义上讲，“书藏古今”这句话高度概括了宁波的人文特征，并在广义上寓意着宁波历史悠久、文化厚重。而“港通天下”则突出了宁波作为商贸港城的特色，并寓意了宁波人开放开拓的精神和海纳百川的胸怀。这两句话八个字，用简练的语句概括了宁波作为大港之城、商贸之城、文化之城的特质，并且用词大气、对仗工整，也比较文雅。

世界的港城，阿拉的宁波

入选理由：宁波城市形象的元素很多，该作品则抓住了港口这一宁波发展的最大特色，一句“世界的港城”，既体现了宁波港在世界港口中的地位，也反映了宁波不断融入世界的开放姿态。而“阿拉的宁波”使用了宁波当地的特色方言，与其他城市相较有独特之处，细细咀嚼，又有一股自豪、自信、自强的韵味在里面，而且比较通俗，叫得响，记得住。

东方大港，和美宁波

入选理由：如上所述，港口是宁波过去、现在和今后发展的最大资源和优势，用“东方大港”来概括应该说是名副其实。同时，宁波又是一座宜居宜业的城市，曾经两度获得“最具幸福感城市”和“全国文明城市”称号。因此，“和美宁波”既是宁波的现实写照，也是一座城市未来发展的最高追求。此外，“和美”两字，其他城市至今没有用过，既具独特性，又具引领性。

（三）媒体造势主题口号脱颖而出

在征集和产生形象主题口号的过程中，媒体刊发了大量的新闻报道，特别是主要承办媒体《东南商报》，创造性地开辟了针对性很强的专题专栏，共发新闻专版 20 余个，并通过中国宁波网的链接和同步转载发布，发挥了舆论引导的强劲优势，形成了内外互动的浓郁氛围，突显了媒体传播的舆论优势。最终，评选结果在万众期待中揭晓，“书藏古今，港通天下——中国宁波”从 42 715 条应征作品中脱颖而出，正式成为宁波城市形象口号。它既标志着一次传播广泛、影响深远的战役性外宣工作取得了重要的成果，也标志着宁波从此有了一句大家认同的、叫得响的城市形象主题口号。

第三节　城市形象主题口号征集活动策划幕后解读

一、城市形象主题口号征集版面图构

《东南商报》共用了 20 多个版面对“城市形象口号征集活动”进行了充分报道，每个版面都做到编排有序、主题鲜明、内容扎实、具有视觉感染力，深深吸引了读者的关注度，从而有效助推活动取得成功。

东南商报 A09　城市形象口号征集特别报道

2009年8月21日　星期五　编辑：张翔飞　组版：马喜春　校对：俞志立

宁波城市形象主题口号昨日出炉

书藏古今，港通天下——中国宁波

本报讯（记者　毛信意）“书藏古今，港通天下——中国宁波”，在昨日有关部门举行的新闻发布会上，宁波城市形象主题口号正式出炉。

征集作品 42715 条

此次征集活动由市委对外宣传办公室协同市大活动办、市旅游局、市外经贸局、市国内经济合作办、市文广新闻出版局、宁波日报报业集团、宁波广电集团举办。

征集活动参与人数多。4月16日到5月5日，通过电子邮件、手机短信、网络、书信、电话等5条通道，共征集到42715条作品。宁波籍院士、文化界著名人士和海外的宁波帮人士等纷纷发来应征作品。

征集活动参与区域广。全国除西藏、青海没有来稿外，其余省份和港澳台地区都有来稿。省内其他10个地市也有来稿。据统计，市内的投稿占49%，市外的投稿占51%。

投稿作品涉及元素丰富。从4万多件作品来看，使用频率较高的有：港、桥、水、海、商、文、书香、幸福、活力、和美、爱心、时尚等。

组委会组织17位城市形象研究方面的专家和市级相关部门负责人，对4万多条口号一条不漏地进行审看，第一轮推选产生100条作品，第二轮推选产生30条候选口号。之后，组委会又将30条候选口号在省市多家媒体上公布，组织公众投票。6月1日至10日，共收到公众投票11828张。与此同时，组委会还广泛征求了市级有关部门及部分人大代表、政协委员的意见。最终10条主题口号入围。

概括了宁波特质

“书·藏古今，港·通天下”成为最后选定的入选口号。入选有两大理由：一是这句口号在公众投票中排名第一，得票数为5684票，遥遥领先于其他口号。在市级有关部门、人大代表、政协委员和专家推选中也名列前茅；二是从内涵上看，这句口号比较符合宁波城市的特质。

前一句“书·藏古今”，狭义上指天一阁，广义上则寓意宁波历史悠久、文化厚重，是一座书香之城、文化之城。一个“今”字，则体现出文化的流动和发展，体现了我们在传承历史文化基础上，不断建设当代文化，努力形成历史文化和现代文明交相辉映的格局。

后一句“港·通天下”，则突出了宁波作为现代化国际港口城市的特色。“通天下”这3个字，既体现了宁波的交通便利，又是宁波港城经过30年改革开放取得的发展成就的写照，同时还寓意着宁波人开放、开拓、创新的精神。

一“书”一“港”，既有精神层面的意蕴，又有物质层面的具象，互为映衬，相得益彰。这句口号，用简练的语句，概括了宁波作为大港之城、商贸之城、文化之城的特质，用词较为大气、对仗较为工整、格调较为文雅。从句式上看，也有别于其他城市的形象口号，比较适宜宁波城市形象的传播。

为了更加鲜明地体现地域标志，并考虑到表达上的流畅，根据原先制定的规则，活动组委会对入选口号作了修改，最终确定“书藏古今，港通天下——中国宁波”为宁波城市形象主题口号。

宁波城市形象主题口号新闻发布会。　　记者　王鹏　摄

10条入围主题口号

口号	作者
书·藏古今，港·通天下	兰继红
世界的港城，阿拉的宁波	周ionals
东方大港，和美宁波	应剑光
新丝路 新海港 新宁波	姚丽君
桥跨大海，港联世界，中国宁波	鲍金明
东方大港，千年商城，多彩宁波	俞升祥
商帮故里，爱心港城——阿拉宁波	梅庆生
宁波，梦想起航的地方	秦中伦
海定波宁，和美港城	丁建军
天一生水，万象宁波	钟阳飞

主题口号第一名获得者兰继红：

宁波是一座令人向往的城市

“宁波是一座令人向往的城市，无论用怎样的溢美之词形容都不为过，我创作的口号能获得第一名，这是我一辈子的骄傲！”昨日，记者电话连线了主题口号“书·藏古今，港·通天下”的作者兰继红。

兰继红是从湖南长沙市投稿的，远在千里之外的她，怎么会关注宁波城市主题口号征集活动呢？兰继红告诉记者：“我是通过宁波网知道这个征集活动的。我很早以前就知道宁波，印象中宁波是个美丽的水乡城市。去年，我因为出差第一次踏上这片土地，发现宁波比我想像的还要美丽，我立即喜欢上了宁波。所以，知道宁波有这个活动时，当即决定参与。”

兰继红和丈夫经营着一家现代创意工作室，“我们从事广告策划、形象宣传工作有10来年了，曾获得全国各类口号征集活动200多项三等奖以上的奖项，比如广东东莞的旅游口号、深圳仲裁委的形象口号、云南红河卷烟广告词等。”兰继红介绍说。

虽然对宁波颇有好感，但要用精练的语言表达，这对兰继红而言，还是一个不小的挑战。“我用了两天时间查阅了大量有关宁波的资料，从宁波的历史、经济、人文等方面全面了解宁波，宁波有东方大港、商贸都会、文化名城、和美家园四大特点，如何用简练的词语概括这四大特点呢？我苦苦思索，在纸上写写划划，反复推敲，终于拟出了三条口号，其中就有这次获得第一名的‘书·藏古今，港·通天下’。”

“我对这句口号还是比较自信的。”兰继红的语气中透出自豪，“这两句话八个字，也是我近年来少有的得意之作。”

记者　李臻　范洪

■评论

擦亮窗口　叫响宁波

许雄辉　卢科霞

宁波市城市形象主题口号征集活动，历经数月，入选口号“书藏古今，港通天下——中国宁波”，终于从42715条应征口号中脱颖而出，在万众期待中揭晓。它既标志着一次传播广泛、影响深远的战役性外宣工作取得了重要的成果，也标志着宁波从此有了一句大家认同的、叫得响的城市形象主题口号。

“您心中的宁波——城市形象主题口号”征集活动，自今年4月中旬启动以来，就像一场万众参与的全民大合唱，旋律激越、气势磅礴。它饱含了新老宁波人对家乡、对宁波的挚爱真情和美好愿景，也凝聚了海内外宁波籍人士及宁波上上下下的文思和才情。口号数量之多，来源范围之广，公众参与的热情之高都超乎主办方的预期。上至两院院士、著名作家，下至普通工人、农民，包括机关干部、军人、大学生和外来务工者等社会各阶层人员，都以饱满的热情参与其中，直至截止时间的最后一刻，还不断有热心的市民手捧着作品来交稿。

这次口号征集活动的成功，也体现了媒体新闻传播活动的大手笔。经主办部门精心组织策划，参与媒体上至中央下至全市，数量不下数十家，作为征集活动办公室所在的东南商报更是全力配合，殚精竭虑地为活动鼓与呼。一时间，甬城上下竞说“宁波”，男女老少关注“口号”。同时，在长三角，在全国，甚至在海内外，掀起了一股“宁波形象热”。许多市民通过活动进一步了解这个美好城市，外地人也通过活动翻查资料认识了宁波、并深入了解了宁波。最终被确定为宁波的入选口号正是出自于一位外地友人之手。

诚然，这次征集活动既已成为一次宁波城市形象提炼和对外传播的活动，同时也成为了一次问计于民、集中民智、迸发创新活力的宣传活动。增加了新老宁波人对宁波城市的认同感和归属感，体现了广大市民对宁波城市未来发展的期待和追求，对于提升宁波城市的知名度和美誉度，起到了积极的推动作用。

今天的宁波，人均生产总值突破1万美元，工业总产值突破1万亿元，集装箱吞吐量突破1000万标箱，同时蝉联了全国文明城市、中国最具幸福感城市等荣誉。宁波站在新的起点上，面向世界、面向未来，正以“书藏古今”的文化软实力，锻造“诚信、务实、开放、创新”的精神气息，以“港通天下”经济快速发展的硬实力，扎实推进国际现代化港口城市的建设。

我们现在就是要叫响口号、叫响宁波，擦亮宁波城市形象的窗口，让更多的人了解宁波、认识宁波，让宁波形象成为一张无形的名片，推动城市文明建设、凝聚新老宁波人共同建设宁波的期许，把我们的城市建设得更繁荣、更富强，以崭新的面貌和更美好的形象，屹立在祖国的东海岸，矗立在世人的心中！

图6-1　“城市形象口号征集特别报道”报纸版面1

东南商报 A03

城市形象口号征集特别报道

2009年5月4日 星期一 编辑：吴志明 组版：徐 明 校对：潘国标

编者按

从4月12日，本报刊发"话说宁波"系列报道引起读者的极大关注，到4月15日由市政府外宣办等五部门、单位联合征集宁波城市形象口号，20多天来，通过纸媒、网络、手机短信、电话、信件等，征集活动办公室已收到应征城市形象口号作品超过4万条。

这4万条口号，就像4万颗珍珠串起，折射出港城宁波的七彩光辉，更像4万首赞美诗，歌颂着宁波的美丽、爱心与和谐。

这是一次传播广泛、影响深远的媒体大行动，这是一场展示宁波城市风采、塑造宁波城市形象的全民大合唱。一时间，甬城上下竞说"宁波"，男女老少关注"口号"。在浙东，在长三角，甚至在海内外，掀起了一股"宁波形象热"、"宁波口号潮"。

每句口号都是一份爱

——记"您心中的宁波"城市形象口号征集活动

火爆超乎我们想象

哪一句话，能够成为宁波最鲜明、准确、独特的形象描述？

4月15日，宁波市委宣传部召开新闻通气会，市政府新闻办公室、市旅游局、市文广新闻出版局、宁波日报报业集团、宁波广播电视集团联合向海内外公开征集宁波城市形象主题口号。它不仅成为一场集合民间智慧、迸发创新活力的盛赛，更吹响了热爱家乡为家乡发展鼓劲加油的"集结号"。

广大市民朋友以及海内外众多关心、热爱宁波的读者友人纷纷响应这一呼唤，并通过打电话、写信、发短信、发邮件、网上投稿等方式，参与这次活动。

当来信来稿如片片雪花般飞进设在东南商报的宁波城市形象口号征集活动办公室时，我们可以看到，参与者对宁波这座城市的爱之深和盼之切。

当初，宁波城市形象口号征集活动办公室成员只有7个人，但发展到现在，除了举全报社之力，浙江万里学院的大学生志愿者也参与帮忙。

最初，安排2位工作人员接热线，第一天，他们的嗓子哑了。不够，再安排2位，4路热线没有一刻停止过，记载着口号的档案纸写满了一张又一张。这样，还是有许多市民连续拨打电话都打不进来，只能找上门。于是，再安排一位工作人员专门在一楼大厅接待来访市民。

为了不漏掉任何一个口号，为了记录每一位参与者的个人信息，工作人员为数万口号一一建立档案。负责建立档案的志愿者说，这几天晚上睡觉，一闭眼都是一句句口号在眼前飞。

最初的投稿邮箱容量为100M，谁也想不到，两天之内这个邮箱就爆满了。办公室的电脑技术人员为此专门腾出一台电脑接收投稿，并向北京总部申请扩大邮箱容量。

看着每天几乎直线递增的口号，怎么办？"不能让大家白花心思写口号，每个都得仔细审阅。"除了志愿者无偿奉献，东南商报社发动了每一位员工，就连天天忙着采访、写稿、编辑的所有记者和编辑都被抽调过来当"初评员"，再呈给专家组。

路甬祥也欣然供稿

本报曾报道过，第一位投稿参加活动的是美籍华人[illegible]，他虽然远隔重洋，身在美国，但是他的投稿速度超过了宁波本地人。

活动进行到现在，越来越多的海内外"宁波帮"人士进入我们的视线。他们虽然身在他乡，但依然关心、惦记着家乡的发展大事。

董曼琴女士是一位旅居英国的上海人，祖籍宁波。她不远万里，从英国西南沿海城市普利茅斯寄来"灵秀城美[illegible]，富华英才现代城"等口号。这封信于4月20日寄出，在路上整整走了9天。

移居香港的宁波人刘步法，则寄来"通商之都，人文宁波"、"通商宁波，人文名城"。

十一届全国人大常委会副委员长、中国科学院院长、宁波籍院士路甬祥，听闻宁波在征集形象口号，也欣然供稿，他给宁波定位为"开放、创新、和谐"。

曾写过《走进宁波》的著名作家陈祖芬，近几年一直关注着宁波，她也提供了一句佳言，她的创意是"商道翰墨香，阿拉宁波强"。她说，宁波的特点是亦商亦文，商亦有道，翰墨也香，非常文化，所以非常诚信，善举多，是越做越强。

全国网友热议宁波

宁波征集城市形象主题口号，不仅新老宁波人热情参与，解放日报、浙江日报和市级各大媒体在主要位置刊登征集新闻和启事，央视国际、东方网、浙江在线、南京龙虎网、广州大洋网、大连天健网和省内的主要网站，都为中国宁波网作了友情链接。

消息在全国甚至全球传播，得到了广大网友的热烈响应。这些网友来自全国各地，有山东、西藏、海南、新疆、安徽、河南、河北、湖南、山西、北京、上海、广东、香港等地，他们为宁波留下了许许多多溢美之词，使我们感动之余，备受鼓舞。

每天，从网络平台上，我们平均能收到2000条口号，有些征集口号的网络论坛帖子也变成了人气帖、火爆帖。

上海网友杨国名一口气给我们发来了7组30多句主题口号，其中出现最频繁的，是"人文商都、和美满城"。安徽网友高学新也发来了好几句口号，其中一句比较独特："放大的香港，未来的纽约"。

他解释说：宁波的自然条件得天独厚，内外辐射便捷，向外直接面向东亚及整个环太平洋地区，背靠上海等省市，工农业生产发达，是全国最富庶的地区之一，可谓"不是香港胜似香港"。而且宁波港水深风顺浪小，终年不冻，可开发的深水岸线达120km以上，具有广阔的开发建设前景，有可能成为纽约那样的国际巨港。

如此众多的口号，不可能都被选中，但广大参与者的热情、对宁波的爱，都值得称道、值得感谢。

征集办公室的工作人员告诉记者，他们在阅读来信来稿中，每天都在激动着、感动着，为有这么多关心、热爱宁波的朋友而备感振奋。记者 许雄辉 卢科霞

大学生志愿者整理堆积如山的来信。 记者 刘波 摄

口号征集截止时间：5月5日下午4点

如果您还有好的创意，赶快发送给我们

本报讯（记者 范洪）"您心中的宁波"城市形象主题口号征集活动已进行了近20天，将于5月5日下午4点截止。这段时间，全国各地的热心人通过电话、电邮、书信以及网络和短信等形式，共向组委会发来征集口号作品4万余条，组委会已展开整理工作。

此次活动征稿截止时间是5月5日下午4点整，组委会工作人员将通过书信邮戳、电子邮件、网上投稿及手机短信发送的系统时间作为确认作品发送的时间依据，截止时间过后收到的作品将被视作无效作品。

另外，因邮寄延误、丢失、误寄等非主办方的原因造成应征作品丢失的，主办方不承担任何责任。作品如有雷同，以先发送者优先。主办方有权对入选作品进行修改，并拥有入选作品的全部版权。

现在，离截止时间仅剩1天了，考虑到邮寄作品中途时间无法控制，如果您还有好的创意，不妨通过电邮、手机短信以及网上投稿等快捷的提交方式参与。

城市形象口号征集作品选登

宁静港湾，活力商都
马锡联 广东省广州市萝岗区

山水宁波 人文之都
朱兴成 湖北省荆州市

河姆古地 水韵新城
薛陶 清华大学出版社

和美港城，活力商埠，时尚水都，休闲福地
徐朝春 湖南省泸溪县

商海明珠，魅力港都
王大刚 黑龙江省富锦市锦山小学

温馨水城，韵动宁波
戚飞虎 安徽省巢湖学院

海韵商港，梦里水都
周迪萍 江西省南昌市

水韵商都，爱心之城
黄科霖 广西省平乐县二塘镇

文商雅韵，魅力港城
芈汝仙 浙江省建德市

海韵商都 幸福之城
向杰 四川

爱心港城，幸福商都
潘郁良 浙江省兰溪市

东方港城，动感商都
吴少云 贵州省凯里市湾水中学

时尚商都，幸福港城
诸小甜 浙江省兰溪市

儒商之都，天使之城
江辉跃 中国银行宁波市分行

水韵商情，甬波州灵
张新星 宁波大学

商帮名都 水韵港城——阿拉宁波
易其洋 宁波

魅力海港 古韵商城 大爱之都
李加强 134xxxxx326

书香水韵，和美宁波
谢顺平 贵州贵定

海纳百川 地灵人杰 人文宁波
陈洪杰 宁波江北人民医院

港风水韵、文商名都、诗画宁波
余艳平 江西省宜春市袁州区下浦街东升小学

古韵港城，动感宁波
王勇 湖南澧县复兴厂国土资源所

宁·韵港城，波·动海潮——中国·宁波
张琼 杭州市

璀璨滨港，商居胜地
吴艳雪 安徽芜湖市

天一墨香飘神州，宁波富甲传千年
梁少锋 131xxxxx760

化蝶纷纷书香阁，水韵声声竞渡港
李建明 136xxxxx931

渔歌港都 文韵甬城
张春峰 象山

部分城市形象宣传口号注解

现代港城，幸福之都
佳敏 河姆渡人

注解：早就提出建设现代化国际港口城市，这一目标已深入人心，也反映了宁波特色，揭示了发展方向。而幸福之都，是以人为本的具体体现，发展也好，实现现代化也好，最终为了人民的富裕幸福。

宁波已连续两年被评为幸福城市，并被市民所认同。幸福城市内涵极为丰富，包括社会文明、生态文明、政治文明等。

河姆渡水宁天一，北仑港舟波四明
李燕波 鄞州区方志办

注解：上联镶"宁"，下联嵌"波"，携手为"宁波"。"天一"既指天一阁，又指代宁波人；河姆渡水使天一阁宁静，免祝融之灾，同时河姆渡文化如水，使受这一文化熏陶的宁波人性格宁静而坚韧。"四明"既指四明山，又指代宁波。

河姆渡文化是中华文化重要组成部分，滋润着华夏儿女，尤其是宁波人民。其文化之水源远流长，天一阁藏书楼亦是这一文化的结晶与高峰。河姆渡文化特点如姚江深水，平和、沉默、务实、谋长远，宽容千溪百河，壮大自我，滋润两岸，从容融入大海，其性格经历恰如古往今来宁波人。

自古以来，宁波少兵灾，与宁波人这一性格息息相关。宁波人务实，勤劳善谋，历来富庶，这为外出经商奠定了必要的精神和物质，同时天道酬勤，天赐北仑深港于境内，自古以来，海帆经商，波及四海，形成"宁波帮"，使宁波世界扬名，最使四方得益。

双鸟朝阳七千年，羽人竞渡九万里
俞卿振、冯盈之 浙江纺织服装职业技术学院

注解：七千年河姆渡文化是宁波的骄傲之一，"河姆渡"是宁波区别于其他城市的最重要标志，而"双鸟朝阳"则是河姆渡遗址的标志。

1976年，鄞州甲村出土一件战国时期铜斧，该铜斧下部边框底线表示狭长的轻舟，内坐四人，头戴羽冠，双手划桨。纹饰内涵丰富、寓意深远、造型独特，被命名为"羽人竞渡"。这件国宝级的文物是中国航海界最早的文物，也是人类最早的航海记录。

宁波是海上丝绸之路起始港之一，重要的特点一是历史久，二是传播广，所以散落在世界各地的遗迹遗物相当丰富，影响面广。

直至当代，宁波港城跨入了世界亿吨级大港行列，而且港城建设欣欣向荣，昂首走向世界，纵横"九万里"。

这句口号虚实结合，历史与现实结合，试图用宁波特有的文化内容，从时空两方面，构建宁波形象、体现宁波精神，既展现一座城市的风貌，又反映宁波人民的姿态。记者 范洪 整理

图 6-2 "城市形象口号征集特别报道"报纸版面 2

图 6-3 “城市形象口号征集特别报道”报纸版面 3

二、案例分析与小结

（一）城市营销宣传的普遍做法

征集和创作城市形象主题口号，是近年来国内许多城市宣传自己的普遍做法。其城市形象主题口号可以起到高度概括城市特点、传递城市信息、吸引外界关注从而促进旅游、投资的功效，也是对外宣传城市打造理念识别的重要途径。但要创作和提炼一个好的形象口号并不容易，而且搞不好还会起负面效果。新华社主办的《半月谈》杂志曾刊文评说全国不少城市开展此类活动，直言“作秀者多，有的甚至很低俗”，但评说宁波这一活动自下而上发扬民主，问计于民，产生了非常好的社会效益，并真正发挥了宣传城市的作用。

（二）成功的四个特点

宁波市城市形象口号征集活动之所以能够取得良好社会效果，其成功的做法概括起来主要有四个特点。

1. 主办单位精心部署、领导给力

在征集、筛选、评选等工作环节和活动期间，市委、市政府主要领导、分管领导多次听取汇报，提出许多指导性意见。市委、市人大、市政府、市政协所属的多个部门也对征集和优选工作给予了大力支持，提出了宝贵意见。市委宣传部、市外宣办把这次活动作为深入贯彻科学发展观、问计于民的学习实践活动，多次开专题研究会，做到精心组织，周密实施，努力使整个征集活动成为宁波城市形象提炼和传播的过程，在市内外取得了很好的社会宣传效果。中央外宣办以简报形式介绍了宁波开展的此项活动，并予以肯定。

2. 媒体互动、新闻引领、舆论给力

这次口号征集活动的成功，充分体现了媒体新闻传播活动的“大手笔”。经主办部门精心组织策划，参与媒体上至中央下至全市，数量不下数十家，既有多种报纸，也有电视、电台、网络及手机终端等新媒体，可以说是多种媒体融合互促同台合唱。作为征集活动办公室所在地的东南商报社更是全力配合，殚精竭虑地为活动鼓与呼。首先，《东南商报》创造性地提出了系统的新闻报道方案。在征集活动开展前期，先造声势，引入话题，开辟“话说宁波”系列报道栏目，连续推出一系列引导性的报道，先声夺人，发挥了新闻引领的作用；其次是连续滚动推出征集作品选登版面，不断吸引社会广泛关注。每天更新的征集口号作品令人看了跃跃欲试，上至两院院士，下至普通市民都抱着极大的兴趣和热情参与进来，连清洁工、花匠都捧着作品来投稿。

3. 围绕主题开展丰富多彩的系列活动

如在大学生中开展专题创作竞赛活动，在广场、社区开展市民投票评选活动，邀请专家学者研讨征集作品活动以及开展广场文艺宣传活动，宁波市教育学院美术系的教师和学生又围绕候选口号创作了一批宣传画，并举办画展，开展创作竞赛等等，使征集活动深入人心，家喻户晓。

4. 细节为重、织网筛选口号也是关键之举

试想，从 42 715 条候选口号中选出一条，实在不是件容易的事。《东南商报》编辑部组织 40 多名编辑记者，每人分担 1 000 条，交上精选的 100 条，而为确保好的作品不被遗漏，我们要把四万多条口号都审看一遍，然后筛出 2 000 条，并重点圈出 200 条交给市专家组，宣传部外宣处也对四万多条口号过筛子织网双重精选。最后进入供社会和读者市民投票评选“400 进 100”“30 再进 10”的筛选过程，“书藏古今，港通天下”这个被认为最恰切、最能代表宁波城市形象的口号终于被筛选出来了。

试想，如果这句话在前期 2 000 条中被遗漏掉，可能就不是这句经典口号了。如果出现这种情况，仅怪罪承办者水平低已无济于事，让这么大型活动不能善终将会是永远的遗憾。而这个遗憾没有发生，因为主办方重在把握细节，认真负责地掌控每一个环节，保证不出错。

第四部分

思考与探索

第七章　一种新闻宣传新模式的探索实践

第一节　从双向回馈型深度报道到政媒公关服务平台

我 1982 年大学毕业后即被分配到新闻单位工作。当时正值改革开放初期，国家百废待兴，处于蓬勃发展和改革创新的初始阶段，新闻单位大都刚刚从十年动乱中走出来。特别是一些地方性的报纸，刚刚恢复运行，许多新闻报道从形式到内容都存在非常固化和单一的模式。但这时的新闻改革和创新也已经开始了，老一代的新闻人开始尝试用新思路、新方式报道会议，报道人物，报道新闻事件。而一批刚刚经过大学专业学习、初出茅庐却锐气十足的年轻新闻人开始担负起新闻改革和探索的重任。从改革的视角，用更加鲜活的形式，改变着人们对新闻报道的固有认识。当时像《经济日报》《中国青年报》等国家级大报推出了一系列有影响的深度报道，不但直接推动了国家的经济改革进程，同时也为新闻改革和创新提供了思路和范本。

正是在这种大背景下，地方媒体的探索也如火如荼地展开了。我当时所在的一家市级党报便在这一波新闻改革的浪潮中奋力探索，成功地推出了一批社会关切的、有影响力的时政新闻深度报道，在当时当地领了风气之先。

我们通过一些直接干预生活和促进经济活动的新闻报道，改变了人们的惯性思维，同时也促进了社会经济生活发生变化。后来，我们总结这些深度报道的特点，就是通过双向互动的形式，引导受众参与新闻事件，通过信息回流激发政府部门的作为，从而起到解决社会问题和矛盾的良好效果。这种报道方式，我们定义为双向回馈型深度报道。1988 年，我撰写了一篇论文《试论双向回馈型深度报道》，刊登在《新闻大学》杂志上，该文对双向回馈型深度报道进行了专题论述。

从传播学的角度说，也许有人认为，新闻不是宣传，新闻只是需要对事件进行传播，而我们的实践却反复证明，真正能解决问题，起到推动社会进步作用的好的新闻报道，也可以说是具有中国特色的新闻报道，它既具有传播事件的使命，也蕴藏着宣传教育的功能，同时还具有作为党和政府喉舌的功能和联系人民群众的纽带功能，但是在形式上却完全可以探索出更高明和更艺术的形式。去除标签化和口号化，将精神实质内化于新的报道形式之中。

基于这种认识，我在后来的新闻从业实践中，不断探索，力求寻找到群众所求、政府所需、媒体所能的结合点。我最终发现，打造一个政府部门与媒体相结合，与受众建立良好沟通公共关系的公共服务平台，是一种好的新形式。于是，我用了近 30 年的新闻从业实践，去探索拓展一条从双向回馈型深度报道到依托大型新闻社会活动为载体的构建政媒公关服务平台的新闻融合之路。

在这条路上，始终贯穿如一的是媒体服务群众的理念，通过吸引受众参与、互动的方式，让新闻与宣传，政府和媒体，受众与记者构建一种新型的关系。通过新闻社会活动的方式，推动社会生活的变化朝着正确的舆论方向发展。

实践证明，这种方式极有利于受众与政府部门沟通。通过媒体与受众的互动，寓教于乐，寓疏于导，调动受众参与解决公共事务的兴趣和积极性，形成广泛的共识。从早期策划的“解决买煤难”到“农民投资方向的讨论”，从“走进民心”32 家政府部门上街摆摊为民解难题，再到策划宁波“外来务工者节”系列活动，以及“环保·故乡·山江海”大型新闻社会活动，从新闻宣传报道到搭建公共服务平台，将群众所求、政府所需的事情，聚合于新闻宣传的范畴之中，以新闻的视角，从媒体的角度，寻求一个最佳结合点，并通过社会活动展现出来，体现出媒体的服务力和新闻生产力的推动能量，这其实也是一种新型公共关系的媒体构建。2008 年，浙江省公共关系协会为纪念协会成立 20 周年举办了“改革开放与公共关系”理论研讨会。我应邀从公共关系学的角度，撰写了一篇题为《公关平台、活动舞台、社会看台——新时期媒体公共关系策略思考与实务》的论文并在研讨会上发言。会上，中国公共关系协会副会长、浙江省公关协会会长周行对我组织策划的《东南商报》大型社会活动大为赞赏，给予了热情洋溢的评价，他还在会议论文集《和谐之歌——浙江公共关系的研究与发展》一书的序言中写下了这样一段话：“非常感谢《东南商报》为媒体公共关系提供了十分宝贵的经验。许雄辉同志的论文写得很好，发言也很精彩。《公关平台、活动舞台、社会看台——新时期媒体公共关系策略思考与实务》一文生动地介绍了东南商报社策划推出的一系列大型社会公共关系活动：评选‘宁波十大外来务工明星’、举办‘外来务工者节’、征集外来务工者之歌，倡议‘少开一天车，我为绿色作贡献’，开展‘环保·故乡·山江海’新闻采风系列活动等等，政府支持、社会联动，既造声势，更办实事，构建了‘公共关系平台’，也是社会活动的大舞台，社会观众的大看台，凝集了千千万万的力量，也吸引了千千万万的眼神。东南商报社实践着把媒体建成‘公共平台’‘活动舞台’‘社会看台’的理念，并取得了积极成果，无疑对媒体系统具有普遍意义。我们非常需要媒体的支持。如果都能像东南商报社那样重视公共关系，不断策划推出大型公共关系活动，我们的公共关系事业必将迎来更加美好的前景。”

今天，我们在互联网和大数据的时代背景下，谈论新闻社会活动的大“平台”，便有了更新的改革和实践的意义。在新闻业界，已有人把新闻社会活动定义为“一种写文章的新方式”，也有人总结为这是办报方式的“创新”。有资深媒体人形象地比喻其功能：“生命在于运动，报业在于活动，成功在于互动。”显然，新闻社会活动的作用已足以推动行业发展和社会进步这一观点已成业界共识。而这种褒奖式的话语总结也给予同行探路者们以鼓舞和信心。

《试论双向回馈型深度报道》《论媒体构建公共服务平台——都市类媒体公共服务策

略思考及创新实务》《论媒体创新，凝聚精神的力量——〈东南商报〉弘扬社会主义核心价值体系实践》《论媒体行动引领绿风劲吹》四篇文章（尤其是前三篇）是我在不同阶段探索新闻社会活动由双向回馈型深度报道到政媒公关型公共服务平台的理性思考和新闻从业实践的总结，并可作为同行继续策划新闻社会活动创新发展的理论依据。社会在发展，探索无止境，前路依旧漫漫。

第二节　试论双向回馈型深度报道

深度报道，通常是通过系列报道，深入事物内部，揭示事物发展的来龙去脉、前因后果，纵横联系，形成一个既有广度又有深度的报道形式。通过分析一些深度报道，我们可发现，其中有一类深度报道，具有一个明显的特点，即大都是双向回馈型。这是新闻报道在新闻改革中适应时代要求和社会发展趋势出现的一个重要特征。

大家都知道，在党的十一届三中全会以前很长一段时间内，我们的新闻报道，从报道题材到形式几乎都有一种僵化的固定模式，即遵循一种简单的“思维规律”，在很大程度上成了过于机械的“传声筒”似的工具。所以，一般来说，即使是一些有影响的报道，它也常常是从一个方面、一个角度、一个流向来传播。宣扬和佐证某种思想的报道，有时通过强化，具有理性的深度，有助于提高人们的某种思想认识，但这种强化的报道仍不免具有不同程度居高临下的“灌输”模式。这是“一向流”的报道，我们暂且把它称为“单向流线型”报道。而近几年出现的一些深度报道，特别是一些有影响的连续报道、系列报道，则摆脱了旧的窠臼，融入了新的基因。这种报道从形式上来看，它表现为一方面是记者通过对事实的报道进行舆论引导，另一方面是受众受到感染后主动参与到报道活动中去，产生新的舆论，依次交替延伸，形成一种自上而下，又自下而上，双向交流，循环渐进的链状模式。报道的“深度”则在“双线交流”的渐进中体现出来，这种交流有时是逆向的，有时又是同步交叉进行的。因而，它所产生的作用，已不是将记者的某种认识和倾向强加给受众，而是由于受众在参与中实现了对问题的深刻认识。这种报道，我们把它称为双向回馈型深度报道。

以江西《鹰潭日报》为例，[1]我们曾几次组织这类报道，均收到了良好的社会效益。如“关于鹰潭买煤难”的报道（见江西省新闻学会编的《1986年江西好新闻作品选》），便属于这一类。这是一组连续报道，共发稿八篇。在鹰潭买蜂窝煤难是近几年社会供需矛盾最突出的表现之一。自1983年鹰潭由原来的县级市升格为省辖市后，人口骤增，而煤球厂的面貌依旧，且生产能力差，工人纪律涣散，于是出现了有人排几天几夜的队买不到煤的

[1] 20世纪80年代笔者供职于《鹰潭日报》。

现象。一些居民谈到买煤而色变，惊呼“鹰潭最属买煤难”。我们在 1985 年 5 月就用读者来信的形式，做过一次“鹰潭买煤何其难”的报道。然而，当时由于没有把报道引向深入，没有充分调动受众的参与意识，只是“单向传播”，属于“单向流线型”报道，因而没有收到什么效果。时过境迁，一年多过去了，问题更趋严重。后来，我们分析了过去报道没有达到预期目的的原因，除没有把报道引向深入，报道本身缺乏深度外，还有一个原因就是没有引起社会心理呼应，没有充分调动受众的参与意识。因此，我们又重新组织报道，并且周密考虑拟定好了报道方案，开始用记者见闻的形式把鹰潭买煤难的种种现象客观地摆出来。从形式上看，这是一种纯客观的报道，但从效果上看，则起到了引导舆论，调动受众参与意识的作用。报道出来后，许多读者果真纷纷投书本报，以示共鸣。根据这种反馈，我们便在一版用很大篇幅刊登了一批读者来信来稿，展示了读者的关注度。接着，我们再把报道引向深层，派记者深入现场，写成了一篇背景性新闻，揭示了买煤何以如此难的原因。这样，进一步形成社会舆论声势。当时鹰潭街头人人争说“买煤难”。由于读者积极参与舆论，出现了传播主体由原来的传播者（记者）变成传播对象（广大受众）的趋向。许多人大代表、政协委员纷纷出点子，要求改变买煤难的状况。一些政府工作人员和主管部门的领导也下基层，蹲守煤球厂里解决问题。煤球厂的工人和干部则主动到报社来反映问题，表现出强烈的参与意识。上至市委领导下至一般百姓均密切关注事态的发展。我们又及时把受众的这种参与意识反映出来，通过座谈会纪要的形式，把读者（受众）对买煤难的看法、意见、批评和改进工作的建议刊登出来。因而“买煤难”的报道，已不是一般的小批评了，而是通过连续性、多方位“双向交流”的传播呼应，深刻反映了党群关系、社会风气，并揭示了体制方面存在的问题，具有相当的深度和广度。正是这种双向回馈型报道产生了强烈的社会反响，使得长期未能解决的“买煤难”问题得到了较好的解决。这是一次比较典型的双向交流、循序渐进链状模式的报道实践。它依照这样一种程式，即由报纸先将群众关心的问题提出，触发读者的参与意识，进而由报纸反馈这种意识，形成两股信息流，一股来自记者的观察和思考，一股来自受众的反响和呼应，从而深入事物的内部，把报道不断引向深入。

另外，这类报道还有一个特点，即宣传者与宣传对象处于一种完全平等的关系之中，传者与受者之间有心灵沟通和共同语言，结果是传播者与传播对象双方都能在传播过程中受到启发和教益。再以《鹰潭日报》1987 年 2 月组织的“关于农民投资方向的讨论”为例，便能反映这种报道的平等交流、互相启迪的特点。党的十一届三中全会以来，农村的经济改革给农民带来了很大的利益。农民的收入逐年提高，生活逐年改善，手中有钱了，然而，“手中有了钱怎么花？”倒成了个新问题。近几年农村出现了建房热，大操大办红白喜事，讲排场，搞攀比，消费水平提高了，而对生产的投入却减少了，削弱了发展农业的后劲。本报记者在农村做过一次调查，他问农民，“如果你手中有一万元钱，你准备怎么花？”农民的回答是，先造房子，再买彩电和其他消费品，几乎没有人准备把钱用于农业生产投资。于是我们决定进行一次舆论引导。但这个问题，仅仅靠一两篇正面报道，选择几个正面典型事例进行“单向传播”，是难以引起人们重视的。于是，我们又用“双线交流”调动受众参与意识的方法，组织深度报道。我们从2月中旬开始，开辟了一个专栏，“手中有了钱，应该怎么花——关于农民投资方向的讨论”。到4月初结束，共出了11期，发稿近30篇。开始是用记者来信的形式提出问题（引导舆论），问题一提出，便引起了农村基层干部和广大农民的兴趣。许多农民、农村基层干部、有关部门农业科技人员和管理人员都纷纷撰稿，一些不会写字的农民也请人代笔，将自己如何用钱、花钱的想法、做法述诸报端。我们没有简单地下结论，而是将各种意见（甚至是一些个别的极端意见）都发表出来（于是接受者又一次成了舆论传播的主体，自觉地参与活动）。有些农村基层干部自己制作了调查问卷，配合我们到农村进行投资方向的调查，并把调查的结果反馈给报社。这种主动的参与使整个报道的广度和深度都得到了拓展，在这个基础上，报纸最后再用具有一定理论深度的评论文章结尾，进一步开展正面宣传，这样就收到了比较好的社会效果（《人民日报》半月后也就如何增强农业后劲问题发表了一系列评论，说明我们的报道是及时的、有针对性的）。在这组报道中，宣传者和宣传对象始终都处在一种平等和谐的同志式的关系之中，因而传播者与接收者之间并不存在强制性的教育与被教育的关系，而是处于平等交流思想的关系之中，在交流过程中产生了另一种心灵的沟通，从而使传播者与传播对象双方都在“对流”中受到某种启迪和教益。实际上对这个问题的认识，许多编辑记者本身也是逐步深化的。譬如农民为什么不愿意增加农业投资？这里面有许多实际问题。有些农民是想投资的，但怕政策会变，怕投资失败。再则投资环境方面存在很多问题，农民不了解信息、科技服务不够、流通渠道不畅等，除此之外，农民的高消费有时还迫于一种社会压力。以上这些问题并不是我们办报人一开始就能充分认识到的。在讨论交流中，我们受到了启迪，最后为党报写总结性的评论，为有关部门决策提供了依据。

由此可见，双向回馈型深度报道，对于我们寻求解决重大社会问题的渠道，改革传统报道的单调模式，争取最佳的宣传效益方面，是有启发的。

双向回馈型深度报道形式的产生，有其历史的客观原因和社会基础。经过十年动乱，人们的思想发生了很大的变化，首先表现在对任何东西已不再盲从，对不理解的东西也不会轻易接受。随着人们文化水平的提高，对客观世界的认识能力也普遍提高，人们对各种宣传品的选择变得严格甚至近乎“挑剔了”。因此，“单线流向型”报道的效益受到很大削弱，往往被选择的眼光所冷落。而“双线流向型”的深度报道，则正好能适应新形势下社会心理的新变化，适合读者的心理要求，它能更好地加强报纸与读者的联系，反映人民的呼声，通过生动活泼，多方位、多层次、多角度的报道方式，在受众与传播媒介之间架起一座感情共鸣的新桥梁。

双向回馈型深度报道形式还为民主参政议政提供了媒介条件。近几年，我国的政治民主空气越来越浓，人民群众参政议政的意识越来越强烈。新闻改革的任务之一，就是应该增强人民群众在新闻传播中的主体意识。在国外，许多国家都强调国民“知的权利”。所谓“知的权利”也就是指国民有充分了解国家大事，充分认识自己所处的环境，以决定社会发展方向的权利。这种“知的权利”也体现在国民接近和使用新闻传播媒介的权利上。国民要求从过去被动的“受传者”的客体转变为“传播者”的主体。也就是说，新闻工作者与国民在报道的权利上是平等的。不过，由于资本主义国家的种种原因，它很难在真正意义上得到完全的实现。而且，要把受众从过去只作为报纸的阅读者变为以表现者的姿态而出现的“传播者”，不仅需要报社记者态度的变革，同时也需要读者本身的认识能力、批判能力和表现能力等的提高。在我国现时期，由于改革开放使人们的民主意识得以增强，实现这种转变的主客观条件正在改善，“双线流向型”深度报道，正是受众在新闻媒介中增强主体意识的一个顺应潮流的载体，值得我们重视。

最后，“双线流向型”深度报道也为新闻报道的系统工程提供了一个富有启发性的理想模式。如果我们把新闻报道活动作为一个系统工程来看，我们会发现，“双线流向型”深度报道正是被信息论和控制论称为“双向通讯”的反馈联系运动系统，是指信息有去有回，形成一个由两条线路组成而运动方向又相反的封闭系统。也就是说，信息输出后，能够根据反馈信号不断修正输出控制信号，使被控制对象能在信息不断循环往返的过程中，不断修正内容，趋近既定目标，从而达到控制的目的。我们可以对此作进一步的研究。

（原载《新闻大学》1988 年秋季号）

此文获 2011 年中国新闻文化促进会前沿创新理论部首届“共和国重大前沿理论成果创新奖”特等奖，被收入《共和国重大前沿创新理论成果文选》（中卷）和《中国著名编辑记者论文选集》。

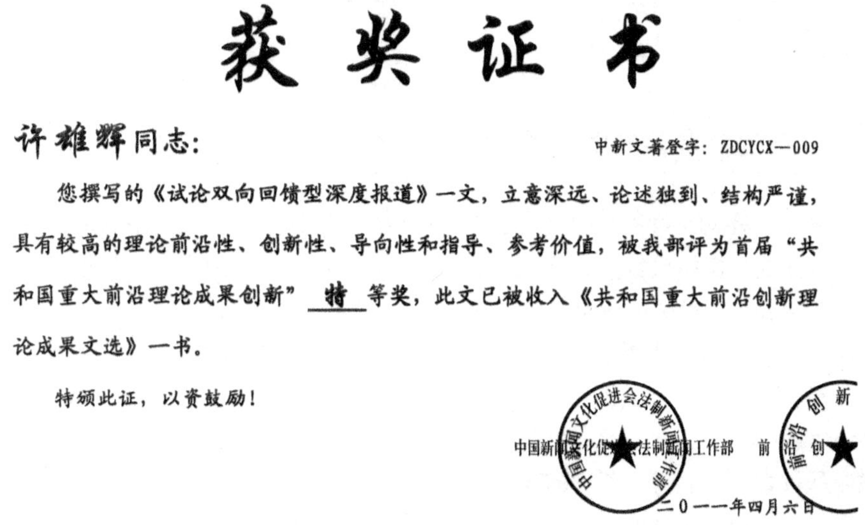

获奖证书

许雄辉同志：　　中新文著登字：ZDCYCX—009

您撰写的《试论双向回馈型深度报道》一文，立意深远、论述独到、结构严谨，具有较高的理论前沿性、创新性、导向性和指导、参考价值，被我部评为首届“共和国重大前沿理论成果创新”＿特＿等奖，此文已被收入《共和国重大前沿创新理论成果文选》一书。

特颁此证，以资鼓励！

中国新闻文化促进会法制新闻工作部　前沿创新

二０一一年四月六日

第三节　论媒体构建公共服务平台
——都市类媒体公共服务策略思考及创新实务

在进入社会转型和变革的新时期，新闻媒介在社会公共服务领域所担负的角色越来越重要，媒介传播作为社会公共关系诸多环节之一，往往起着枢纽的作用。而如何发挥好媒体在社会公共事务中的主观能动性，不辜负社会对媒体的新期待，给媒体带来了新的挑战和需要解决的理论及实务操作等许多新课题。《东南商报》作为党报衍生出来的一份新型的都市报，近年来，在文化体制改革的推动下，转变观念、实行企业化管理的运行机制，积极拓展服务范围，参与社会公共服务活动，联系社会各界，策划和实施了一系列大型公共社会活动。东南商报社策划推出的“环保・故乡・山江海”新闻采风系列活动和宁波市“外来务工者节”，均被评为 2007 年宁波市“十大公关事件”。特别是到 2008 年，东南商报社已连续五年举办了宁波市“外来务工者节”。一个读者的建议，点燃了一个媒体的行动策划；一个媒体的行动，引发了政府部门的参与，升华成为持续而广泛的公民行动，而且由此诞生了中国第一个“外来务工者节”，延伸出许多丰富多彩、实在、实惠的活动，成为浙江省新闻界一种独特的媒体现象，被授予浙江省新闻社会活动奖。东南商报社把媒体建成“公共服务平台”“社会活动舞台”的理念无疑对媒体在社会转型期中树立新形象产生了积极的意义。而东南商报社的媒体人对自身在社会公共活动担当与发展中的理性思考与创新，对新闻同行和政府有关部门也具有一定的启迪意义。

一、搭起社会公共服务平台

媒体天生具有公共关系和担当社会公共服务角色的职能，但长期以来，由于媒体人传统的思维方式，媒体只负责传播已成事实的新闻素材，宣传指令性方针政策，忠实地履行着单向传播和传声筒式的角色定位，最终只能被动地发挥社会公共关系作用。而在新形势下，媒体的这种单向传播显然已经难以适应新形势下受众对信息的多样化需求。《东南商报》在具体工作中，也遇到了这样的瓶颈。2004 年，我们试图开展一次以关爱外来务工人员为主题的宣传活动，但已感到单纯报道外来务工人员受到城市人某种歧视或不公平待遇难以从根本上引起有关部门的重视，同时我们认识到只有与有关部门一道，构建一个相关的平台，才能把关爱外来务工人员的报道做得有深度。于是东南商报社的有关人员主动联系了作为企业员工娘家的市总工会和对外来务工人员行使管理和服务职能的市劳动和社会保障局，而媒体作为一个共同的公共关系服务平台。相关职能部门在这个平台上与新闻单位一道，同唱一台“共同关爱外来务工者”的大戏。于是，从2004年3月12日起，由东南商报社策划，与市总工会、市劳动和社会保障局共同主办的“展示你的风采，争做务工明星”活动新闻报道正式刊出，拉开了评选首届宁波“十大外来务工明星”大型策划活动的序幕。从3月到11月，《东南商报》共刊登了43位外来务工者先进事迹报道。期间，还强势推出农民工生活现状的调查报告:《打工宁波，不再重复昨天的故事》《宁波腾飞，军功章有他们的一半》《外来务工者，宁波能海纳百川》，同时开展了为改善外来务工者生活献计献策征文、征集“外来务工者之歌”活动。最后刊登了40多位候选人的选票，评选出了宁波市首届“十大外来务工明星”。市四套班子的领导在刚刚落成的宁波大剧院为“十大外来务工明星”颁奖，宁波日报报业集团拿出五万元奖励务工明星，隆重的颁奖仪式让宁波的优秀外来务工者们沉浸在节日般的喜悦中。《东南商报》以九个版的篇幅全面报道了颁奖盛况，社会反响非常热烈。许多市民说，在“民工荒”越演越烈时，宁波能够在全国率先开展“十大外来务工明星”的评选，表明宁波“有容乃大”的城市精神，宁波对外来务工者是宽容、关爱、呵护的，表明宁波是外来务工者创业的好地方。

这次活动产生了巨大的社会效益，人们开始深情关注“外来务工者”这个相对弱势的群体。于是，《东南商报》与市总工会、市劳动和社会保障局等主办单位商议决定，每两年评选一次“十大外来务工明星”，把每年12月的第一个周日定为宁波的“外来务工者节”，以固定的形式，每年开展相关活动。2005年，东南商报社等三家主办单位又联合推出了持续一个多月的为农民工送健康、送温暖、送教育系列活动，并评选出了以环卫和建筑工人为对象的“十大城市美容师”和“十大城市建设者”。2006年，第二届“十大外来务工明星”评选更是备受社会关注，共收到选票10万多张。接下来的关爱农民工系列活动，如百场电影送工地、开启农民工专列、慰问农民工春节团拜会等，浪潮一浪高过一浪。

2006—2007年涌现出的明星保洁员徐辉，救人英雄彭维乾、徐义胜等一批优秀外来务工者使甬城上下为之感动。至此，“以关爱农民工，促进新老宁波人和睦相处共建和谐宁波”的大型新闻策划活动催生了全国首个“外来务工者节”的诞生。2008年12月7日，第五届宁波市“外来务工者节”又如期举行，这一届无论从深度和广度上都有新的拓展。除了举办大型劳动就业法律维权、心理咨询、文化服务广场活动外，还举办了宁波市优秀外来务工者创业创新先进事迹报告会，农民工、区域经济发展论坛宁波峰会，“2008最美新宁波人——女性风采大赛总决赛”等关爱外来务工者系列活动。在东南商报社和有关部门的推动下，“外来务工者节”活动引起了社会各界关注，起到了很好的效果。2007年，宁波市政府专门召开外来务工人员服务管理大会，联合出台了《关于加强外来务工人员服务与管理工作的意见》，成立了“外来务工人员服务管理办公室”，并在全国率先推出了20项涉及外来务工者就业、医疗、教育、保险等内容的服务政策。其中优秀外来务工者落户宁波、免除外来务工者子女义务教育学杂费、为外来务工者打造“社保套餐”等服务都开创了全国先例。宁波市外来务工者服务管理的一系列创新举措引起了全国关注。2007年11月，国务院专门组织调研组来甬进行专题调研，国务委员兼国务院秘书长华建敏称赞宁波市解决农民工问题在全国具有示范意义。

连续五年举办关爱外来务工人员活动，不仅让宁波 330 多万外来务工者有了自己的节日，解决了很多实际问题，同时也让这些“新宁波人”记住了宁波有一张《东南商报》，由此扩大了报纸的知名度，在一定程度上推动了报纸的广告投放和发行（2008 年，《东南商报》发行量在连续三年增长的基础又增长了 20%，广告收益达到 9 200 万元，比上年增长了 1 000 多万元）。东南商报社的做法得到了很高的评价，《人民日报》《今日早报》《青年时报》等媒体在采访各种活动时，也把镜头对准了《东南商报》。宁波市委宣传部副部长何伟（原人民日报社驻宁波记者站站长）说：“媒体参与策划宁波市‘外来务工者节’活动，我认为这是媒体拓展功能、参与公共服务的一次有益尝试。一家报纸为外来务工者办节，据我了解是国内第一家，这也显示出东南商报社有较强的责任感和使命感，为媒体参与公共服务做出了榜样。”

东南商报社的做法，也引起了中国记者协会、《中国记者》、《新闻战线》、《新闻记者》、《新闻实践》、新华网、人民网、复旦大学新闻学院等全国新闻领域专家学者的关注。在 2008 年“外来务工者节”前夕，他们也来到了宁波，并在 2008 年 12 月 6 日专门召开了宁波市“外来务工者节”媒体行动研讨会，共同对以东南商报社为主策划的这一活动进行了研讨。专家们认为，诞生于改革开放大潮中的《东南商报》在纷繁复杂的现象中，以敏锐的观察力、深邃的发现力，及时把握住时代的脉搏和历史前进的轨迹，为在改革开放中从农村、山区走进城市的社会劳动者，为工业化作出巨大贡献的建设者，为农民工、外来务工者设立节日，这是东南商报社和相关部门对农民工尊重的标志，是符合科学发展的创举，体现出东南商报社是服务大局的先行者、社会活动的组织者与和谐社会的建设者。

东南商报社策划的关爱农民工系列活动的成功之处正在于媒体坚持把握构建和谐社会的宣传主基调，始终与政府部门和群众团体联动，让社会各界参与互动，优势互补，既造声势，又办实事，实实在在推动了宁波社会用工环境的改善，提高了农民工的生活质量，把媒体真正搭建成为社会公共服务平台。

二、构建社会活动大舞台

除了与有关部门联合打造公共服务平台促进社会和谐，东南商报社还注重把媒体构建成社会活动的大舞台，让鲜明的主题宣传与丰富多彩的社会活动结合起来，围绕《东南商报》与读者，社会与媒体，领导与群众产生多层面的互动，以达到良好的主题宣传效益和对实际工作的推动作用。东南商报社 2006 年策划的“环保 · 故乡 · 山江海”新闻采风系列活动便是一个精彩案例。

宁波市近年来经济发展势头强劲，2006 年宁波市人均 GDP 达到 6 568 美元。然而，由于经济的快速发展，生态环境的压力也越来越大，资源的短缺和生态环境的“欠账”已成为制约宁波社会经济发展的瓶颈。市委市政府充分认识到这一问题的紧迫性，并在 2003

年就制定了建设生态宁波的目标。作为宁波的都市类早报，《东南商报》也意识到宣传好市委市政府这一战略举措的重要性，然而一直找不到一个合适的切入点。党的十六届五中全会召开后，中央明确提出“建设资源节约型和环境友好型社会”，这使东南商报社的媒体人顿时如被航灯照亮一般。有了这个大的背景，我们便研究如何找准切入点。于是，我们抓紧对环保宣传的新闻策划，最后商定开展一场既能宣传党的大政方针，又能吸引读者自愿参与的环保主题宣传公益活动。以寻访宁波十大山峰为由头，征集志愿者一道开展捡垃圾、保护母亲河、查处污染企业、在姚江源头植树、爱我家园保护海洋等活动，活动一经推出，便在社会上引起了热烈反响。2006 年 3 月 6 日征集志愿者探访宁波十大山峰的消息一见报，当天便有 532 名读者打进东南商报社的新闻热线，最终在数千报名者中我们选了 200 多名志愿者。第一届“环保 · 故乡 · 山江海”系列采风活动从 2006 年 3 月探访宁波十大山峰开始，连续开展了三个月，成为宁波市当年最具影响力的大型环保公益活动，这项活动也因此被评为宁波日报报业集团创新策划一等奖和集团年度十件新事之一。在宁波市 2007 年创模复查工作中，该活动受到国家环保模范城市复查小组专家的充分肯定。

经过精心策划推出的第一届、第二届、第三届“环保 · 故乡 · 山江海”新闻采风系列活动，组织了“探山探江探海”，探访宁波绿色文化新景观村、新景观小区，评选十大绿色环保人物及绿色文化形象大使，“少开一天车，我为绿色作贡献”“少开一盏灯，我为环保作贡献”等多项内容，始终与宁波市生态办一道主办活动。东南商报社的 30 多名记者与环保专家、环境工作者以及千名志愿者行程千余里，深入宁波的城市社区及偏远乡村，宣传环保，探源生态，发现社会主义新农村的新人新事新风，记者们采写了一大批有影响力的见闻式报道。与此同时，《东南商报》还以“记者手记”的形式，刊发了《给子孙留下青山绿水》《何时告别白色垃圾》《守住青山的绿色》《感恩母亲河》等有建设性的批评报道，向全社会发出“保护地球，呵护家园”“少开一天车，我为绿色作贡献”的呼唤和倡议，三届活动先后共发稿 600 余篇、图片 300 余幅，形成了强大的环保宣传声势。2009 年的第四届“环保 · 故乡 · 山江海”活动，更是推广到绍兴、嘉兴、舟山等长三角南翼的宁波周边城市，形成了一个环杭州湾地区生态宣传和大型区域性的公益活动。

《东南商报》“环保 · 故乡 · 山江海”新闻采风系列活动的成功之处在于实现多层面的互动，成为社会活动的大舞台，并产生了良好的社会效应。首先，是报社与读者之间形成互动，第一届有 1 500 名志愿者通过各种形式参与活动，义务宣传环保，有积极推荐名山名峰的、有无偿提供线路图的、有免费当向导的，也有为活动提供各种保障的；第二届有 500 多名志愿者自己驾车或骑自行车寻访古村名寨，呼吁保护生态环境和文物古迹，十分热心。其次，是记者与社会之间形成互动，东南商报社的记者走出城市，走进农村进行现场报道和主题采风，增强了自己的责任意识，也与群众建立了密切联系，同时与市环保局、生态办进行了更紧密的联系。再次，是市领导与普通百姓之间形成互动。第一届活动期间，宁波市的多家媒体都报道了市委书记巴音朝鲁、市长毛光烈以志愿者身份与 200 多名志愿者一起在东钱湖清理垃圾。2007 年 6 月 3 日，为支持“少开一天车，我为绿色作贡献”的倡议，市委、市人大、市政府、市政协四套班子的领导一律不乘公务车，和其他机关干部、市民一道，步行或乘公交车上班，充分体现了市领导对环境保护的高度重视和创建国家环保模范城市、建设生态城市志在必得的决心。第四届甬绍嘉舟四市联动，四座城市的数千名市民参加活动，感受了生态环保的教育盛宴。许多市民打进东南商报社的热线电话说，这样的活动非常有教育意义，表示要以自己的实际行动，为绿色环保贡献自己的一份力量，共同建设美好家园。

三、成为社会时尚看台

通过近几年的反复实践，东南商报社以重大主题宣传为导向的大型公共服务活动已逐渐形成了一个模式，这个模式即“重大主题＋时尚（元素）活动＋读者互动”。东南商报社的活动之所以能吸引读者，一个很重要的因素在于这些活动既是宣传活动，又是时尚的社会活动，读者有兴趣，愿意参与进来，这一点非常重要。比如借鉴现代人喜欢户外运动这一兴趣点组织探访宁波十大山峰、三江之源、宁波之海，最后评选出宁波十大绿色山峰、宁波十大绿色环保人物，1 500 名志愿者直接参加了登山探海活动，十万多名读者投票参加了各种评选活动。活动开展三个多月，发放环保手册 2 000 余本，整个活动中，记者与志愿者手提垃圾袋，捡白色垃圾，寻找三江之源，检测水样，顶风踏浪，寻访“象山角”。第二届活动则组织自行车队和自驾车队，探访古村落，发现绿色文化新景观。特别是第二届的东钱湖龙舟大赛、田园城市杯环境友好风筝大赛以及第三届的赛鸟大会等，不但吸引了数千名志愿者参与，还吸引了国家青年皮划艇队和宁波一诺丁汉大学的外国朋友前来参加。风筝大赛邀请了山东潍坊和北京风筝协会组成的水上放飞表演，活动当天吸引了两万多市民到场观看，常住宁波的一些外国专家也带着全家人赶来放飞风筝。创新的活动载体和时尚新颖的形式，让广大读者在自愿参与活动中树立了生态环保意识，增强了市民生态环保的责任感。

自 2006 年以来，东南商报社已经连续三年举办了以弘扬优秀传统文化、服务广大读者为主旨的中秋新闻文化系列活动。2006 年中秋节，东南商报社首次包了一架专机举办“空中看月亮”活动，同时举办了游船水上赏月活动，这种创新的活动载体和独特的形式，受到了读者的极大欢迎，成为当年宁波市中秋节最具创意的新闻文化活动样本之一。2007 年中秋节，东南商报社在举行包机赏月和游船水上赏月活动的同时，更是将包机赏月与空中婚礼结合起来，给了读者一个惊喜。2008 年中秋节，东南商报社策划了“浪漫金秋海上赏月”活动，又以其别样的海派特色再次吸引了大批读者的眼球。新颖独特的活动形式，使东南商报社中秋新闻文化活动成为了媒体创新的一张名片。

一系列中秋新闻文化活动无意中也影响了市民的中秋赏月习惯。记者采访了不少《东南商报》读者，他们都对这些活动赞不绝口，有些读者甚至以此为蓝本，与家人欢度中秋。“前年，我参加了东南商报社的中秋抽奖活动，成为一名幸运读者。那年的中秋节，我乘坐专机参加了空中赏月活动。我都50多岁了，这样过中秋节还是第一次，真是终生难忘啊。”家住江东的俞女士说起前年的中秋节，兴奋之情仍溢于言表：“从那年开始，我们全家对中秋节有了一种全新的期待，中秋节前的一段时间总是特别关注《东南商报》，能有机会参加东南商报社的中秋活动当然更好，如果不能，我们家也会参考东南商报社举办的活动，依样画葫芦，自己庆祝。”俞女士告诉记者，去年由于名额有限，很遗憾没能参加东南商报社的游船赏月活动，全家为此在次日晚，也坐游船玩了一番。今年，《东南商报》提前刊登了十大赏月胜地的消息，她们家就以此为参考，选择了其中的月湖。“原来想去海边，因为有台风只好选择就近的景点，明年已经想好了，就去《东南商报》提到的中国渔村。”还有如2009年3月至10月举办的“迎2010上海世博会宁波礼仪之星大赛”，是以宣传世博会为主题展示当代大学生和青年女性风采及礼仪水平的大赛，引来了800多名选手参赛，受到社会的广泛关注和好评。这些活动，对读者都有很强的吸引力，东南商报社这个都市媒体也真正成为一个“社会时尚的大看台”。

此文原载于《中国报业》2013年第2期（上），获宁波新闻奖（论文作品）一等奖

第四节　论媒体创新，凝聚精神的力量
——《东南商报》弘扬社会主义核心价值体系实践

中共十七届六中全会强调指出，要“坚持用社会主义核心价值体系引领社会思潮”。东南商报社作为一家服务市民的都市类综合性大众媒体，近年来，坚持把握正确的舆论导向，充分发挥媒体自身的优势，以高度的文化自觉和担当，精心组织策划，致力于提供传播平台，凝结精神文明力量，传承社会道德风尚，为宁波市精神文明建设添砖加瓦，探索了一条与读者互动，与作者共鸣，与生活同步，与时代同行，弘扬社会新风，建设精神文明的有效途径，受到读者的广泛好评。

一、新闻引导弘扬慈孝文化

2009年，宁波市江北区政府以传承民族道德风尚，弘扬慈孝文化为主题，举办了首届“中华慈孝文化节”。但如何将“中华慈孝节”持续办下去，让更多的市民和群众参与和了解，变慈孝文化为慈孝行动，江北区征求东南商报社等市级媒体的意见，希望可以得到智力支持。东南商报社凭借多年来开展大型新闻宣传公益活动的成功经验，提出了一个

以探访慈孝故事发源地，评选400个慈孝之家，让慈孝文化进社区、进学校、进车间的活动方案，很快得到江北区的首肯。于是，江北区与东南商报社联合开展了第二届“中华慈孝文化节”系列活动，在《东南商报》开辟“中华慈孝行”专栏，活动报道达100余篇，形成了强大的舆论声势，成千上万的居民被吸引到活动中来。由于群众参与面广，热情高涨，不但解决了“中华慈孝节”持续办下去的难题，更使许多原本对“中华慈孝节”不了解、不知晓的社区居民和学校学生熟悉了“中华慈孝节”，并积极参加活动。成千上万个家庭争做慈孝之家，参加400个慈孝之家重阳登高活动，尊老爱幼、敬老尊老之风深入人心。于是2011年第三届“中华慈孝节”继续举行，东南商报社开辟的“中华慈孝行”活动组织志愿者和媒体记者一道走遍全国各地，寻访慈孝故事发源地和采访宣传中华慈孝人物，有力地促进了中华慈孝道德文化的弘扬和传播。

二、活动筑底培育阅读风尚

从2007年开始，东南商报社针对当时电子游戏机风行、中小学生阅读课外书籍减少、社会阅读之风渐微的现状，与市教育局联手策划，在全市中小学生中开展了一场以“阅读课外读物”为主要内容的读书竞赛活动：“读书挑战——阅读之星竞选”，并制定了详细的操作规程。通过对中小学生阅读数量、质量的量化检测，评选“阅读之星”这项活动一经启动，便立即受到全市许多中小学校的响应和支持，学校纷纷组织学生参加竞赛，当年开展了四个季度“季星”的评选，最终评选出“年度阅读之星”和“阅读积极分子”共50余名，并带动了成千上万的学生参加活动。这项活动不但有力地推动了“书香校园”“书香家庭”建设，也使大批学生从阅读中受益，提高了文化素养。从2008年起，东南商报社不断总结经验并与市文联作家协会等联系，将阅读活动延伸到写作活动，评选“阅读与写作积极分子”，《东南商报》“小记者”“少年作家”参与其中，进一步扩大了参与范围。至今，这项活动已坚持开展了五年，每年评选“年度阅读之星”和“阅读积极分子”成为校园一件盛事。目前全市共有一百所学校十万多名学生参与，共评出“年度阅读之星”和“阅读与积极分子”1 500余名，优秀指导教师95名，阅读明星学校75所。2012年这项活动已成为“宁波市全民读书月”的重要活动载体，并不断被发扬光大。“年度阅读之星”的评选，有力地促进了校园文化建设，也为“书香宁波”的建设营造了浓郁的氛围。

三、媒体合力凝聚精神力量

为大力推进社会主义核心价值体系建设，进一步树立和打造宁波职工队伍整体形象，弘扬工人阶级伟大品格和良好的精神风尚，2012年2月，东南商报社又积极协助宁波市总工会开展“宁波职工精神”表述语征集活动。东南商报社把征集表述语的过程作为宣传社会主义核心价值体系的生动实践，以高度的文化自觉和担当精心策划方案，从报道宁波劳动模范、首席工人和劳模创新工作室等先进群体入手，推出了《话说当代工人》系列报道，在社会上引起了强烈的反响和关注，并在全市引发了关于什么是宁波职工精神、如何展现宁波职工在时代发展中的作用的大讨论。全市 3 000 多家企业百万职工参与讨论，100 余家企业报合力推出大讨论专版，组织开展相关活动。广大职工还拿起手中的笔撰写宁波职工精神表述语，在历时一个月的征集活动里，共收到宁波职工精神表述语近 6 000 条，来自包括台湾在内的全国 29 个省（市）、自治区的作者给东南商报社寄来了作品。“敬业”“创新”“务实”“厚德”“争先”等词，成为组合宁波职工精神的热词，表述语作品征集的过程，也成为宁波 300 万职工重新审视认识自己，在现代化建设中发挥更大作用的认知过程，同时也是对外传播宁波职工整体风采的过程。在近 6 000 件作品中，有 3 679 件为宁波职工所写，作者大多数是产业一线工人，不少应征表述语体现了工人个性化的见解，投射出昂扬向上的力量，体现出他们对建设宁波的饱满激情和对未来的信心。

经过市民 77 万票选和专家认证评审，“大港胸怀，时代主人，厚德精业，志在一流”最终入选成为宁波职工精神的表述语。这句表述语，不仅凝聚了宁波职工精神的力量，叫响了宁波工人劳动光荣的品牌，而且成为鼓舞和激励 300 多万宁波职工爱岗敬业、团结奋进、开拓创新的口号。

四、创新报道传播城市形象

近几年来，东南商报社还以媒体人饱满的政治热情和自觉的社会担当主动配合市有关部门开展凝聚精神力量、传播时代主题的征集形象表达语和主题口号活动，先后开展了宁波东部新城文化广场主题形象口号活动、宁波日报报业集团形象口号的征集、提炼活动，特别是宁波城市形象口号征集活动有力地传播了宁波的城市文化和精神文明，增强了市民凝聚力和对这座城市的认同感。

宁波是浙江省经济发展最快的城市之一，2011 年 GDP 突破 6 000 亿元。经济社会的快速发展，需要进一步加强对外形象宣传的力度来与之相适应。2009 年，市委宣传部制定了实施年度“三个一”工程外宣工作计划，即强化宁波对外形象宣传，拟出版一本宣传画册，拍摄一部形象电视宣传片，推出一句叫得响的宁波城市形象口号。市委宣传部外宣部门在经过认真的前期准备之后，把征集城市形象口号这个任务交给了东南商报社，将征集办公室设在了东南商报社，向社会公开征集宁波市城市形象口号。《东南商报》编委会给予了高度重视，认为这个任务交给东南商报社，体现了组织对东南商报社的充分信任。于是东南商报社集中报社优势力量，认真组织实施，精心策划运作，创新报道形式，在《东南商报》开辟《话说宁波》专栏，推出征集城市形象口号特别报道，选登大量读者来稿来信，经过三个多月的紧张工作，共收到来自海内外的作品达 42 750 条。上至中国科学院、中国工程院“两院”院士，下至普通工人、村民都为征集城市形象口号献计献策，提供作品。最终征集出了“书藏古今，港通天下——中国宁波”这句被社会广泛认同的宁波城市形象口号。这句口号不但生动地诠释了具有 7 000 年文明历史的大港之城的文化、经济发展的特色，更准确而生动地提炼出了宁波城市对外展示的鲜明形象，成为宁波对外形象叫得响、立得住、传得开的响亮口号和外宣名片，为宣传宁波城市形象，提升宁波影响力发挥了积极作用。通过这句城市形象口号的宣传，展现了城市新的精神风貌，为贯彻落实市委提出的“六个加快”，推进宁波向国际化港口城市建设迈进提供了新的宣传载体，也成为宁波发展问计于民的成功范例。

目前，吸引读者广泛参与互动，以丰富多彩时尚新颖的活动为载体，凝聚精神力量，传播先进文化，唱响时代主题，推进城市文明，已成为《东南商报》在传播新闻资讯、服务百姓大众之外的又一特色功能。

原载《宁波报业》2013 年第 2 期

第五节　论媒体行动引领绿风劲吹

一、对东南商报社九年开展“环保·故乡·山江海”活动的思考

让一些不堪重负的生态系统休养生息，就是充分运用各种手段，给自然生态以必要的人文关怀和时间空间，使自然生产力得以恢复，促进人与自然和谐发展，建设美丽中国。而此间新闻媒体应该成为生态文明建设的引领者、推动者和实践者。

2006 年 3 月 6 日，《东南商报》以一篇题为《我们一道去探访宁波十大山峰》的活动征集稿件，拉开了首届“环保·故乡·山江海”活动的序幕。这项活动以征集志愿者探访宁波十大山峰为引子，进而开展探访三江之源、宁波之海等一系列活动。截至 2006 年 6 月 5 日“世界环境日”，活动前后持续了三个月的时间，有 1 500 名志愿者通过各种形式参加，义务宣传环保；有十多万名读者参与投票，评选绿色环保人物；数万人参加“六五世界环境日”龙舟大赛、绿色人物颁奖典礼等子活动。

活动一举成名，2006 年被评为宁波日报报业集团年度策划创新一等奖，入选宁波十大公共关系事件，成为 2006 年宁波市最具影响的环保公益活动。

此后，“环保·故乡·山江海”活动每年举办一届，每届持续 3—5 个月，因其良好的互动效应，成为吸引公众参与环保宣传和环保活动的大舞台、提升市民环保意识的助推器。2012 年，该活动被评为宁波市创模十年生态建设十大亮点之一，并荣获浙江省新闻奖社会活动奖。2014 年 3 月起，第九届“环保·故乡·山江海”活动以“我的梦，绿色梦”为主题，以“青春治水直通车”环保公益系列活动为载体，又扎实而热烈地开展

起来。

每年举办环保类活动，有力地提升了《东南商报》的影响力。这也使我们认识到，资源环境问题说到底是自然生态系统问题。不久前，习近平总书记提出“让透支的资源环境逐步休养生息”的要求，让一些不堪重负的江河湖泊、海洋、湿地、森林和草原等生态系统休养生息，就是充分运用各种手段，给自然生态以必要的人文关怀和时间空间，使自然生产力得以逐步恢复，促进人与自然和谐发展，建设美丽中国。而此间新闻媒体完全应该，也可以成为生态文明建设的引领者、推动者和实践者。

二、坚持政媒联手，思政府之所思，急百姓之所急

宁波市地处浙江省东部沿海地区，经济发展快，但生态环境的压力也越来越大。长期以来，市民群众不断呼吁在发展经济的同时，更要保持一个良好的生态环境。2003 年，宁波市委、市政府制定了建设生态宁波的目标。作为宁波市都市类报纸的《东南商报》，也意识到宣传好生态建设这一战略举措的重要性，然而一直找不到一个合适的切入口。党的十六届五中全会召开后，中央明确提出“建设资源节约型和环境友好型社会”，这使东南商报人大受启发。我们主动找到市政府有关部门，商议构建一个推进环保宣传的公益平台。最终，东南商报社与宁波市生态领导小组办公室联合推出了“环保·故乡·山江海”新闻采风系列活动，一场声势浩大的大型环保公益活动宣告启动。九年来，东南商报社的记者通过探访活动，采访撰写见闻式报道以及各类新闻访谈 1 500 多篇，刊发图片 800 多幅。探访成为“环保·故乡·山江海”的主打和拳头项目，在市民中引起了强烈的反响，通过电话、电子邮件等方式报名参加探访活动以及其他相关环保活动的市民达 30 多万人次。东南商报社与政府部门、社会组织一起，经过读者推荐、市民投票、专家评审等环节，开展以环保和生态建设为主题的先进人物、事件和单位的评选活动，极具典型性、示范性和号召力，成为宁波建设生态城市的亮点。2009 年，活动延伸组建了宁波市首个环保志愿者团体——宁波市“生态之友”环保志愿服务总队，经过几年的发展，“生态之友”已成为宁波市一支活跃的民间环保公益团体。

三、坚持创新不停步，求广度更求深度

2006 年第一届“环保·故乡·山江海”活动旗开得胜，但东南商报人没有满足于这一成绩，而是清醒地认识到，只有坚持创新，才能不断拓展这一活动的深度和广度。在深度上，东南商报社坚持围绕“环保·故乡·山江海”这个低碳、绿色主题，每年策划开展一系列活动。2006 年和 2007 年，经过精心策划推出的两届“环保·故乡·山江海”新闻采风系列活动，由“探山探江探海”、探访宁波绿色文化新景观村、探访绿色景观小区、评选十大绿色环保人物及绿色文化形象大使、“少开一天车，我为绿色作贡献”等多项子

活动组成，东南商报社的 30 多名记者和千名志愿者行程千余里，深入宁波的城市社区及偏远乡村，宣传环保，探访生态建设，发现社会主义新农村的新人新事新风尚，采写了一大批有影响力的见闻式报道，形成了强大的环保宣传声势。2009 年，第四届“环保·故乡·山江海”活动首次走出宁波，与绍兴、舟山、嘉兴等地的媒体联合举办了“长三角南翼环杭州湾生态行”活动。第五届、第六届“环保·故乡·山江海”活动，又与温州、台州等地的媒体联手举办了“甬台温生态文明建设行”“蓝色海岸生态行”等活动，由三地分别承办了“迎绿色世博、倡低碳生活”的低碳生活、低碳经济优秀创意方案大赛，“我的低碳生活征文大赛”“甬台温生态文明建设摄影大赛”等活动，吸引了十多万读者参与。

中华文明传承 5 000 多年，积淀了丰富的生态智慧。我国古代对鱼鳖类捕捞、材木苇蒲采伐等活动实行严格的季节限制，对“犯禁者执而诛罚之”(《周礼》)。《淮南子》中即有“不涸泽而渔，不焚林而猎”的警示。事实上，这些年，宁波各地采取了不少从经济社会“休养生息”到自然生态“休养生息”的具体办法，我们开展活动和组织系列采访报道，就是一个主动进取，察势、蓄势、扬势的过程，是一个创造发展条件、积聚发展力量，把再造生态环境优势转化为进一步推动经济社会持续健康发展的过程。因此，我们的报道，一方面以极大的篇幅突出宣传生态文明建设是经济持续健康发展的关键保障，良好的生态环境是人和社会持续发展的根本基础，蓝天白云、青山绿水是长远发展的最大本钱，良好的生态环境本身就是生产力，就是发展后劲，也是一个地区的核心竞争力；另一方面，报道也十分重视挖掘各地生态保护的历史渊源。同时，还通过包括内参在内的多种报道形式，揭示环境问题明显具有的集中性、结构性、复杂性，呼吁停止过度开发、严惩破坏活动，持续改善生态环境质量。连年举办的“环保·故乡·山江海”活动，得到了专家学者的好评。在 2010 年 12 月 20 日由浙江省记者协会举办的东南商报社“环保·故乡·山江海”新闻活动研讨会上，新闻出版总署新闻报刊司新闻业务处处长农涛说：“东南商报社组织这么一项活动，给社会和国家献上了一份有历史价值的厚礼。组织这样一种大型活动，推动市民提高对某个领域的认识，这是媒体的职责所在，但把活动搞得这么大，持续这么长时间，是十分难能可贵的。”复旦大学李良荣教授认为，东南商报社开展这一活动抓住了时代所需，活动常办常新，是一个教科书式的典范。

四、多层次互动，既造声势，更求实效

连续举办九年的“环保·故乡·山江海”活动体现了三个特点：一是策划精，形成强大声势。每届活动，东南商报社的记者都要与有关部门人员一起反复构思，精心策划，突出发挥主阵地作用。二是形式新，寓教于乐，不断用新思路、新举措推动新发展。三是可持续，年年办，年年出彩。同时，每一次活动，我们都力求做到四个互动：一是报社与读者之间的互动，第一届 1 500 名志愿者与报社紧密联络，通过各种形式参与义务宣传环保活动。二是记者与社会之间形成互动，东南商报的记者走进山村海岛，进行主题采风和现

场报道，既增强了责任意识，也与群众建立了密切联系。三是市领导与普通百姓之间的互动。第一届活动，宁波市市委书记和市长以志愿者的身份与200多名志愿者一起到东钱湖清理垃圾。第二届活动，为支持“少开一天车，我为绿色作贡献”活动，宁波市委、人大、政府、政协四套班子的领导一律不乘公务车，与市民一道，步行或乘公交车上班。四是媒体互动，以《东南商报》为主，网络、电台、电视台等多次联手，互动参与，放大了活动的传播效应。我们党治国理政、提高国家治理能力的一个重要的现实课题，就是实现经济社会与资源环境协调发展，提升国家生态环境治理能力。让生态系统休养生息，是重大的理念创新和战略抉择，极大丰富并拓展了保护生态环境的方式和策略，为推进生态文明、建设美丽中国，也为我们做好这方面的报道开辟了广阔空间。通过实施“环保·故乡·山江海”活动，东南商报人备受教益，生态环境保护是功在当代、利在千秋的事业，建设生态文明，关系人民福祉，关乎民族未来；良好的生态环境是最公平的公共产品，是最普惠的民生福祉。头顶着蓝天白云，在清洁的河道里畅快游泳，田地里盛产安全的瓜果蔬菜……这些是人民群众对生态文明最朴素的理解和对环境保护最基本的诉求，因此，治气、净水、增绿、护蓝就成为我们报道的“源头活水”。每年年初，东南商报社都要为全年开展好各项环保宣传报道作出计划安排，落实到具体人员、具体版面，持续不断地推动生态文明建设宣传。东南商报社也因此多次被评为宁波市生态市建设宣传报道工作先进单位。

（原载于《新闻战线》2014年第6期，与王存政合写）

第八章　报业经济的生态营销

第一节　报业经济的生态营销探索

宁波日报报业集团及东南商报社开展一系列大型新闻社会活动积累了一定的经验并在业界产生了一定的影响，一些媒体同行纷纷前来交流和“取经”，将《东南商报》作为资料存档用的《新闻社会活动策划案例集》索要一空并作为学习资料加以借鉴。一些同仁面对面交流时在赞赏宁波报业能够开展如此多的大型活动后，有的人也存疑，认为东部沿海城市经济发达，许多活动大概是靠钱“砸”出来的。于是他们有针对性地提出，活动能不能产生一定的经济效益，是如何做到“以活动养活动”的呢？笔者接待过诸多同行询问者，并为他们解开了这个疑惑，介绍了东南商报社的大型活动，其实投入都不大，正向产出的比率却很高，不但产生了良好的社会效益，同样有力地促进了报业经济的发展，甚至带来了巨大的经济效益。东南商报社经过较长时间的探索，不但推出了“重大主题＋时尚（元素）活动＋读者互动”的新闻社会活动策划模式，还推出“广告代理＋活动带动＋创新策划＋营销管理＝社会效益＋经济效益”的报业生态营销法，使报社在收获活动社会效益的同时，也获取了经济效益，推动着报社持续健康地发展。以2006年为例，当时已经出现报业经济寒冬来临的“拐点论”，许多报社经营形势都不被看好，而东南商报社独辟蹊径。2006年，《东南商报》大型新闻活动策划连续不断，历时三个月的“环保·故乡·山江海”新闻采风系列活动一结束，“和谐社会人间情”中秋新闻文化系列活动又拉开帷幕，月湖灯会、三江夜游、包机飞天赏月浪漫之旅备受读者注目。紧接着第二届“十大外来务工明星”评选暨关爱农民工系列活动启动，一直持续到年底。在2006年最后剩下的一个多月时间里，一项在宁波地产界树立良好口碑的大型新闻活动及创意广告策划又刮起旋风，使宁波地产16年的辉煌与梦想、跌宕与起伏、酸甜与苦辣汇成了一部“史书”（《记录辉煌——宁波地产16年发展历程》）。“宁波地产16年”是为配合宁波市政府举办的房博会开展的广告创意与社会活动结合的大型主题活动。为报道这一大型活动，《东南商报》当天的报纸出了108版，其中有88个版是“地产16年”专刊，创下《东南商报》日广告营业额350万元的最高纪录，也成为报业生态营销的一个典型案例（当年东南商报年经营收入增长了49%）。为此，笔者在2008年对《东南商报》的报业生态营销理念作了一个总结。

本章第二节是获得浙江省报业创新项目一等奖的“《东南商报》报业生态营销法”的内容表述和文字总结。“报业生态营销法”作为大型新闻社会活动探索实践的另一翼，是共同构建“政媒公关”大型新闻社会活动策划理论框架互为支撑的一个部分，收归于此。

第二节　《东南商报》报业生态营销法*
——浙江省报业自主创新项目

一、项目简介

报业生态营销法是东南商报社借鉴和运用生态学原理，将报业发展的内外部环境和发行、广告、新闻采编相互作用的生态链条关系整体培育，通过满足读者的需求和广告客户的需要展开各项策划活动，获取报业经营可持续发展循环经济效应的方法，其基本操作方式和构成要素是“广告代理＋活动带动＋创新策划＋营销管理＝社会效益＋经济效益”。

二、项目创新点

以往的报业营销活动常以经营体内部产品为基础，进行产品的单向促销活动，如卖报赠送小纪念品提高报纸附加值以达到多售报的效果，做广告附配软文宣传以促进广告增量；而《东南商报》报业生态营销法则是通过整合人力和采编资源，从《东南商报》核心软资本新闻活动策划入手，以与读者互动的形式带动人气的聚集，充分拓展媒体的社会功能，为广告客户提供更具吸引力的活动载体，在更加宽广的社会舞台上纵横驰骋，达到其活动主题与营销理念多层传播并达到促发行促进广告（增量）的全新效果。

报业生态营销法的核心是报社决策营销管理和策划运作的周密性。关键是确立活动主题和建立良好的信息反馈沟通回路，不断创新和调整运作活动子项，从而达到两个效益的最大化。如《东南商报》运用报业生态营销法开展的两届“环保·故乡·山江海”新闻采风系列活动，直接吸引了1 500多名志愿者参加，探访山、江、海，绿色景观乡村、绿色景观小区，十多万人参加投票评选。精彩的新闻策划产生眼球效应，促进报纸零售速增，

* 此文为2008年浙江省报业自主创新活动领导小组评定的首届浙江省报业创新项目一等奖的内容简介。自《东南商报》首创的报业生态营销法应用近十年来，已累计创造经济效益5 000万元以上，报纸发行量也实现了翻番，持续推动《东南商报》的良性发展。至今，《东南商报》年经营收入早已超亿元，是全国影响力品牌十强的都市报之一，其报业生态营销法及大型活动策划也成为该报名片式的重要品牌。

从而带动开发商更自愿地投入广告，一定的经费支持使参与活动的读者和报社采编部门开展活动获得物资的保障，从而形成报业生态良性循环经济圈。

开展新闻活动，其社会效益和经济效益常常是个矛盾体，根据以往的做法，一个大型公益活动要兼顾产生显著的经济效益几乎不大可能，而东南商报社通过报业生态营销运作，不但创办了公益性活动而且能获得经济效益。东南商报社严格遵循新闻与经营分开的原则，如探访十大山峰活动，十支队伍由开发商冠名，但严格规定开发商不得干预新闻活动，确保了新闻活动的纯洁度和媒体公信力，开发商收获的是与活动品牌同步提升的企业知名度，最终实现了社会、媒体、开发商三赢的局面。

三、创新价值

《东南商报》2006 年首创的报业生态营销法获得了良好的效益，有力地促进了《东南商报》朝着又好又快做强做大的目标发展，东南商报社先后开展了两届“环保·故乡·山江海”新闻采风系列活动，两届中秋文化系列活动以及宁波地产辉煌 16 年大型策划活动等。两届“环保·故乡·山江海”活动直接带来广告收入逾 300 万元，活动影响力累计获得经济（广告）效益 800 万元以上。2006 年东南商报社年经营收入增长 49%，比上年增长 2 000 余万元，报纸发行量也有大幅增长，其中报业生态营销法发挥了重要作用。《东南商报》报业生态营销法大型活动策划的成功运作，还催生了影响百万新老市民的宁波市首个“无车日”和宁波市“外来务工者节”等一系列大型公益活动。

第五部分

专家评论与精品案例

第九章 媒体专家研讨新闻社会活动综述

第一节 媒体专家研讨关爱外来务工者系列活动观点综述

一、《东南商报》为何把关注目光始终投向外来务工者

2008年12月6日，新闻实践杂志社和宁波日报报业集团联合举办了《东南商报》媒体行动研讨会。这次研讨会高度评价了《东南商报》媒体行动高度的社会责任感，深入而持久的社会影响，深远而厚重的社会价值，充分肯定了《东南商报》的媒体行动策划力、动员力及推动力。新闻贵在独创，媒体行动也贵在独创。教育部新闻学科教学指导委员会主任、复旦大学新闻学院博士生导师李良荣说："任何舆论引导需要有价值支撑。""外来务工者节"活动的基本价值，就是以人为本的平等意识，对劳动的赞美，对建设者的尊重，这也是它的核心价值。正是有了这种价值才使"外来务工者节"活动持续下去。媒体行动并不仅仅是解决某一个问题，问题解决了舆论就过去了。我认为，舆论引导的最高境界就是形成一种文化，形成一种社会时尚。实际上，我们处于媒体化生存时代，媒体成为任何文化样式生存的前提，凡是和大众传媒没有联系的都无法在社会上生存下去。从新闻传播学的角度来看，"外来务工者节"是非常成功的舆论引导。媒体不仅仅是给农民工送点礼品，做点好事，而是形成了一种都市文化，形成了一种社会风尚，使外来务工者的贡献得到了社会的认同和尊重。现在很多媒体也都在搞活动，大多数是媒体作秀或者与商家合作搞创收，达到目的就戛然而止。"外来务工者节"活动能做五年，没有高度的社会责任感是做不下去的。

大家在研讨会上一致认为：《东南商报》姓"商"，但其商业精神体现在"四海之内皆兄弟"上，在"外来务工者节"活动中追求"人与人之间的和谐"。《新闻记者》杂志主编吕怡然说，从媒体的责任来讲，一是创造文化的贡献力，二是创造社会的影响力。影响力可以通过新闻作品、媒体产品来扩大，同时也可以通过媒体行动，在服务读者中发挥。令人感动的是，《东南商报》"言商""重商"却不"唯商"。在社会浮躁的氛围下，这个对报纸来说无利可图的"外来务工者节"活动举办了五年，对促进文明社会、和谐社会建设无

疑是直接的推动。去年中央领导曾说过一番话：要让我们的工人有尊严地生活、体面地劳动。从现实意义来说，更需要让外来务工者有尊严、有体面。但是在各地，特别是大城市，这种状况非常不尽如人意，歧视外来务工者的观念、心态、行为非常多，所以非常有必要把尊重外来务工者作为文明城市建设和和谐社会建设的一个切入口、一个实在的抓手。东南商报社在这方面非常明智，非常有远见，五年前就开始了这项工作，他们的可贵之处在于不作秀、不浮夸、不敷衍了事，他们做了非常有意义的探索，实实在在地把这项活动逐年推进，逐年深入，这是非常值得我们尊重的，也值得我们总结和探索。

二、一家资源、资金有限的“小报”，怎么“轻言”办节

在研讨会上，专家嘉宾认为《东南商报》创刊仅八年，在当地报业市场上还算不上“龙头老大”，但是一家资源资金有限的“小报”，倾心致力于“外来务工者节”的媒体行动，成功的秘诀就是善于策划，精心谋划，充分调动和运用行政资源、社会资源和人脉资源，以“小活动”来实现“大舆论”，来组合“大节日”，变媒体行动为广泛、深入的公民行动，并且成为成长性的媒体品牌。

宁波市记者协会秘书长凌丽说，《东南商报》在“外来务工者节”的活动中进行了率先尝试，而且取得了非常好的社会效果。特别是他们把一个媒体的活动变成政府支持并实施的行动，为我们解决农民工问题提供了很多很好的经验，对促进宁波的社会稳定与和谐也起到了非常重要、不可替代的作用。五年来东南商报社一直以策划活动作为他们的品牌，而且做得很出色。这个活动在不断地创新，不断地发展，从策划、形式、内容上都在不断地创新，所以这项活动能够具有长久的生命力，同时不断地办出新意，越来越被社会所接受，所关注。

《新闻战线》执行主编冷梅认为，《东南商报》找的切入点很好，为构建和谐社会服务的目标特别明显。服务是方方面面的，最主要的是为外来务工者创造一个公平的环境、平等的机会、公平的规则。《东南商报》的成功策划就是把切入点选准了，容易引起政府的重视和合作，通过努力许多问题都可以解决。“外来务工者节”也是一种媒体主动的作为，体现了办报方式的创造性，让媒体深入到实际的社会生活，一方面可以引导受众，另一方面可以增加资源，积聚很多社会力量，包括政府部门。这样就使得媒体成了联合各种社会关系的载体，同时促进了社会进步，这个已经得到了社会的认可，这是媒体人值得自豪的。

人民网社会频道编辑杨艳在发言中说，最近，国务院领导在一次会议上提出，农民工问题已经同农业、农民、农村成为“四农”问题。《东南商报》五年前就热情关注农民工的问题，这是非常值得赞誉的。解决问题是一个媒体策划的成功所在，如同人能够继续前进的双腿，只有把这个问题成功解决了，媒体的力量才能成功地显现出来。这个问题究竟是怎么解决的，这个过程是怎样的、怎么配合的，相关的领导是怎么肯定的，同行或者百姓是怎么评价的，这都可以成为一个系列。

新华网传媒频道主编高海英认为：《东南商报》践行科学发展观，看起来“在商”而不“言商”，实际上也为当地商界提供了服务。因为，宁波民营企业发展比较早，无论从经济实力还是管理经验上看，在全国都是名列前茅的，东南商报社关注农民工，把农民工的问题解决好了，缓解了劳资矛盾，也是为民营企业的持续发展出了力。

《中国记者》杂志副主编文璐说，东南商报社组织的“外来务工者节”，不光是大家讲到的媒体功能的拓展、媒体的优势、发挥品牌影响力、对城市文明进步的意义，文璐说她的感受主要集中在体现细节的人文关怀上，比如将“农民工”改为“外来务工者”或者“新宁波人”。这个细节很有心，将无心的称呼变成了温馨的呼唤，由此联想到媒体在对扶困、助残、救济等报道上，对报道对象的尊重，媒体的这种“有意识”也是一种进步。一个栏目或是一个节日，进行时间长了会有一种疲惫感，“外来务工者节”每年都举办，在大的节庆背景下，关注外来务工者新的需求，还是会有一些新成果，让它更有吸引力，更深入人的内心。

三、和谐社会交响乐的“首席小提琴手”

在研讨会上，宁波市委宣传部文明办副主任刘永成应邀向专家嘉宾介绍了东南商报社的“外来务工者节”活动，及其对当地城市文明进步产生了积极的影响。他说，宁波市2005年荣获首批“全国文明城市”荣誉称号，2008年通过“全国文明城市”的复评，在这一创建过程当中，媒体在推动外来务工者参与文明城市的创建过程当中起到了重要作用。通过举办“外来务工者节”活动，调动了外来务工者参与文明城市创建的积极性与热情，使一批外来务工者从城市的“看客和过客”，变成了主人和主角。

与会的专家嘉宾对此也给予了高度评价。中国记者协会国内部副主任孙正懿说：“我觉得至少有三点应予以肯定：一是《东南商报》是服务大局的先行者，为农民工、外来务工者设立节日，这是东南商报社和相关部门对农民工尊重的标志，这是政治社会的进步，这是一个符合科学发展的创举，也是东南商报社积极主动地为大局服务的实际行动，这必将载入中国新闻发展史和社会发展史。二是东南商报社是社会活动的组织者，以500多篇报道、400多幅照片来报道外来务工者，就是组织和动员全社会的力量都来关心、关注、关爱外来务工者，在全社会形成理解、关怀、帮助的共识和氛围，体现了为外来务工者办好事、解难事的职业使命，这也是都市类报纸在主流舆论新格局中不可或缺的贴近特色和旺盛的生命力所在。三是东南商报社是和谐社会的建设者，用自己的品牌影响力来关注与帮助农民工，以自己的公共产品和文化软实力来报道农民工问题，成为宁波共建和谐社会交响乐的‘首席小提琴手’。”

大家认为举行这次研讨会非常有现实意义。中央刚刚召开十七届三中全会，特别强调加强农民工权益保护，研讨东南商报社组织的“外来务工者节”媒体行动，切合了党中央提出解决好农民工问题的要求。尤其是在金融海啸的冲击下，许多企业遭遇困境，外来务工者首当其冲。在这样严峻的形势下，研讨东南商报社组织的“外来务工者节”媒体行动，正是要唤起媒体比以往任何时候都要关注、关心农民工问题，实实在在地帮助农民工解决困难，共渡难关。

《新闻实践》执行总编胡振认为：“新闻在于独创，媒体行动也在于独创，我们可以从500篇的稿件、400幅的照片中看东南商报社的新闻策划力，怎么把公共财富和文化软实力赋予社会的弱势群体。而且，东南商报社在这一行动中充分显现了舆论引导的动员力，通过舆论引导把社会冰点问题变成了社会普遍关注的热点，把和谐的理念变成了和谐的行动。还有东南商报社媒体行动的推动力，以主流媒体的作为，创新了都市报的品牌效应，引领和推动城市文明进步，在一座城市的科学发展和和谐发展过程当中起到了不可替代的作用。”所以说，《东南商报》的理念和经验是值得其他媒体借鉴和效仿的。

第二节　专家学者纵论“环保·故乡·山江海”

2012年12月20日，浙江省记者协会与宁波市记者协会联合举办了“环保·故乡·山江海”新闻活动研讨会。会上，专家学者纵论“环保·故乡·山江海”新闻采风系列活动。

希望活动能持久坚持下去

全国商报联合会副会长兼秘书长　马世义

《东南商报》发展的势头特别好，广告量、发行量都在上升，《东南商报》能良好发展，我认为跟东南商报社善于策划活动紧密相关。以从2006年到现在的“环保·故乡·山江海”新闻采风系列活动为例，中国的GDP高速发展，与中国的环境是紧密相关的，还有一种说法是经济越好的地方环境越差。十六届五中全会提出了建设资源节约型、环境友好型社会，而东南商报社从2006年开始，就推出了以绿色环保为理念的大型活动，紧密跟上时代脚步，又贴近读者，年年搞活动，年年有进步，提升开展新闻策划活动的能力和水平，希望这样的活动能持久地坚持下去，把一些好的经验继续坚持下去，也希望东南商报社今后的新闻策划活动做得更好，更有声色。

这是献给社会的一份厚礼

新闻出版总署新闻报刊司新闻业务处处长　农涛

东南商报社组织这么一项活动，给社会和国家献上了一份沉甸甸的厚礼，我觉得这份厚礼有深厚的历史价值。

我觉得一份报纸要在社会上创造一些影响力，做出一些有成绩的事情来，应该说是不容易的。组织这样一种大型的活动推动市民提高某个领域的意识，这是它的职责所在。但把活动搞得这么大，持续这么长时间，难度是非常大的。

东南商报社通过这种创新模式，通过举办大型活动，调动民众广泛参与。这个时代是一个参与的时代、互动的时代，如果一个媒体没有调动读者广泛参与、深入互动就没有发展。为什么现在新媒体出现以后，读者都爱从网络上看新闻？除了网络新闻更方便、更吸引人之外，很重要的一个原因是民众有了话语权，读者通过看这样的报道，可以发表他的看法；通过他的看法也会引导另外一批人发表看法。

系列活动抓住了时代所需

教育部新闻学科教学指导委员会主任、复旦大学教授　李良荣

这些年东南商报社能够成长得这么快，我觉得大型活动策划对提升其社会影响起了重大的作用。

环保，不仅是经济问题，也是一个社会问题。“环保·故乡·山江海”新闻采风系列活动，在这一点上抓住了时代所需。这个活动最好的地方就是急政府所急，思百姓所思，这也是媒体所能做到的。把这些抓住了，这个活动就能坚持下去。和“外来务工者节”一样，东南商报社把这三者之间结合得非常好，我觉得是一个很好的教科书式的典范。

不过，总体上讲，与活动相比，新闻报道的力度相对弱了一点。很多新闻报道面上的东西多了一点，真正能够打动人心的，真正深入的东西稍微少了一些。

以品牌活动打造媒体品牌

浙江省记者协会名誉主席、新闻学会会长　马雨农

东南商报社坚持五年举办“环保·故乡·山江海”新闻采风系列活动应该说很不容易，很有成效，也很有创见。活动彰显了媒体的社会责任，体现了创新精神，尊重受众的主体地位，吸引受众自觉参与，寓教于乐。

主流媒体现在最大的问题是如何搞好重大主题报道，在这个方面要创新。“环保·故乡·山江海”能够把相对枯燥、呆板的主题报道变成丰富、互动的主题活动，把单向的正面宣传报道变成丰富多彩的报道，通过这样的社会活动提升媒体的传播力。一般媒体发几篇文章，搞几个系列报道，说如何重视环保、低碳、生态建设了，相对而言效果不是很明显。通过这样与社会活动有机结合，报道主体更加生动活泼，发动面也特别广。这样能够增强环保意识，从小事做起，蔚然成风，对于宣传起到很好的效果。今后，建议东南商报社类似的活动要持久地办下去，打造好品牌，通过品牌活动的建设打造媒体的品牌。

大型活动要打造新闻精品

浙江省记者协会副主席　应金泉

"环保·故乡·山江海"新闻采风系列活动内容一年比一年丰富，社会影响一年比一年大，也形成了媒体活动品牌，产生了很好的社会效应。我觉得该活动有三个明显的特点：一是把重大主题贯穿于丰富多彩的活动当中，体现了个性特色。二是媒体行动与受众的需求紧密结合，彰显特有的价值。三是不断赋予新的内容，常办常新。五年运作下来，我觉得这个活动在读者中留下了比较深刻的印象，在社会上也产生了重大的影响，同时也进一步增强了媒体的品牌。

那么怎么样才能够使这项活动独具特色呢？我觉得，要给大型活动注入更具感染力的新闻内涵。大型活动不仅要有社会效应，更重要的是要打造新闻精品，因此要进行创新。围绕新闻设计策划活动，使新闻产生更大的社会效应。同时，能不能使活动形成一个品牌专栏，这不仅是报纸的亮点，而且能够带动媒体吸引更多的读者。更重要的是，品牌栏目集中体现了报纸的特色和个性。

推进生态建设的好抓手

宁波市市委宣传部副部长　张松才

东南商报社从办报以来一直以亲民的风格出现，在广大读者中树立了良好的形象和口碑，还通过丰富的、有创意的策划活动，为推动社会发展及和谐稳定发挥了十分积极的作用。可以说，大型新闻活动运作是东南商报社的一大特色。

自2006年以来，东南商报社与环保部门一起举办"环保·故乡·山江海"活动，我参加了其中的三次活动。"环保·故乡·山江海"通过采访生态亮点的形式来宣传生态文明，鞭挞破坏环境的不良行为，让广大读者树立环保意识，增强生态环保的责任感，这应该说也是世界的主旋律。

同时，这项大型活动已经成为我市推进生态建设的好抓手，为推动宁波生态建设发挥了引导作用。我想这项活动之所以能够产生良好的社会效果，关键是政府部门与社会读者以及媒体多层面的互动，体现了东南商报社服务大局、创新办报的开拓精神，这个活动应该是一个成功的案例。

这一活动《东南商报》有先发优势

宁波日报报业集团总编辑　徐正

东南商报社在"十一五"时期发展得比较快，效益非常不错，是宁波报业的一匹黑马。原因是多方面的，不仅得益于它的办报理念、经营思路，当然也包括了品牌活动。它是怎样通过打造品牌吸引读者，增强报纸的影响力的，对我们集团其他报纸的发展都有非常好的借鉴意义。

我觉得“环保·故乡·山江海”新闻采风系列活动肯定要继续办下去，东南商报社已经有了先发优势，更加需要发扬光大，让这个活动成为东南商报社的一大特色，要好好地总结，能在继续搞好与读者互动的前提下，强化新闻精品意识，加强舆论监督，办好相关栏目，让《东南商报》的特色与优势越来越明显。

好的活动能够把读者黏住

《新闻战线》杂志执行主编　冷梅

媒体搞活动，现在渐渐普遍了。我想如果把活动放到新媒体与传统媒体竞争新格局的背景来看，就有很不同的意义。纸媒在受到互联网和新媒体冲击的情况下，我们有什么办法呢？纸媒如何把受众黏住？比如参加了这个“环保·故乡·山江海”活动，他可能就会对报纸感兴趣，今年参加了，明年还想着，让他们想着这个活动，让活动有这样一种黏性，把读者黏住。

站在这个角度上说，搞活动与读者互动是纸媒积极应对大环境找到的出路。“环保·故乡·山江海”中的“故乡”两字，我就觉得宁波人会很感兴趣。另外，我觉得这个题目是可持续开展的，因为环保是不同层次的，在社会发展的阶段它也有不同的层次。建议可以形成一个品牌栏目，新闻更多一些，挖掘得更深一些。

活动突破主要在三个方面

《新闻实践》杂志执行总编　胡振

这个活动应该怎样转型升级呢？从优势上讲，五年的活动已经积累了很多经验，尽管有一些遗憾，但已经积累了很多的优势和经验，在受众中形成了强大的媒体凝聚力，《东南商报》的品牌已经打出来了。

东南商报社组织了这么多的记者，这么多的志愿者，走了这么多的路，爬了这么多的山，看了这么多的海，已经有了丰富的资源，我觉得今后的突破主要在三个方面：

一是观与行的结合，打开视野，不能局限在宁波这么一个区域，因为我们现在环保的概念已经大大丰富了；二是知与行的结合，要把着力点放在市民身上；三是思与行的结合，没有对未来的思考，对现状和过去的思考，那么我们的报道就会停留在走马观花的层面上，这样会影响报道的深度和影响力。

在环保问题上占领制高点

《浙江日报》高级记者　周荣新

“环保·故乡·山江海”新闻采风系列活动是一次很好的社会活动，我把它看成是推动社会舆论的成功尝试。目前，环保成为最受世人关注的话题，可贵的是东南商报社早在2006年就开始了这个活动。这个活动在环保的问题上占领了一个制高点，这是值得肯定的。

这个活动有很多值得肯定的地方，一个是“探访”形式比较好，以“探访”的形式进行新闻采访和采风活动；还有一个就是寓教于乐比较好。但也存在问题，比如“探访”是很好的，但是我们的探访，应该主要是“探访”新闻，而不仅仅是探访景区。寓教于乐，“教”不仅是从环保大概念这一角度来讲，而且应该细化一点，“教”里面要包括科学方面的教育，比方说一座山、一些水，这些给我们带来什么，为什么山江海对我们这么重要，我们要用事实来证明，“乐”的同时也要让大家知道里面的苦，这些都可以深化。

《东南商报》的重要品牌活动

宁波市记者协会秘书长　励维龙

东南商报社从2006年以来，联合环保部门，举办“环保·故乡·山江海”新闻采风系列活动，为传播科学发展观和促进和谐社会建设，推动宁波生态文明建设起到了很好的作用。同时，活动不断延伸并向纵深开展，已在浙江省内产生了较大影响，成为东南商报社重要的品牌活动，不但吸引了数十万人次的市民参加，而且使一批青年记者得到了锻炼。

第三节　专家研讨政务公关型新闻社会活动

一、媒体公关的操作方式和运行模式

2012年6月30日，浙江大学宁波理工学院所属的传媒与设计学院和宁波市社会学学会联合举办政务公关与媒体活动学术论坛。来自北京、杭州、宁波三地的学者专家共聚一堂，以东南商报社副总编许雄辉策划的新闻社会活动为案例，讨论媒体应如何搭建公共平台，政府部门、企事业单位如何借助媒体开展公关活动；讨论媒体应如何沟通公众、服务百姓、关注民生、塑造新形象；探讨面向公众的大型政务公关活动的设计与执行；探讨新时期媒体公关的定义、范畴、意义、操作方式和运行模式等新锐话题。

在论坛上，中国报业协会副会长兼秘书长余清楚为《东南商报》题词：报业创新，活动领先，服务社会，促进和谐。中国报业协会的有关领导认为：东南商报社开展了大量的新闻社会活动，这些活动能够做到政府满意，读者爱看，一些广告商也感兴趣，这种现象非常值得业界研究和推广。

二、专家学者解析《东南商报》媒体行动

政务公关与媒体活动学术论坛观点摘录

主持人黄少华（浙江大学宁波理工学院教授、博士，以下称主持人）：先请许雄辉副

总编介绍一下相关的媒体公关及其活动。

许雄辉（《东南商报》副总编辑、高级记者）：《东南商报》是宁波日报报业集团所属的一份财经类的都市早报，年发行量30万份。《东南商报》自2001年创办以来，一直致力于服务读者，服务党委和政府部门，服务民生。我们一直在思考一个问题，如何发挥媒体的优势，寻求一条媒体结合政府部门与公众沟通的传播渠道，变单向的新闻媒体传播为双向互动的信息交流，为促进社会和谐发展贡献一份力量。于是我们最终找到了一种方式，通过大型新闻活动策划搭建起社会服务的大平台，架构起政府与民众、企事业单位与社会信息共享，互动双赢的桥梁和纽带，并为此作出了自己的探索和开拓。

多年来，东南商报社特别加强了新闻活动的策划，我们主要的策划有三点：一是把重大主题宣传贯穿在丰富多彩的活动中；二是媒体行动与政府部门、企事业单位和受众需求紧密结合；三是重在策划，载体不断创新。到现在我们形成了一个重大主题加时尚活动加读者互动的东南商报社活动模式。在报社内部管理上也形成了一个分工协作、执行到位、各司其职的三级策划、两级发展的运作机制。按照这个运作方式，东南商报社每年都要开展多种大型社会新闻活动，以2011年为例，仅由我主抓和分管的大型新闻活动就有11个，比如第六届"环保·故乡·山江海"活动、第三届"中华慈孝节"系列活动、"我来唱红歌——百姓红歌大赛"、"探访宁波休闲旅游基地"、"第十届外企运动会"、"国际驴友节"、"新城在崛起、文化看东部——宁波文化广场征集口号、名称系列活动"、"宁波日报征集形象标识、主题口号活动"、"读书挑战——阅读与写作之星"竞选活动、"东南商报第三届读者节"、宁波市"外来务工者节"等，这些活动平均的运作周期都在两到三个月以上，活动特点是以政府部门和企事业单位合作共同举办，社会反响和宣传效果都非常好。

我们也感觉到这里面可能有一定的规律可循，有一定的社会需求，这也意味着可能孕育媒体功能发展的一种新的趋势的出现。但是，直白地说，我们在理论上也没有多少深的认识。对新闻社会活动进一步的开展，或者说如何更广泛地满足社会需求，又促进媒体的发展，我们也难以完全把握，特别是在社会公众关系大网中，如何确定媒体活动的角色定位，新闻活动策划与营销活动策划如何区别又相辅相成等。我们的认识很肤浅，更多是想听到专家学者的批评指点，愿通过学术交流和碰撞，产生业界新的思想火花。

主持人：接下来要请相关专家学者进行阅读点评。

何镇飚（浙大理工传媒与设计学院副院长、博士）：我总结了许雄辉副总编所领导的东南商报社活动的这些特点，我认为有五个特征：

第一是系列化。单一的活动，单篇的报道无法形成社会冲击力，而系列报道则不同，比如"宁波文化广场"这个活动是以周和月为计量单位的，我认为最有效的是在三个月的时间内形成了如此高的到达率、曝光率和起到了良好的宣传效果。

第二是品牌化。"读者节"一般是以年为单位的，我非常关注"环保·故乡·山江海"这个活动，它基本上也以月为单位，还有"天一同仁堂"这样的活动是以周为单位的，我认为这个系列化是非常重要的，形成了一个固定化的品牌。

第三是悬念化。特别明显的是“宁波文化广场”活动，“宁波文化广场”完全是一个揭秘性的报道，每次都是揭密一点，然后还有其他预告式的活动，当然新闻往往会避免预告式的活动，但是公共关系理论研究中的公关活动就非常需要预告式的揭秘性的报道内容。

第四是全媒体化。《东南商报》曾经在网络传播中创下新闻关注度两个点击率高点，我们分析发现一个是“外来务工者节”，另一个是第二届“读者节”，这两个高点非常重要，因为是通过网络表现的。我个人觉得网络除了文字之外还应该有视频，这才是全媒体化，甚至还要跟广播结合。

第五是互动化，我称之为行动化，这是《东南商报》系列活动的一个显著特征。这和哈贝马斯提到的真实性、价值性、兴趣点是不谋而合的，所以我认为可以把哈贝马斯的模型做一个变形以后提出我们自己的理论。

主持人：何老师，你最后提到“读者节”相关的评价标准，如影响力、订阅数、广告主等，这样的活动归根到底是经济行为，你分析这样的活动可能有一个问题，就是像哈贝马斯对公共关系理论的讨论非常核心的观点就是他们更强调站在阶级的角度分析公共关系，而东南商报社这样的经济活动和公众关系可能是一种新的关系。

何镇飚：虽然哈贝马斯的理论很少用到公众关系，但是我认为公众关系应该用到公共领域的理论中去，我今天谈到的这些理论为什么这么少被应用，其实它是矛盾的，但我认为矛盾往往是创新点。对《东南商报》来讲，对公众领域来讲，《东南商报》的利益和读者的利益是完全一致的，但是刚才谈到受众不是单一化的，你去满足哪一部分的受众？我认为，三届读者节中长期有一个读者群被忽略，那就是商人，涉商的相对少一些，《东南商报》能不能把商业化与周刊结合起来，把商业化这方面做起来，这更加符合平台协商的理论。

主持人：接下来请刘建民教授针对宁波日报报业集团征集形象标识、主题口号和“阅读与写作之星”竞选等活动作点评。

刘建民（浙江大学宁波理工学院所属的传媒与设计学院副院长、教授）：先说一下城市形象推广，在许总的笔下是“擦亮城市窗的城市形象口号”，现在大家都知道的“书藏古今，港通天下”是市政府对外宣传的一个重大活动，最后的具体工作是由东南商报社承办的，后期各路媒体都有介入。重点是第二阶段的投票，一共是四万多条口号，《东南商报》系列报道有一个特点非常值得提一下，《东南商报》在活动的推进过程中单独组织了一个《话说宁波》的系列报道，我特意观察了一下，是非常棒的一组报道，是属于软性的：挖掘宁波文化综合性的一组新闻，做得非常棒，配合得非常好，其他正常的报道也都做得有声有色。这给我们提供了一个思考的空间，它是什么呢？就是活动设计和报道组织，从新闻操作的层面上或者是新闻活动策划的层面上是非常重要的。活动设计本身很重要，《东南商报》这些年形成了独特的甚至说有规律性的活动设计，包括一些操作的程序都已经非常成熟了。我在阅读报道的过程中也看到了东南商报社除了在活动设计上，在新闻本身、在报道的组织上也做得非常到位，这种到位体现在引导主题报道、进程性的纪实报道和相关性拓展报道上，有深度报道也有及时报道，还有花絮式的补充报道等等。所有的报道组成了一个主题点，我们叫“1+N”的报道模式，一个主题有N种报道形式。为什么能发动得这么好，因为途径有网络、媒体等等，如果有时间我们可以集中对一个重大活动的报道方式做一个深入的分析，就很有价值。

主持人：城市形象传播和媒体形象的传播是一个至关重要的话题，在新闻传播学科里形成了新的方向，在这方面《东南商报》做了很多有创意的工作。

接下来请蒋楠教授针对宁波市“外来务工者节”和“环保·故乡·山江海”活动进行点评。

蒋楠（中国计量学院人文学院副院长、教授）：我从自己学科研究的角度、从公共关系策划的角度谈一点自己的认识：

我来谈一下第六届“环保·故乡·山江海”活动体现出来的公关特点。这个活动主题鲜明，每一个公关活动都需要主题，按照一般的来讲，公共关系的主体是社会组织，比如政府、事业单位、企业，而现在媒体成为公关策划的主体，因为整个活动是媒体在策划。虽然它在很多大型活动中是站在后台的，作为一个承办单位，政府可能是主体，某一个事业单位、机关，或者一个企业是主体，但实际上媒体是真正的主体，它是在导演公关活动的进展，最后体现了公关活动的社会价值。媒体策划在社会价值上有一个非常好的衔接。

第一个方面，这个活动的公关主题非常鲜明，第六届“环保·故乡·山江海”活动的主题是“东海我的故乡”，这个主题和前几届不一样的地方体现在以下三点：第一是活动面更宽，由宁波的山江海漫延千里，包括台州、温州东海海岸线；第二是关注的视野更开阔，让大家了解海洋经济、海洋生态文明；第三是探究的领域更深。通过对企业的污染治理、沿海工业园区的环保现状、沿海的农村环境综合治理、海洋生态旅游、绿色养殖做全面的报道，使活动开展得更加扎实和深入，对增强全体公众的环保意识起到了非常重要的作用。

第二个方面，活动策划非常精彩，在公关活动中要想吸引他人眼球，策划得精彩是非常重要的。这个活动设计了一系列公关活动，比如甬台温蓝色海岸线摄影比赛，环保嘉年华活动，少儿绘画大赛，最美丽沙滩、岛屿，农家乐等活动。第六届“环保·故乡·山江海”活动覆盖面更广，包括宁波、温州、台州；覆盖区域更大，包括城市、农村；参与的公众更多，包括边缘的老人、学校小学生。报道中有大量的图片，我看有不少图片反映了生活的细节，让人很感动。很多活动寓教于乐，寓教于游，整个报道活动看起来非常精彩。

第三个方面，评价公关活动成功与否的核心指标就是公众参与度，这个活动公众参与度非常高，活动大致进行了三个月。从三月到六月，东南商报社是领头羊，带动了浙江20多家地方媒体参与并开展了深入、全面的报道，还有志愿者的积极响应，活动影响了社区、企业周边的群众达到几十万人。在这样一个春暖花开的季节，让人们在浓浓的热爱家乡的氛围中去发现生态之美，探访生态环境的变化，提升自身的环保意识，这种“随风潜入夜”的手法，使东南商报社既达到了自己的公关目标，其声誉也在公众心里扎下了根。

第四个方面，活动安排得很好，媒体掀起了环保的热潮。“环保·故乡·山江海”活动策划精心，安排得当，组织有效，取得了经济效益、社会效益的双丰收，使得政府、企业、赞助商多赢，也赢得了社会的称赞，活动带动了农民新型养殖技术和志愿者的真心感言，我认为它创造了经典公关策划案例。我正在写有关公关策划的书，我将把这个策划案例放在书里，作为经典案例给大家分享。

这是我对“环保·故乡·山江海”活动的一点简单看法。

第八届宁波市“外来务工者节”活动在策划和实施方面都有很多精彩的点。首先，从主题上来讲，“合心合力保增长”为这个活动确定了一个基调。其次，活动比较精彩，安排了外来务工者技能大评比，外来务工者子女“小候鸟”活动，举办相亲活动免费游，这几个点把握得比较准。劳动技能大评比引导外来务工者提升自己的专业素质，关于“小候鸟”活动也关系到外来务工者子女的成长，让他们安家也安心，以关心农民工婚姻生活推动外来务工者把宁波作为第二故乡。我觉得这个活动弄得很生态，安排免费游更体现了人性化的关怀，让城市建设者能享受宁波城市发展的成果，赢得全社会的尊重。再次，活动的形式也非常新颖，能够以“非诚勿扰”的形式，让外来务工者走到台前秀一把，感受政府、社会、公众的关爱，我觉得媒体在策划这方面用心良苦。

当然，如果说要改进的话，在活动的提升上：第一方面，某些报道再做一些深度的报道可能会更好，有一些报道受版面篇幅所限，基本上是点到为止，但报纸可以反复地读、有收藏价值，所以可以进行深度报道。第二方面，在某些时间可以放一些大的版面去做，当然它要和深度报道相配合，如果能够在报道过程中进行整版的报道，有时候对公众的影响会更深。

主持人：蒋楠教授从公共关系学的理论角度对《东南商报》报道的社会价值评价给予了系统分析。

接下来请任春晓教授对征集宁波市形象口号和征集宁波职工精神表述语作点评。

任春晓（宁波市委党校教授、博士）：这两次活动是我特别关注的，尤其是第二次活动我参与了，从这两项活动中我的认识是东南商报社在活动过程中，在政务公关上体现了自己的价值。我主要有以下观点：

第一，构建了一种新型的关系，特别是政府和媒体之间的关系。原来在传统理论中，政府和媒体主要有三种理论：一种理论是喉舌论，说媒体是政府的喉舌。另一种理论认为媒体应该是第四种权力，是平衡权力的一种力量。还有一种理论是挑战论，也就是原国务院新闻办主任赵启正说的，记者不是你的学生，不是你的朋友，也不是你的敌人，他应该是你的挑战者。

政府和媒体之间的关系主要有这么三种传统的理论，现在经过改革，宁波走在前面，媒体已经独立出来，形成一种相对独立的企业化运作的管理模式，这种双轨制运行的模式使媒体不再单纯是政府的部下。我觉得这个时候媒体跟政府多了一层关系，就是合作关系。现在尽管政府对媒体的监管有所减弱，媒体的独立性有所增强，但是媒体仍然是政府信息传播的主要载体，只不过媒体对政府的传播已经从以政府需要为中心转向政府需要和大众需求并存的关系。通过征集宁波市形象口号以及宁波职工精神表述语，我觉得东南商报社一方面完成了政府的任务，把这个征集活动变成了一次展示宁波新形象的过程；另外一方面也为公众的议政搭建了一个公开便捷的通道，成为公众建言献策快速而可靠的渠道。通过这么一次活动，我感觉到政府和媒体的关系有了新的改变，多了一种新的关系，也就是合作关系。

第二，两次征集活动体现了媒体的责任，我们国家媒体一般有三元特征：从党和政府的角度来说，它是宣传工具；从社会运行系统来说，它又具有相对的独立性；从信息经济形态来看，它又是文化产业的一部分。我国的媒体存在两重性：政治和产业两种属性。我们的媒体既要受控于国家，担当国家权力机关组成部分的角色，又要以新闻报道和舆论引导角色掌控社会形态，还要保持相对的独特性，作为经济形态的大众舆论信息文化产品，扩大发行量，扩大广告收入，为自己的生存和发展创造基础。媒体必须要在公众和政府之间架设一条相互沟通的桥梁，构筑一个资源整合的平台，处理好政府、媒介、公众三者之间的动态平衡。我们知道，近些年，中国许多城市都掀起了城市精神表述语的征集活动热潮，这种活动可谓是轰轰烈烈、此起彼伏，但这种活动雷同的不少，有些看看也不太能体现地方特色。我觉得征集宁波城市形象表述语这一活动很成功，“书藏古今，港通天下”确实是具有明显的地域特色，宁波元素突出，是宁波个性形象的体现。通过这个城市形象口号的征集，体现了宁波市民的自豪感。东南商报社在征集活动中承担了政府部门交给的一些重要组织工作任务，很好地在这个活动中扮演了自己的角色。

主持人：任教授对东南商报社相关媒体活动作了很好的点评，东南商报社提升了政府、媒体、公众之间的关系，而且在这个过程中东南商报社本身也取得了巨大的进步。接下来请徐定宝教授进行点评。

徐定宝（宁波大学教授、兼职博导）：我认真做了一些思考，谈三点体会：

首先，政府活动和媒体活动加起来意义在哪里？因为这次重点是研讨政务公关和媒体活动，我想它的价值主要有三个方面：合理性、互补性、有效性。媒体有多种功能，第一，合理性。因为政务公关和媒体活动的主体不同，大家的地位、功能不一样，所以在特定的时空下把两者有机地结合起来，为推进和谐社会发挥更好的作用，这体现了现代社会各个部门之间的配合。第二，互补性。政府公务部门主要采取行政的手段，发挥行政的功能，在宣传途径和手段上比较局限，政府用得最多的是开一个大会，宣传的手段很有限，媒体用特定的形式和内容集中地向公众宣传，但它的行政色彩不是很浓，而两者结合起来就有了互补性，强化了政府的宣传力度，媒体也因此凸显了在社会主流意识方面承担的功能。这种互补既有利于政府的政务公关，又有利于媒体活动在现有意义上的加强，在宣传活动中增加了政府的文化意识。第三，有效性。无论是政府也好、媒体也好，办一点事情都有时效性。两者的结合不但在时效性方面，而且在有效性方面也得到了凸显。因为广大老百姓、群众对某些社会热点反应不一，通过两者的结合，关注度会提高，参与度会增加。老百姓的参与度被激发，必然从正面推动我们的文化建设，所以从这方面来说我是很肯定东南商报社的做法的。东南商报社开展政务公关型活动的意义很大一部分就体现在合理性、互补性和有效性上。

其次，政务公关型媒体活动的特征是什么？我感觉他们在媒体与政府紧密配合、主题明确的前提下，做到事先有策划、事中抓落实、事后重总结。从策划来说，很多活动的策划方案很好，不但主题好，而且具有操作性，我们工作中常常有些假大空的东西，操作性不行。而东南商报社活动方案很有操作性。策划科学、合理，所以每次落实下来都比较成功。

最后，政务公关和媒体活动相加的可持续发展，我觉得这个加得非常好。因为媒体是一个特殊介质，任何一个事情跟媒体加起来，它发挥的效用往往事半功倍。即使是一些高深的理论，也可以变成老百姓喜闻乐见的形式。所以政务公关型的媒体活动，就是政府部门与媒体的结合，按这个思路可开展大量的活动。

我想，是不是在机制层面上能够创新，设计出一套机制，媒体与政府、与研究机关、高校联合，进行一个技术性的推进，从机制上解决问题，使这条道路越走越远，而且是主动出击。只有把我们的认识转化为机制，有一个固化的认识，才会把政务公关的媒体活动更好地向前推动。

第十章　中国报业新闻社会活动十佳精品案例

第一节　探索写文章的新方式

一、形式创新体现生命力

2012年12月14日，首届中国报业新闻社会活动论坛在宁波举行，来自全国60多家报社的主要领导到会。与会代表围绕“新形势下的媒体新闻社会活动”这一主题，就今后文化体制改革、媒体运作、办报经营等进行了交流，共同探讨媒体如何开展新闻社会活动，如何把媒体建成公共服务的平台和社会活动的舞台。

2013年第3期《中国报业》杂志刊登该刊记者陈晓、周文水总结这次论坛成果的文章，以《探索写文章的新方式——首届〈中国报业〉新闻社会活动论坛评述》为题，概括了当下中国报业新闻社会活动发展的三个特点，并对首次评出的“中国报业新闻社会活动十大精品案例”的部分案例进行了评述，其一是形式创新体现生命力。媒体天生具有担当社会公共服务的功能，但长期以来，受传统思维方式的束缚，媒体只是传播已经发生的事实，只能被动地发挥作用。在新形势下，媒体的这种单向传播，显然已经难以满足受众对信息多样化的需求。近年来，许多媒体在尝试着改变这种单向传播的形式，将鲜明的主题宣传和丰富多彩的社会活动结合起来，围绕报社与读者、社会与媒体产生多层面的互动。浙江日报报业集团总工程师蒋纯将这样的新闻社会活动定位为“写文章的新方式”，认为这是传统媒体应对新媒体冲击的一大利器。

由《中国航天报》发起并主办的“天地传鸿 祝福神州——写给‘神九’航天员的一封信”的航天主题文化活动，以我国航天飞船首次载人交会对接为背景，聚集了全国各省级行政区媒体的力量，发挥了新闻传播媒体的集合优势，打造了公众参与航天事件的互动平台，成为2012年度在全国具有广泛影响力的大型科技新闻社会活动之一。

该活动经历了书信内容全国征集与汇编、书信原件随神舟九号飞船搭载与返回以及太空读信视频公开发布实施三个阶段。薄薄的一张信纸，承载着亿万国人对三名神舟航天员的深切牵挂和对我国航天事业的美好祝愿。

中国航天报社通过书信的形式使高深莫测的航天科技走入寻常百姓中，使可敬可爱的航天专家及其感人至深的航天故事为公众所熟知，“太空家书”成为普通公众与航天员“零距离”沟通的载体。

《渤海早报》发起的“聚焦海河”主题活动，通过“推选海河之美”“说说海河之美”“记录海河之美”“体验海河之美”“乐享海河之美”等系列活动，将近年来天津新地标、新景观聚焦在海河两岸，用独特的方式把海河沿线的最美景观宣传出来。以读者喜闻乐见的形式讲述海河和天津的历史，论述天津的文化走向和特点，记载海河和天津城市巨大变化的脉络，使读者直观地感受天津城市景观的魅力，直观地了解天津的历史文化及海河两岸的巨大变化。

二、坚持公益性原则

作为传统媒体的报业，一直承担着传承与传播主流文化的重任，报业的新闻社会活动也不能偏离这一价值取向。本次论坛申报的案例中，许多新闻社会活动都是公益性的，充分体现了媒体的社会责任，对推动社会主义核心价值体系建设发挥了重要作用。

“阳光流动课堂”活动由河北日报报业集团发起，随着活动日渐深入和影响力的不断扩大，现已成为由河北省文明办、教育厅、省团委、省妇联、省科协和河北日报报业集团六家单位共同主办的大型社会公益活动。河北日报报业集团不仅将“阳光流动课堂”确定为河北日报社、河北新闻网记者“走转改”的主题活动，还将之作为媒体践行“善行河北”的具体行动，并确定了以“阳光授课”为主，“阳光捐助”“阳光体验”“阳光帮扶”“阳光 1+1”“阳光影院”“阳光义卖”为辅，结合多种社会资源的捐资助学公益模式。

光明日报社与中央电视台联合主办的“寻找最美乡村教师”大型系列公益活动，引起了全社会对乡村教师的强烈关注，在社会上营造了尊师重教、关注农村教育、关心农村教师的浓厚氛围，引起了各地党委政府和教育主管部门的高度重视。光明日报社和中央电视台充分发挥媒体搭建平台、凝聚力量的作用，推动社会各界积极帮助乡村教师，为他们解决了许多实际困难。

三、打造公共服务平台提升影响力

打造一个公共服务平台是开展新闻社会活动的基础，而这个平台构建是否成功，关键是看其影响力。对于媒体而言，没有影响力的新闻活动是没有生命力的。报业新闻社会活动的影响力主要体现在三个方面：

（一）推动政府与百姓间的良性互动

新闻社会活动需要政府部门的积极参与，需要政府与百姓的良性互动。很多成功的活动案例，都印证了媒体对政府的塑造力，印证了媒体是社会经济活动和文明建设的参与者、实践者和推动者。

“羊城新八景”海选风暴曾席卷广州，从2010年11月至2011年5月，《羊城晚报》和《新快报》各投入版面300多个，推出12位市（区）委常委、宣传部部长系列专访，12区“八景”推荐、22场“城市公众论坛”、15场大学生辩论赛，专访100多位国内文化名流。活动辐射整个广东，同时吸引了全国各地群众及海外侨胞热烈参与。公众投票超过860万张，海外130多家华文报纸进行了报道，28个国家的华侨参与评选，国内上百家媒体做了报道，创下自宋代以来“羊城八景”评选规模之最。时任广东省委书记汪洋对“羊城八景”活动作过三次批示。

“市民政府一线牵”活动，是江城晚报社坚持了八年的活动，报社与市纪委、市监察局、市软环境办公室、市纠风办共同主办，强强联手，活动效果更加显著。通过直接交办、领导批示督办和牵头协调等方式，全力解决与人民群众生产生活密切相关的热点、难点问题。这条热线既是一条心系百姓的亲民线，也是一条规范职能部门执法行为的督查线。

（二）拉近了报社与受众之间的距离

受众只能被动单向接收信息，一直被认为是报纸传播的弊端，通过新闻社会活动吸引受众广泛参与是报纸与受众互融互动的有效途径。

“寻找最美乡村教师”大型系列公益活动颁奖晚会播出的当晚，“寻找最美乡村教师”登上新浪微博“热门话题榜”，相关微博达117万条，掀起了关注乡村教师的高潮。

“羊城八景”评选活动从启动到结束，公众投票累计861.6万票，其中网络投票583.3万票、手机短信投票5.3万票、邮寄和现场投票272.9万票。参加投票的公众来自全国各地，最高峰时一天来信超过10万封。

（三）带动报业经营活动的良性开展

新闻社会活动常常是一些公益性活动，但这些活动对报业品牌的提升有着不可估量的推动作用。《深圳晚报》副总编辑童俏说：“面对新媒体的挑战，活动是我们应对新媒体的利器，活动就是影响力。我们会不断地创新，不断地探索，通过活动进一步提升《深圳晚报》的品牌竞争力，加强媒体和市民的互动联系。同时，活动也能更好地服务广告客户，通过活动能实现品牌效益、社会效益和经济效益三赢。”《华西都市报》副总编赵晓梦表示，以活动带动整体营销，是《华西都市报》的重要手段。2012年报社举办活动150多项，带来的直接经济效益近5 000万元。

第二节　首届中国报业新闻社会活动十佳精品案例

一、中国报协首评新闻社会活动大奖

2012 年 12 月 14—16 日，首届中国报业新闻社会活动论坛在宁波举行。会议由中国报协主办，宁波日报报业集团协办，中国报协网、东南商报社承办。中国报协副秘书长胡线勤到会并发表讲话，宁波市市委领导到会祝贺并讲话，来自全国 60 多家报纸的主要领导也到会。论坛发布了从 153 件备选新闻社会活动案例中评选出的最高奖项——首届中国报业新闻社会活动十佳精品案例，同时也发布了首届中国报业新闻社会活动创新奖、品牌价值奖、公益成就奖。十佳精品案例为：《东南商报》“外来务工者系列活动”，《陕西日报》“厚道陕西人系列报道活动”，《中国航天报》“写给‘神九’航天员的一封信活动”，《河北日报》“阳光流动课堂大型社会公益活动”，《新快报》“羊城新八景评选活动”，《浙江日报》“中国首届新媒体创业大赛”，《深圳晚报》“百万市民看深圳大型系列活动”，《中国科学报》“奥数系列报道活动”，《渤海早报》“聚焦海河之美系列主题活动”，《宁波日报》“宁波创业创新风云榜”活动。这些案例或以大造势，或以深取胜，或以独见长，或以近切入，兼取新闻性、创新性和时效性。这些具有创意的新闻活动，以其深度和品质，关注社会热点，分析社会现象，追踪民意焦点，无疑对大众舆论起到积极的正面导向作用，同时也使传媒自身能够造就重要影响力，产生良好的社会效益和经济效益。

二、新闻社会活动十佳精品案例简介

（一）《东南商报》“外来务工者系列活动”

早在 2004 年，《东南商报》记者在采访中就常遇到外来务工人员受歧视问题，而正是在这一年，宁波这座拥有 30 万家民营企业的沿海城市又遇到开春后招工不足的“民工荒”问题，这个现象让政府部门急在心上，而《东南商报》敏锐地提出了一个建设性的新闻策划方案，联合有关部门从正面宣传入手，弘扬外来务工者对城市作出的贡献，以消除歧视、优化用工环境。

从推出评选“十大外来务工明星”开始，《东南商报》又连续推出了为农民工改善环境献计献策活动，征集“农民工之歌”“打工宁波”系列调查报告等，在社会上产生了广泛影响。至 2004 年年底又举行了由宁波市四套班子领导出席的“十大外来务工明星”颁奖典礼，把关爱农民工活动推向高潮。在活动期间，《东南商报》与有关部门听取读者建议，将 12 月的第一个周日确定为宁波市“外来务工者节”，并营造舆论氛围。从此，宁波市有了一个覆盖全市的外来务工者的节日，这也是中国第一个外来务工者的节日。

（二）《陕西日报》“厚道陕西人系列报道活动”

世界首例“坑面女”王娜，从 2006 年年初到第四军医大学口腔医院就医以来，引起了全国乃至世界媒体的广泛关注。媒体聚焦点在于这一世界性的医学难题如何克服，而忽略了这一新闻事件背后所蕴含的巨大的社会价值：当下，社会道德底线不断被击破，各种不道德现象频频引发热议，而一对贫困的农民夫妇凭着自己的厚道和善良，执意收养了面容畸形的王娜，并想尽办法为她治病。第四军医大学口腔医院精英团队在医患关系颇为紧张的大环境下，面对这一世界难题，想到的不是自己医院的名利得失，而是以仁心仁术，免费救助王娜，要让这个不幸的女孩子享受常人应有的幸福。

正是在这样的大背景下，《陕西日报》另辟蹊径，整体策划，重新组织深度采访，延伸了这项社会新闻活动，开展了“寻找厚道陕西人”“寻找陕西精神”等一系列主题活动，希望通过对道德力量的深挖和思考，掀起学习这一道德群体的高潮。

（三）《中国航天报》“写给‘神九’航天员的一封信活动”

这场由《中国航天报》发起并主办的“天地传鸿 祝福神州——写给‘神九’航天员的一封信”航天主题文化活动，以我国首次载人交会对接任务为策划背景，聚集了全国各省级行政区媒体的力量，发挥了新闻传播的集合优势，打造了公众参与航天事件的互动平台，成为 2012 年度在全国具有广泛影响力的大型科技新闻社会活动。

薄薄的一张信纸承载着亿万国人对三名神舟九号航天员的深切牵挂和对我国首次载人交会对接任务的美好祝愿。“太空家书”成为普通公众与航天员“零距离”沟通的载体。本次活动经历了书信内容全国征集与汇编、书信原件随神舟九号飞船搭载与返回以及书信内容与太空读信视频公开发布三个阶段，时间跨度近半年，吸引了全国 34 个省级行政区实力媒体和腾讯网的共同参与，得到 2 000 多万名公众的积极关注和热情参与。

（四）《河北日报》“阳光流动课堂大型社会公益活动”

“阳光流动课堂——为山区孩子上堂课”大型社会公益活动秉承“40 分钟改变不了现状，但可能影响孩子一生”的理念，坚持“爱心成就未来，行动播撒阳光”的活动纲领，八年来，共为山区孩子送去了千余节课，惠及 5 万多名学生、1 000 多名家长，直接参与活动的志愿者达数千人次。

尤其是 2011—2012 学年，河北日报报业集团不仅将“阳光流动课堂”确定为《河北日报》、河北新闻网记者“走转改”活动的主题活动，还将之作为媒体践行“善行河北”的具体行动，并确定了以“阳光授课”为主，“阳光捐助”“阳光体验”“阳光帮扶”“阳光 1+1”“阳光影院”“阳光义卖”为辅，结合多种社会资源的捐资助学公益模式。

（五）《新快报》“羊城新八景评选活动”

2010 年 11 月 16 日，由广东新快报社策划并发起的大型新闻策划活动——“羊城新八景评选活动”发动了最广泛的社会力量，采用了最全面的报道手法，并最终上升为羊城晚报报业集团主办，子报子刊、网络协办，联盟多媒体伙伴实施的规模化集团军作战。

该活动时间跨度长达半年，共计投入版面 300 多个，投票达 800 万，28 个国家的华侨参与，国内上百家媒体参与报道，130 多家海外华文报纸进行了报道，在社会各界均产生了强烈反响和高度好评。在策划过程中，它不仅最大化地利用纸媒的媒体资源，为媒体自身创造了经济效益和社会效益，也大大增强了城市凝聚力。可以说“羊城新八景评选活动”是全媒体趋势下生态传媒的体现。这个活动深刻地体现了现代传媒的生态特点，体现了媒体的创造力，具有了一次成功的新闻社会活动所应有的权威性、广泛性、互动性、公益性。

（六）《浙江日报》“中国首届新媒体创业大赛”

2011 年 10 月 31 日，浙江日报报业集团组建“传媒梦工场”，正式启动为期五年的以新媒体为核心的全媒体战略行动计划，实施集团的全媒体转型，并打造服务于媒体行业创新的中国首个传媒类孵化器——“传媒梦工场”。其“传媒 + 资本”的理念无疑给众多在文化产业发展热潮中苦觅出路的传媒人打了一针强心剂。

历经四个月的选拔，大赛最终在杭州落幕。这是一场全国性传媒领域创新创业大赛，马云、胡舒立、李开复、熊晓鸽、倪正东、徐小平等业界大腕被特聘为创业导师，亲自指导心怀新媒体创业梦想的团队。大赛遴选出的将是一批引导中国传媒新未来的团队，他们共同汇聚传媒变革的火种，孜孜以求媒体精神在互联网时代的薪火相传。同时，胜出团队将优先获得大赛主办方及其合作投资机构总计过亿元的专项投资。

（七）《深圳晚报》“百万市民看深圳大型系列活动”

为展示 30 年来深圳经济特区改革开放的成果，见证深圳的沧桑巨变，提升市民的自豪感和家园意识，由深圳晚报社策划和承办的“新深圳 新变化 新体验——百万市民看深圳大型系列活动”，让成千上万的市民兴致勃勃地踏上旅途，亲身感受深圳 30 年来的沧桑巨变，共同见证深圳经济、社会发展的辉煌成就，激发出市民对深圳的热爱和建设新深圳的热情。

这个活动以创新的平台、精彩的线路、互动的方式和立体的宣传，成为深圳经济特区建立 30 周年众多活动中最贴近百姓、最具人气和影响力的活动。“百万市民看深圳大型系列活动”搭建了一个全面展示深圳的平台，在深圳全城掀起市民踊跃参与，深度认识这座城市的热潮，集聚起百万市民的共同关注和热爱。深圳市市委宣传部决定将“百万市民看深圳大型系列活动”打造成新时期具有深圳特色的社会宣传品牌项目并长期坚持下去，为这座城市和市民之间搭建起良性互动和沟通的桥梁，也为广大市民打开一扇认知深圳、热爱深圳的窗口。

（八）《中国科学报》“奥数系列报道活动”

2012 年，在北京“小升初”大战中，有家长向《中国科学报》反映“奥数幽灵”在孩子们的命运中正扮演着“恶魔”的角色，成为许多家长的“心魔”。在接到孩子家长反映的问题后，《中国科学报》社长兼总编辑与副总编立即商讨选题计划并着手部署，成立了由 17 人组成的精干报道力量，力图以深入的调查，立体还原奥数的异化过程、理清奥数背后的产业链和利益链，全面围剿奥数。在精心组织下，一组《该死的奥数》系列报道于 7 月 18—27 日连续在《中国科学报》上刊登，受到社会极大关注，在国内外引起很大反响。

可以说，这组关乎千百万孩子命运的报道，是对中国现行教育体制和教育资源分配不公现状的一次深度剖析，也是新闻媒体严格落实中央领导“三贴近”指示精神，维护新时期公平正义、捍卫社会良知所作的一次努力。

（九）《渤海早报》“聚焦海河之美系列主题活动”

海河是天津的母亲河，是天津城市的象征，也是天津历史的见证。海河的变迁不仅见证了 600 年来天津历史的风云变迁，也成为这座城市建设的一个缩影。从昔日的“九曲十八弯”到今天的“一桥一景”，海河及周边地区呈现出翻天覆地的变化，已经成为津城旅游的一张名片。

《渤海早报》发起了“聚焦海河之美系列主题活动”，通过“推选海河之美”“说说海河之美”“记录海河之美”“体验海河之美”“乐享海河之美”等系列活动，将近年来天津新地标、新景观聚焦在海河两岸，把海河沿线的最美景观用独特的方式宣传出来，以读者喜闻乐见的形式讲述了海河和天津城市的历史，阐述了天津的文化走向和特点，记载了海河与天津城市景观发生巨大变化的脉络。报道使读者直观地感受到天津城市景观的魅力，直观地了解了天津历史文化以及海河两岸发生的巨大变化，了解了海河与近代天津城市发展、历史文化特色。

（十）《宁波日报》“宁波创业创新风云榜”

截至 2012 年，“宁波创业创新风云榜”已经连续举办了七年，从一个工业领域的年度表彰会，发展到覆盖整个经济领域的宁波经济“奥斯卡”，风云榜活动的规格不断提升，影响力持续增加。在这个过程中，《宁波日报》作为唯一全程组织策划的平面媒体，其对重大经济话题的驾驭能力、在社会传播中的议题设置和引导能力也得到充分发挥。

如今，会议形式从工业年度表彰大会发展为风云榜颁奖典礼。每年的风云榜评选颁奖活动，从方案策划到企业调研，从采访组稿到编排上版，从现场新闻到深度挖掘，《宁波日报》经济新闻部每年都要投入十多名骨干记者，前后历时两个多月，合力打响一场漂亮的组合战役。在《宁波日报》的精心策划和推动下，风云榜成为宁波最具知名度的经济盛会，不失为《宁波日报》发挥党报优势，充分调动整合各种资源，积极参与社会活动的一个成功案例。

后 记

在本书完稿之时，适逢第15个记者节到来，我荣幸地捧回一个特别的奖杯——从事新闻工作30周年新闻贡献奖纪念杯。时间过得飞快，转眼我在新闻工作岗位从业已经30多年了，是该做总结的时候了。但新闻工作这一特殊的职业，总让人觉得时间不够用，总让人觉得还有许多事情可以去做。在书中我也写到，我几乎是用30年的时间做了一件事，探索一条从双向回馈型深度报道到策划大型新闻社会活动搭建公共服务平台的新闻拓展之路。当年共同探路的年轻新闻人如今大多都已经两鬓染霜或已退休离职，但那种为写一篇深度报道挑灯夜战的激情，那种不畏困难开拓工作的场面却仿佛就在昨天。

新时期社会变革中的新闻改革探索之路，是一盘巨大的棋，需要高层的通盘运筹，而新闻从业者个人，充其量只是一个棋子，一个小兵。小兵的使命就是依据大本营的指令选择一个小的切入口往前冲，能向前一步或两步都是胜利。或许你的使命很快就完结了，但只要你付出了，就问心无愧了，就没有遗憾了。一滴水汇入大海，就能变成一朵美丽的浪花，为波澜壮阔的事业增色。这正是我用此书总结探路之旅的一点体会。

记得2006年，我有幸受派参加国家新闻出版总署首次在国外合作举办的报业管理高级培训班，在澳大利亚悉尼科技大学培训。担任主讲的澳大利亚著名记者路易斯，介绍了默多克集团所属《悉尼晨风报》及电视台开展的一些新闻活动，其中有一项大型公益慈善活动——“织毛衣送温暖”。悉尼及周边城市的许多大妈大婶每年都会集中一段时间将自家多余的毛线义务编织成毛衣，送给世界各地需要冬衣御寒的人们。通过电视播报，在世界各地产生了互动（课后我们还参观了电视台演播大厅正在直播的织毛衣活动，看后很是感动）。这项活动规模很大，充满了浓浓的爱心和善意，也成为电视台一项品牌新闻活动，为媒体提升了影响力。

在讲完这个案例后女导师与学员们进行了互动，让中国学员也谈谈中国媒体的做法。我便将宁波不久前完成的首届“环保·故乡·山江海”活动作了简要介绍，她听了也点头称赞，认为这种环保主题、互动形式的活动很有创意，非常适合媒体运作。

这次学习培训，令我收获颇丰，也开阔了眼界。我突然发现我们辛辛苦苦摸索的一些做法，其实在国外的媒体中早已司空见惯，搞得轰轰烈烈。但我也在想，与国外同行相比，我们媒体人其实并不缺乏创意，也不缺思想，而最缺的是行动以及与行动相连的一以贯之的坚持精神。

今年以来，业界最流行的一个热词是“媒体融合”。何为“融合”，当然是指传统媒体与新兴媒体的融合发展。而进一步理解，“融者”，化也；合者，一人一口也。如今互联网自媒体时代，其实也是你中有我，我中有你。新闻社会活动，也是多元媒体多种采编手段结合的产物，正好也能为媒体融合提供新的内容产品。因为新闻社会活动最重要的特征是互动——读者与媒体的互动，记者与读者的互动，媒体多元化的互动等等，而这也正是“融合”的内在要求之一。策划和组织新闻社会活动，它绝不是一个人的“战斗”。从当年策划双向回馈型深度报道到组织大型新闻社会活动，都是一个团队来实现和完成的。这个团队往往有一群分工合作、思维缜密又有责任感和事业心的人，追求一个共同的目标。而最幸运的是，我在多家媒体单位工作时，都遇到了一群这样的人和一些非常好的合作伙伴。正是团队的力量使许多创意和思想的火花闪烁出光泽，结出了硕果，甚至一些看似不可能完成的任务也得以实现。书中介绍的是一个个策划案例，它们背后透出的都是团队的合作精神。所以，我必须借此机会感谢所有曾参与组织双向回馈型报道和开展各种新闻社会活动的同事，支持和鼓励创新的新闻人、宣传部门的领导、合作单位的领导、工作人员以及一切为成功开展如“外来务工者节”“环保·故乡·山江海”等各种新闻社会活动流汗出力的人们。感谢读者朋友，特别是许多不间断地为东南商报社的媒体行动问诊把脉、指点迷津、提供理论和智力支持的专家学者。因为人数太多，无法一一署名致谢，在此，谨将此书献给你们，并深深地向你们鞠一躬。

正像书中收录的中国报业十佳精品案例所展示的那样，新闻社会活动在业界已成勃发之势并推动着报业的进一步发展。而东南商报所开展的新闻社会活动只是业界大潮中的一个点，尽管历经风雨仍长势良好，但它毕竟是件新鲜事，就像一株新苗，能长成什么样长多大还需要更多人去浇水施肥。但愿更多的同仁来参与浇灌呵护，让这株幼苗长得更加茁壮。

从作为内部资料供同行参考的《新闻活动策划案例集》到由中国传媒大学出版社正式出版的图书，出书的目的也是抛砖引玉，起到便于业界交流互促的作用。毋庸讳言，书中文字和内容肯定有不少瑕疵与纰漏，有缺憾甚至谬误，不妥之处，均为本人水平所限，敬请读者批评指正。

许雄辉